ディテールで語る建築

内田祥哉

彰国社

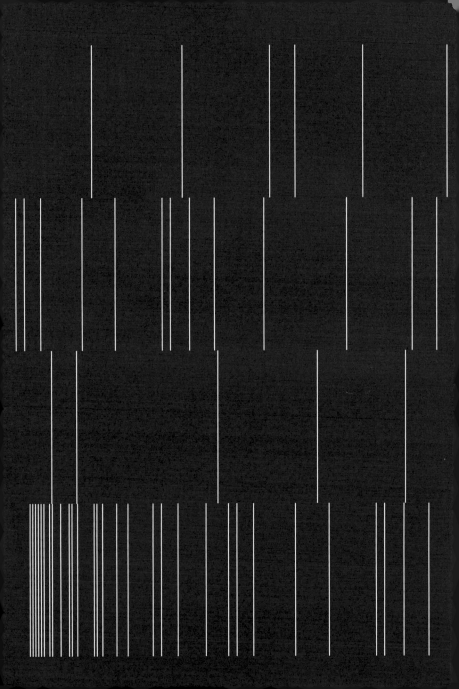

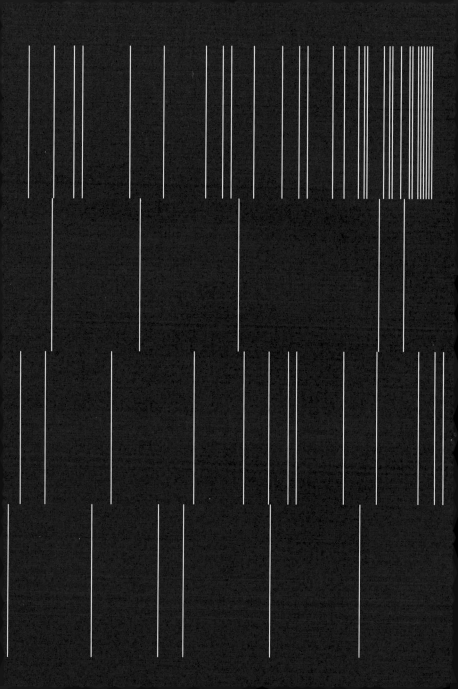

著者近影
(撮影：中川敦玲)

まえがき

　本書は、季刊雑誌『ディテール』に連載されたものの集録である。
　内容は、筆者が設計活動、研究活動を通じて得た知見を思い出すままに述べたものであるが、記録が長期にわたっているので、初期のものと現在のものとでは筆者の考えにも変化がある。その変化は、技術の進歩による違いでもあるが、筆者自身の技術認識の不足によるものでもある。また、それとは別に予想もしなかった環境の変化によるものもあった。
　筆者の活動の前半は、日本の社会が開発と生産に没頭していた時代であったのに対し、後半は、維持管理と耐久性を考える時代になった。それにもかかわらず、当初、盲目的とも言える興味から、のめり込んでいたモデュラー・コーディネーションが、その後の研究テーマになったプレハブやオープンシステムに深いかかわりを持っていたことは、予想もしないことであったし、さらに、維持管理の中でより重要なテーマであることに気づいたのは、驚きに近かった。そしてさらに、その扱われ方が、日本と欧米先進国とで大きな違いがあることに気づいたのは、むしろ最近のことである。
　もう一つ、日本建築が欧米先進国の建築と大きく違わざるを得ない点は、耐久性への対応である。日本の気候と地理的条件は極めて過酷で、恐らく日本以上に過酷な地域は、滅多にないと思うに至っている。筆者が研究と設計の活動を始めた頃は、鉄筋コンクリート造こそが永久建築と考えられていたが、現在は、それも完全ではなく、再考が求められるようになった。
　それとは逆に、日本の木造建築がその知見を蓄えていることを知るたびに、今後蓄える日本の知見は、多くの地域で参考にされるに違いないと考えるようになった。

内田祥哉

まえがき　005

序　　昭和20年をまたいだ建築学徒　008

1章　プレハブに真っ向勝負　016
- 1│1　実施設計体験のシミュレーター「GUP」　018
- 1│2　組立・分解が繰り返せるフレームシステム　030
- 1│3　システムズ建築が社会になじむために　040
- 1│4　中高層住宅のプレハブ化　050
- 1│5　ブロック造船による中高層プレハブ住宅　058
- 1│6　芦屋浜高層住宅の技術提案競技　068

2章　寸法体系に魅せられて　078
- 2│1　数値探し　080
- 2│2　グリッドとモデュール　090
- 2│3　寸法の押え方　100
- 2│4　取付け手順は取替え手順　112
- 2│5　並べ方の作法　120

3章　理屈で納める　128
- 3│1　カドの装い　130
- 3│2　ポツ窓から柱間装置への60年　136
- 3│3　隙間を使って水と空気を追い出す　144
- 3│4　雨仕舞い先進国の屋根構法　152
- 3│5　詰まらないのが樋　162
- 3│6　目地と隙間　170
- 3│7　直線階段づくりの焦点　176
- 3│8　さまざまな曲線階段　186

4章 つくる愉しみ 194

- 4|1 見て、真似て、発想の糧にする 196
- 4|2 日差しと視界 206
- 4|3 日本にないものがつくりたい 214
- 4|4 世にないディテールを考えたい 222
- 4|5 模様の魅力、配列の決まり 230
- 4|6 私の住宅設計 238

5章 これからのこと 256

- 5|1 軽量鉄骨住宅のプレハブ化 258
- 5|2 コンクリート系のプレハブ住宅 262
- 5|3 永久建築といわれた鉄筋コンクリート造 268
- 5|4 真面目につくったものは長持ちする 276
- 5|5 使いやすいものが思い出に残る 284
- 5|6 使い続けるためのカベ 292
- 5|7 配管・配線類の配置をデザインする 300
- 5|8 設備の寿命は建物と一緒には延びない 308

6章 思い出すままに 316

- 6|1 堀口先生の「桂」講座 318
- 6|2 構法とは 328
- 6|3 プレハブから見た日本の在来構法 336
- 6|4 「仮設」か「可動」か 346
- 6|5 建築の言葉、土木の手順 350
- 6|6 木材事情とコンクリート造 358
- 6|7 建築基準法からはみ出していた社寺建築 366

連載時初出一覧 372　　内田祥哉作品索引 383
内田祥哉年表 374　　あとがき 384

序　昭和20年をまたいだ建築学徒

　初めに、高校から大学時代にかけて振り返ってお話をしようと思います。

　私が武蔵高等学校の尋常科を修了し武蔵高等学校高等科に進学したのは、1942年のことです。ちょうど中学4年のときに、太平洋戦争が始まりました。高校生のときは戦況がそれほど苛烈ではなかったものの、若者を早く戦力に参加させるのに、高校3年間は長すぎるということから、高校生活は2年半に短縮されました。

建築学科に進んだ理由

　高校2年の最後になりますと、進路を決める時期です。私は2年の3学期の期末試験の時に盲腸炎をこじらせて腸捻転から腸閉塞になり、入院してしまったのです。試験をまったく受けることができませんでしたから、1学期と2学期の成績を合計して3学期分の成績にするという処置をとると言われました。留年せずに卒業できましたが、成績は最下位になりました。今と当時の状況は違っていて、高等学校の学生は全員がどこかの大学に入ることができました。ただし、自分が行きたいところに行けるとは限らなくて、戦力に関係ある理系の航空学科、造兵学科は人気学科で難しく、物理学者の湯川秀樹さんは当時有名だったので、物理も人気がありました。建築学科は平和産業なのでまったく人気がなく、受験生が行きたくないと思っていた学科なのです。

　建築学科に行ったきっかけは、戦争が激しくなり、大学の入学試験ができなくなって内申書で選考されるようになったからで、成績からみて、建築学科を選択するしかなかったからです。幸いにも、建築学科は定員に満たなかったので選考もなく、おかげで入学が早く決まりました。

　おもしろいことに、私たちの学年に試験がなかったことが周知されると、翌年は建築学科の受験者が増え、不合格者が出たはずです（笑）。ちなみに、その学年には浦良一さん（元 明治大学教授）や杉山英男さん（元 東京大学教授）たちがいます。そしてその次の年は再び人気がなくなり、試験がありませんでした。

高校時代の勤労奉仕

　戦争中は、国家のための勤労奉仕を経験しました。たとえば農家に行き、麦刈り、田植え、稲刈りの手伝いをしました。その中で辛かったのは麦刈りです。麦を刈ったあとに土を掘り返すのですが、農耕機械がなかった時代なので牛や馬を使って土を掘り返す。でも牛が言うことを聞かず、まっすぐに進んでくれない（笑）。麦を刈ったあとに残る根元の部分を踏むと、切り口が足に刺さって痛い。夜は寝ていると身体中をノミに食われる。そんな生活を3日4日やるわけです。その代わり、帰りには貴重な白米をもらって帰りました。

赤羽にあった軍の兵器廠でも働きました。要するに兵站基地です。そこでの労働は毛布運びでした。毛布は重たくて、運ぶときに手掛かりがないので、ひどく疲れるのです。運んでいる様は、蟻が大きな団子を背負って歩いているみたいでした。

高校2年には、戸塚にある日立の工場で半年ほど働きました。学校がバレエ研究家の家を借りて、そこに私たち全員が寝泊まりしました。江ノ電（江ノ島電鉄）に乗って鎌倉に行き、鎌倉から東海道線で戸塚の工場まで通うのです。無線機をつくっていました。私はアルミニウムの板を曲げてシャーシをつくったり、コイルを芯に巻く作業を担当させられたので、今でも板の曲げ方は素人よりうまいと思っています。

アルミニウムの板は角をシャープに曲げるのが難しくて、下手に曲げると角が丸く膨れてしまいます。工場の工員たちは、失敗して材料を無駄にすると「お国の材料を無駄にしたな！」と言って監督に殴られる。そんな光景が実際何度かありました。

勤労奉仕は高校ごとに働き先が割り振られていたようです。仕事は朝の8時頃からだったと思います。仕事が終わる頃は疲れてヘトヘトになって帰ってくる。お腹が空いて帰ってきても、食べるものがあるわけではありません。

おかずもほとんどないし、ご飯も少ない。そのときの食事といえば、たとえば古くなって少しカビが生えたジャコみたいなもの。それが電気も、ろくに点かない部屋で食べていると、ご飯の上にのせたジャコがなぜか光るんです（笑）。それは腐る寸前のようでした。口の中に光るものが入る光景を今でも覚えています。

食べ物はほとんどありませんでしたが、常備薬が時々もらえました。「わかまつ」という薬ですが、それを水に溶かして固めると食事の足しになるものができました。

高校時代に、1度だけ空襲がありました。戦闘機が航空母艦に載って日本を脅かしに来た。そのときは日本軍もまだ力があったため、派手にはやられませんでした。でも、「日本の上空に敵機が来た。これからはどんどん敵が来る」という前触れをはっきりと感じた事件でした。

東大第一工学部に入学

1944年9月、東京帝国大学第一工学部建築学科へ入学しました。戦争中でしたから、入学式があったかどうか覚えていません。

当時の東大には第一工学部、第二工学部があり、第二工学部のキャンパスは西千葉にありました。入学者は入学前にアイウエオ順に機械的に割り振られていましたので、第一と第二の新入生が普段顔を合わせることはありませんでした。お互いに違う学校に入ったような感覚です。

大学時代になっても勤労奉仕は随分やりま

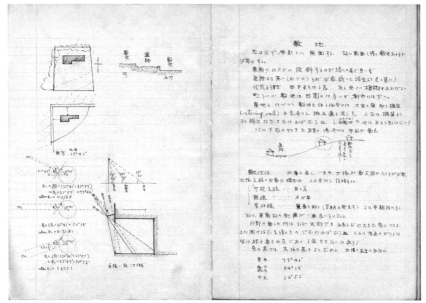

大学時代に使用していたノート。教科書の代わりに配られるプリントをノートに貼り付け、保存していた

した。高校時代のように工場へ行くことはありませんでしたが、農家での作業はありました。また本郷の消防署のお手伝いで、火事が起これば消防車に乗って現場に行きました。戦争中ならではのことです。

私より上の学年の人は「強制疎開」の手伝いをしていました。「強制疎開」というのは、空襲のときに都市火災の延焼を防ぐことを目的に、100mくらいの幅で決められたエリアの家を壊す作業です。

強制疎開のエリアは政府が決めるのです。お気の毒なことに太田博太郎先生の家も含まれて、「俺んち強制疎開だよ」と嘆いていらした。先生は家財道具を全部まとめて疎開荷物として送り出されたところ、その荷物が巣鴨の駅で空襲にやられて全部焼けてしまったそうです。恐らく岩手県の雫石へ荷物を送るために、巣鴨に送り出したのだと思います。後には、関野克先生の家も片づけられてしまったように覚えています。

構造系の研究室は、「強制疎開のときにどうやったら早く家を壊せるか」を研究していたようでした。戦車を走らせて倒すという計画がありましたが、日本家屋は柱梁構造ですから、戦車で突っ込んでも柱が残ってしまうと、戦車が通り過ぎたあとに家はそのまま残っていてうまくいかないという話も聞きました。重機のようなものはありません。建物にワイヤーを掛けて、戦車でそれを引っ張って壊すのがよいとされていました。武藤清先生の研究室には耐爆研究の実験施設がありました。今はありませんが、長い間、東大一号館

の裏に煙突状の塔がありました。そのてっぺんから爆弾を落として、直下でも壊れないコンクリートのシェルターを研究していたようです。

建築材料が専門の浜田稔先生と大学院生の中村伸さんは、セメント代用土の研究をしていました。どんな土が「三和土(たたき)」のように固まってセメントの代わりになるか。鉄がなくなったら、鉄筋の代わりに竹が使えないか。当時はそういった研究に真剣に取り組んでいたのです。軽井沢の星野温泉のあたりにそのためのよい土があるとかで、中村伸さんは星野温泉にどっぷり泊まり込んで研究をしていました。

当時は戦争に関係ない研究には研究費がもらえなかったようです。

空襲で東京は焼け野原に

次第に戦況は悪化し、実生活でもそれを感じるようになります。鉛筆がなくなる、紙がなくなる、消しゴムがなくなる。紙は白い所が残っていたらもったいなくて捨てられない。授業で図面を描くときは再生紙で、それも1回や2回の再生ではありません。インクの色が混ざって紙の色が黒ずんで、質も悪くなって破けやすくなる。ノートの紙も同じです。下着や手ぬぐいなど木綿の品もなくなりましたし、自転車のチューブなどのゴム製品もなくなりました。道路は舗装されておらず、自動車が薪を燃やして黒い煙を吐いて走っていました。

空襲が始まってからの日本の都市は悲惨なものでした。太田先生のように焼けないのに強制疎開で家が壊される。関東大震災の比ではない焼け野原が一面に広がりました。空襲は無差別攻撃です。東京だけで30万人が亡くなったと聞いています。「今日は東京、明日は名古屋」と空襲は日常茶飯事でした。上野の向こうは見渡す限りが空襲でやられました。

東京での被害は、ほとんどが焼夷弾によるものです。私は空襲を麻布の家の屋根の上で見ていたのですが、焼夷弾は雨というよりは雪のように落ちてきて、落下地点で発火するのでした。ズドンと真っ逆さまに落ちるのではなく、ふわふわとスピード感なく落ちてくる。打上げ花火の火の粉が広がりながら落ちるように、落ちてくる。

空襲があるときは授業はなし、試験もなし。でもやがて、大学自体が疎開をせざるを得なくなりました。建築学科の疎開先は先生によって違います。藤島亥二郎先生の歴史系の研究室は雫石に、岸田日出刀先生、吉武泰水先生、平山嵩先生、武藤清先生など、ほとんどの先生は山梨県の日野春村というところに疎開。疎開先は国が決めるわけではなく、先生方が必死になってツテを探していたのです。当時、岩手県まで汽車で行くのは遠くて大変でしたが、大学院生も一緒に疎開していました。私より上の大学院生の人たちはみんな、研究室と一緒に疎開しました。

本当に空襲が激しくなったのは大学2年のときです。工場はほとんど動かなくなり、物資もなくなりました。軍は「それでも勝つ」と言っていましたけれど、大学の中では「そんなことはない」と誰もが思うようになりました。

東京に残った私たちは空襲になると、「一号館の地下室は絶対安全だ」と言って避難をしていました。原子爆弾がつくられたら、と

いう話は噂ではありましたが、「まだ当分できそうにない。だから地下室は安全」と。

戦争が終わり、東大の建物は、ほとんど燃えずに残りました。空襲で家がなくなった学生たちのために、教室の一部を改造して、兵舎みたいに畳を敷き、毛布を敷いて寝泊まりできるところをつくりました。稲垣栄三さん（後の東京大学教授）も家をなくし泊まっていましたし、下河辺淳さん（後の元国土省事務次官）も青木正夫さん（後の元九州大学教授）も泊まっていました。われわれ通学生はどんなに朝早かろうが、夜遅かろうが、学校に行けば泊まっている誰かに会うことができました。太田先生の疎開の荷物から持ってきた麻雀やカロムで夜通し遊んでいたのを覚えています。「カロム」というのは玉突きに似たゲームで、ドーナツ形の輪を指ではじいて、相手の輪を四隅の穴に落とし、残ったほうが勝つゲームです。学校にいながら授業を欠席して、一日麻雀をやっているだけの人もいたくらいです（笑）。

もちろん遊びだけではなくて、先輩と建築の議論もしていました。私たちも授業がなくなってからは研究室配属になるのですが、私は音響系の研究室で佐藤さんという大学院生の音響実験の手伝いをすることになりました。そのうちいろいろな研究室を転々と歩きまわり、どの研究室では何をやっているかわかるようになりましたから、建築の研究についての知識はそれなりに豊富になって、上下関係の付合いはものすごく幅広くなりました。すぐ上の学年だけでなく、2年くらい上の学年まで顔なじみになり、下の学年も2年下くらいまでよく知り合いになりました。

世の中が180度変わるという体験

終戦を迎えたときはまだ大学生でしたが、世の中のあらゆるものが、がらっと一変したことを明瞭に覚えています。あれは今振り返ってもびっくりすることで、突然平和になった。威張っていた憲兵やお巡りさんは貧相な顔になり、「アメリカをやっつけろ！」と叫んでいた軍服を着た先輩が、戦後になると左翼の人たちと来てヤジを飛ばす。ある意味で、その様子はよく似ていましたし、中には同じ人だったことも何人か目にしました。

戦争が終結した途端に授業も始まりました。大学には航空学科のような戦争に関係ある学科はなくなり、高橋靗一さん（後に第一工房主宰）や林昌二さん（後の日建設計副社長）のように、航空学科だった人たちがそれぞれの大学の建築学科へ移ったのです。

その人たちを集めた学年もできました。池田武邦さん（後の日本設計社長）や構造設計の青木繁さん（後の法政大学教授）は、陸軍や海軍から受験して大学に入ってきたわけです。真面目な軍人さんたちは世の中の変化に対応するのに苦労したと思います。

終戦とともに大学での研究内容も変わりま

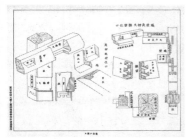

松下清夫教授の講座「木造構造」で配られたプリント。再生紙を使用している

した。私は大学3年生のときに卒業論文を浜田先生の研究室で、火事・木造火災などでとりました。9月に入学したわれわれは、半年短縮されて3月に卒業するはずだったのですが、戦争が終わったので在学期間が3年に戻され、9月に卒業することになりました。

復興は都市計画から

焼け野原になった都市を目の前に、まずやるべきことは都市計画です。

戦後早々に東京都の都市計画コンペがありました。確か、銀座と深川と新宿が対象だったと思います。丹下健三さんも応募しましたし、私の兄、内田祥文(当時、日本大学・東京大学助教授)も応募し、私も泊まり込み徹夜で手伝いをしました。結果は新宿と深川で1等になり、丹下さんは銀座と新宿に応募して銀座で1等になりました。

私の役割は単なる図面描きで、計画に参加していたわけではありません。兄がつくった新宿の計画案は、都庁を新宿に持ってくるという案でした。首都機能と高密度なオフィス、その合間に住宅地をあわせもった街をつくろうとした案でした。都庁を移すことについては、それが審査の分かれ道になるというので、兄は随分悩んでいました。結果は1等に入選したのですが、兄は入選を聞かずに、くも膜下出血で亡くなりました。ご存じのように現

戦災復興都市計画・新宿地区1等案(内田祥文ほか8名の共同制作)。都庁を新宿西口に移転させ、都庁を中心とした業務地区・住宅地を形成する案(出典:『建築設計資料集成(3)』日本建築学会編、丸善出版、1952年)

在では、都庁が西口にできました。

　現在の新宿西口地域は高層ビルが建ち並んでいますが、昔は今と違って怪しげな雰囲気が漂う所でした。浄水場の縁に不法占拠の違法建築がずらっと並んでいて、反社会的な人たちもたくさんいました。新宿の東側で私の車が追突されたときには、相手から「西側に行こう」と言われたこともあります。新宿の西側に連れていかれたらどうなっちゃうかわからない、そんな雰囲気の所でした。

　コンペで制作したのは図面だけで、模型はありませんでした。当時の図面は薄美濃紙に描いて、影の部分に霧を吹きかけて立体感を付けていました。そういう手伝いを3年生のときにやらせてもらっていたので、図面の描き方と都市計画の入門知識を得ることができました。

　その翌年には文京地区のコンペも手伝いました。計画の主役は、丹下さんと池辺陽さんだったと思います。そのときのお手伝いには、食事を食べさせてもらえるもう一つの楽しみがありました。どこから出てくるのかわかりませんでしたが、手伝っていたときはライスカレーが運ばれてきた。それが嬉しかった。その頃のアルバイトは、食べさせてもらうことがありがたかったのです。

戦後の就職活動

　大学によって状況は違ったでしょうが、当時は人手が足りない時代だったのです。私の就職のときは太田先生が就職担当でした。当時は、官立大学を卒業した学生は国家の行政に参加させるのが義務だという考えがありましたから、各行政庁に一人ずつ割り当てられる。大手の建設会社にも一人ずつ行かせる。先生に「ここに行け」と言われたら「ハイ！」と言って行く。行きたいと希望するところに行くという感じではありませんでした。まさに人材が配られていた時代でした。

　学生の就職先は太田先生の頭の中で大体決まっていて、個人の向き不向きもある程度先生が想定されていたと思います。私が就職した通信省（1949年［昭和24年］、郵政省［現在の日本郵政］と電気通信省に分離。電気通信省は1952年［昭和27年］、日本電信電話公社［現在のNTT］に改組）では、面接はありましたが、落とされる心配はありませんでしたし、相手も決められた人が来たと思うだけのことのようでした。先生が推薦した人を受け入れる側も信頼していたのです。

　設計系が就職できる官庁は建設省営繕（現在の国土交通省営繕部）、鉄道省（現在のJR）、通信省です。建設省には下河辺淳さんが行きましたが、彼は建築研究所に転職し、研究所では所長くらいしか上がらないからと言って国土庁（現在の国土交通省）に移り、その後は田中角栄の日本列島改造論に大きな影響を与え、新潟・北陸の開発にかかわりました。建築を卒業して事務次官になったのは彼しかいません。学生時代から学生組織の中心にいて、「予算もってきたよ。これで何かつくれ」というようなタイプの人でした。

　一方、設計が上手な人は、前川事務所や坂倉事務所といったアトリエ系の設計事務所にも就職していました。前川國男さんや土浦亀城さん、蔵田周忠さん、坂倉準三さん、堀口捨己先生は建築家として有名でした。高校のときに私は「若狭邸」のコピーを提出したことがありますが、当時はそれが堀口先生の設計だとは知りませんでした。

通信省に私の同期はいませんが、二つ上と一つ上の学年には第二工学部から就職した人がいました。年下には橋爪慶一郎さん、第二工学部からは高橋靗一さんなどがいました。通信省の営繕は一部屋だけでしたから、今振り返れば親しい付合いでした。

　建築学生の数は他大学を含めても少なかったので、卒業後学校の垣根を越えた交流もありました。

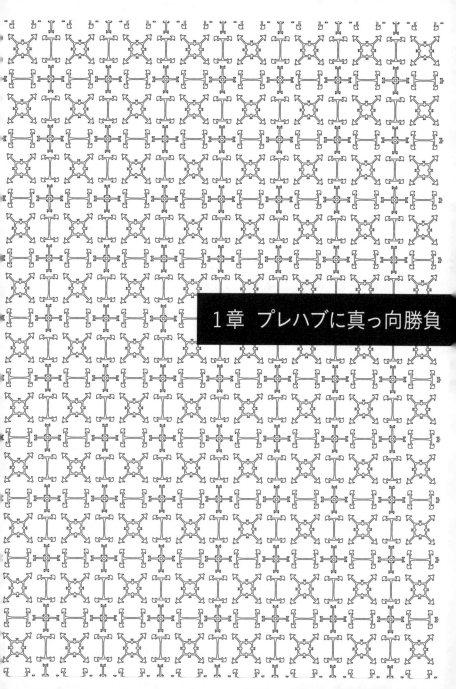

1章 プレハブに真っ向勝負

1│1 実施設計体験のシミュレーター「GUP」

「GUP」に取り組むきっかけ

　建築学科の教育は、研究者を養成するのか、それとも設計ができる人間を養成するのかといった問題があるかと思います。しかし、いずれにしても建築という工学の分野では「いかに建築をつくっているか」を知っていないと研究の目標が見つかりません。

　「ビルディング・エレメント論」というテーマは、論文を書いていた1961年の頃、アメリカから新しい材料が次々と輸入されるようになり、それを使った建物が以前の日本の建物と同じ性能になるかどうかという疑問があったためです。このテーマは、やがて日本の国内生産が復活すると、新建材にかかわるものになり、また物が豊富になるとコストの問題に、またプレハブが出現すると生産構造の問題へと変化していったわけです。

　「建築をつくる」ということを知るためには実務を経験するのが一番いいのです。ところが当時は、大学内での設計活動や、企業と共同で仕事をすることがとてもやりにくい状況でした。公務員である大学教授が大学の研究室で仕事をしていることの問題が指摘されていました。そこで、実施設計の代わりになるような独自のプロジェクトをつくろうと思ったわけです。それで「GUP (A Group of University's Prefabricated Building System)」を始めたのです。

　プロジェクトであっても、できるだけ現実に近い緊迫した状況を学生たちに感じさせることを心がけました。実施設計では、まず図面に整合性があるかどうか、構造、設備、積算等の設計段階はもちろん、現場の人にもチェックされます。コスト調整では部材の運搬といったことも加味して設計しなければなりません。そこで「GUP」はプロジェクトですが、構造計算も積算も実務家にお願いすることにしたのです。学生時代に実施設計に近い体験をさせたい。それが1960年代前半か

GUP-1	1964年	大型パネル構法による中低層アパートのシステム化
GUP-2	1965年	PC*パネル構法によるプレハブ中層集合住宅
GUP-3 [実現]	1967年	12階建て高さ31mの高層住宅の完全プレハブ化
GUP-4	1967年	欧州石炭鉄鋼共同体主催住宅設計コンペ応募案
GUP-5	1968年	プレハブ方式による大規模集合住宅
GUP-6 [実現]	1970年	オープンシステムの座標を目指した部品化住宅計画
GUP-7	1972年	環境エレメントとしてのボックスユニット
GUP-8	1973年	ポストテンション大スパン構造による学校建築システム
GUP-9	1974年	丘陵地に建つ集合住宅
GUP-10	1978年	低層集合住宅によるビルディングシステム

註：本書ではプレキャスト・コンクリートを「PC」、プレストレスト・プレキャスト・コンクリートを「PSPC」と略記する

「GUP」プロジェクトの概要

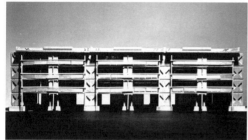 

PC工法によるプレハブ中層集合住宅「GUP-2」の外観と室内計画（設計／東京大学内田研究室、撮影：2点とも大橋富夫）

ら始めた「GUP」プロジェクトの主旨です。

「GUP」プロジェクトは、その当時の社会事情や時代背景が密接に結びついています。したがって構法の研究課題はその中にいくらでも見つけ出せる。それが「GUP」のねらった研究へのフィードバック効果です。

「GUP」は、コンクリート系中層集合住宅のプレハブ化を中心として始まりました。「GUP-1」から「GUP-10」まであります。「GUP-1〜3」は鉄筋コンクリート、今で言う大型パネルのプレハブです。「GUP-4」はヨーロッパのコンペに提出した鉄骨造で戸建て、長屋、4階建ての集合住宅がつくれるシステムです（欧州石炭鉄鋼共同体IFD〈Industrially Fabricated Dwellings〉が主催した住宅設計コンペへの応募案）。「GUP-5、7、8」はいわゆるメガストラクチャーで、「GUP-6」からは内装をオープン部品にする考えが入り、これは以後永遠のテーマになります。「GUP-5、7、8」の中で「GUP-8」だけは学校建築で、「GUP」の中では異色です。「GUP-9」はそれまでの「GUP」とは違った現場打ちコンクリート造を合理化しようというものです。最後の「GUP-10」はそれまでの単体建築ではなくて、規格化されたフレームとオープン部品の組合せで豊かな街並みをつくる提案です。実は「GUP-1」から「GUP-10」の中には、後に実験などによって強度を確かめたもの、また実現したものがあります。実現したのは「GUP-3」で、後にNTTが「GUP-3.NTT」という建物をつくばにつくり、現存していました（2012年閉鎖）。「GUP-6」は実験で強度が確かめられたものが武蔵大学のキャンパス内に掲示板として実現し、一度取り壊して移転も行われましたが、再度取り壊され、現存していません。「GUP-9」は部分的実験で実現性が確かめられましたが、全体としては未完成です。

「GUP」のテーマ

 ところで「GUP」を始めた1960年代前半の頃の日本は、木造住宅全盛の時代から現場打ちコンクリートで建物をつくる時代へと移り変わっているときでした。海外に目を向けると、アメリカはチャールズ・イームズやリチャード・ノイトラのような建築家の設計する個人住宅が脚光を浴びていたときです。それに対し、ヨーロッパは空襲で街が破壊され、住宅といえば大型パネルを使った集合住宅が盛んな時代です。

 日本の、戦争による住宅の不足はヨーロッパ以上に深刻でした。そして、日本の戸建プレハブ住宅はまだメーカーの独り立ちがおぼつかない時代でしたが、建築家たちは戦前とは違って、メーカーを建築家の敵という見方をしていました。しかし、住宅の不足量は建築家たちによる一品生産では到底解消不能な量で、建設省はヨーロッパ風の量産大型パネルを使った集合住宅をつくり始めようとします。そんな時代ですが、現実的には、日本とヨーロッパの技術には大きな違いがありました。向こうは大型パネルのつくり方も機械による大量生産でスピードも早い。それに比べて、当時、日本の鉄筋コンクリート造はすべて現場打ちの一体式でしたから、大型パネルは見たこともなかったのです。パネルを吊り上げる大型クレーン自体がない、というので、重機メーカーの石川島播磨が寮をつくる機会にクレーンを2台つくらせ、住宅公団（現都市再生機構〈UR〉）の試作集合住宅という名目で実験的工事が行われるわけです。それが日本における大型パネルによる最初の住宅です。そのあと、住宅公団は調布に大型パネルの実験施設をつくります。他方、海外の視察団に参加してみると、ハバロフスクですら日本より進んでいると感じました……。そこで、日本の大型パネル技術はこんなレベルではいけないと実感し、「GUP-1〜3」のプロジェクトのテーマを大型パネル構法で始めたのです。

「GUP」始まりの頃

 ところが「GUP-1」（1964年）は初めての仕事なので1年かかってもまとまりませんでした。リポートとして発表できるようになったのは「GUP-2」（1965年）が最初です。「GUP-1」は低層、「GUP-2」はプレキャスト・コンクリート（以下、PC）工法によるプレハブ中層集合住宅の設計でしたが、社会もだんだんと私たちのテーマに追いついてきました。ちょうどその頃、国鉄（現在のJR）が山手線の大井町に車庫と高層の社員住宅を建てます。当時、建築の高さは31mという制限があり、それまでの常識では9階建ての建物をつくるのが限度でした。国鉄は31mで10階建ての建物を現場打ちの在来構法でつくりました。しかし、もしそれを大型パネルに直すと、梁の上にスラブを載せていくのでは天井裏の厚みが大きくなって31mの中に入りきらないわけです。そこで、私たちの計画した「GUP-3」（1967年）は、梁丈を少なくするために3階ごとに梁を入れるメガストラクチャーにして、31mの高さで12階分を確保するという高層集合住宅の完全プレハブ化を提案しました。大型パネル構法を使っても可能であるということを示したかったのです。「GUP-3」には接合部に型枠を必要としないセルフフォーミングという手法を使っ

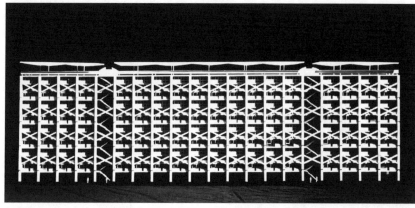

内田研究室によるプレハブ高層住宅「GUP-3」(撮影:大橋富夫)

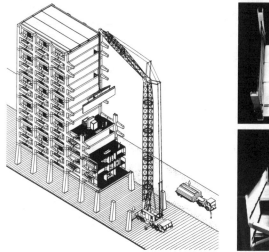

「GUP-3」の建て方計画。クレーンの腕を短くするために、1スパンごとに上まで組み立てては後退する手順

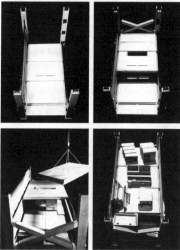

3層2住戸のメゾネット住宅で、柱、床スラブ、ブレースのジョイント部はすべてセルフフォーミングとし、内装および設備コンポーネントの搬入は建て方中に行われる(撮影:4点とも大橋富夫)

ています。

プレハブに対する建築家たちの批判もまだまだ強かった時代です。しかしメーカーのつくるプレハブ戸建て住宅に対しては、ある時期から個人的な建築設計事務所の力では追いつけない技術の蓄積をもつようになり、否定的だった勢いは下火になりました。「GUP-3」は後年「GUP-3.NTT」として、「GUP」

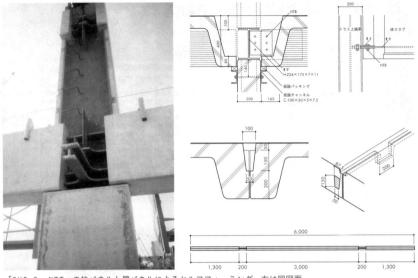

「GUP-3．NTT」の柱パネルと壁パネルによるセルフフォーミング。右は同図面

参加の経験をもつ木村昌夫さんの設計で、電電公社（現在のNTT）の社宅が学園西大通りと土浦学園線の交差点に建つことになります。そこには、三井造船のパイロットハウス（p.64参照）も並んで建っていました。

折曲げ加工による金属版立体トラスとそのアイデア──GUP-4

「GUP-4」(1967年)は塚越功さんや三井所清典さんがチームリーダーになってつくってくれた作品で、欧州石炭鉄鋼共同体の住宅設計コンペに応募したものです。実はこのコンペは、生産を伴った技術提案競技で、特定の鉄鋼会社とコンタクトしないといけなかったのでしたが、私たちはそれを知らなかったので、入選しませんでした。その頃、日本にはとてもそのような交渉力がありませんでし
たし、たとえ連絡してもヨーロッパの鉄鋼会社を説得するのは無理だったかもしれません。

「GUP-4」は台所、洗面所等の設備機材配管を伴う空間のキュービクルユニットと、その他の居住スペースで構成しています。キュービクルユニットは、運搬時には2.4×1.2×2.5mに縮めて運ぶことができます。特筆したいのは、スラブです。1枚の鉄板で2方向の立体トラスができるようにということで、伊藤邦明さんの考案です。この計画では1枚の金属版に切り込みを入れ、山・谷に折り曲げ、点溶接するという三つの加工を施した立体トラス版をつくり、床スラブと屋根スラブにしました。デッキプレートは1方向しか剛性がありませんが、この立体トラス版は2方向の剛性があり、重量は従来の立体トラスの約半分です。しかし、溶接が製作技術

「GUP-4」。スチールを主材とし、長屋、テラスハウス、集合住宅が一貫したシステムでまとめられた（撮影：2点とも大橋富夫）

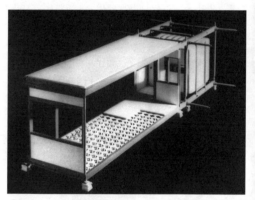

「GUP-4」。1枚のプレートに切り込みを入れ、山・谷に折り曲げて点溶接していくことで、2方向の剛性と強度を確保しているスラブ

「GUP-4」。1枚の鉄板から立体トラスをつくり出すスラブ、コンパクトにして運ぶことのできる設備ユニットなどをはじめとし、多くの新しいアイデアが盛り込まれた

的に難しいのが難点です。私の大学在籍時代には何社かの人たちがこのスラブの量産手法を考えてくれましたが、結局無理でした。

コンペは落選しましたが、その後の「GUP」に大きな影響のあった作品です。このコンペについては、後年、知合いのリエージュ大学名誉教授のジャン・アングルベール（Jean Englebert）さんも応募していたことがわかりました。彼からの手紙では「EPA（当時のヨーロッパ鉄鋼連盟）に行ってみたら、応募作品が保存されていたよ。おまえのがあったので驚いた。われわれの作品が落ちたのは、審査員が悪かったことがわかった。」と書いてきました。

フレーム構造とオープン部品への展開——GUP-6

「GUP-5」（1968年）が超高層住宅の計

023

画になったのは、容積率の制度が建築基準法に加わったからです。「GUP-5」はメガストラクチャーの中に伊藤邦明さんの1枚の鉄板でつくれるスラブをあらゆる所に利用したものです。

「GUP-6」(1970年)ではLGSの柱・梁を使い、木造のように機械なしで人手で組み立てられ、つまり、人力で運べて、柱・梁の接合部は落とし込むだけで安定し、モルタルを流し込むと強度が出て、接合部のモルタルを掘り出せば、部材が無傷で解体できます。「GUP-6」は直井英雄さんや坂本功さんがメンバーにいたので、実物実験をしてもらえました。清水建設の研究所で、組立・解体の習熟実験も行い、6畳間のフレームは15分で組み立てられました。水平加力実験をしていますが、剛性が足りないようで梁丈をもう少し大きくする必要があることがわかりました。

「GUP-6」のもう一つの特徴は、オープン部品の収容を考えたことです。モデュラー・コーディネーションがしっかりできていれば、メーカーもそれに合わせた部品づくりができる、という考えです。江戸時代の長屋の引越しのように部品を持って歩けば、それでオープンシステムが完成する、というのが当時の考えでした。

「GUP-7」(1972年)では、部品の大型化が一つのテーマになっています。プロジェクトメンバーに大野勝彦さんがいたからです。彼はセキスイハイムの開発者(1971年)で、

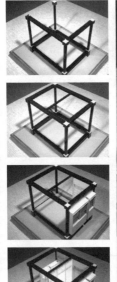

「GUP-6」。あらゆるオープン部品に対応できる骨組を考え、新しい部品の提案も含めたオープンシステムの完成を目指した(撮影：5点とも大橋富夫)

大学に在籍しているときからすでに社会的にも著名でした。「GUP」は、初期の頃から便所・浴室等を設備ユニットとして設計していましたが、彼は1辺が2.4m以上の大型部品を考え、その中にオープン部品を収納することを考えていました。これに対して、社会の反応はいまひとつでしたが、それから少し時間が過ぎて、世の中の趣向が変わるきっかけは、1970年代初頭、当時の建設省がパイロットハウスの直後に開催した部品開発です(住宅用設備ユニットの構造および設置の基準に関する研究開発設計競技)。その試行開発コンペにさまざまな部品メーカーが応募し、建築センターで展示会も開催されました。それが刺激になってベターリビング(BL)、日本住宅部品開発センターができたわけです。「GUP-7」でいう部品はそれらを含めて2.7×3.6mのフレームの中にまとめた大きな空間部品で、それを工場でつくって格子状のフレーム構造の中に運び込もうというわけです。セキスイハイムもこの頃には箱を重ねて3階建てをつくっていましたから。大野勝彦の「GUP-7」の計画で、「BOXI」(BOX-UNIT)というキュービクルなユニットを3.6×4.5mのグリッドフレームに積み込んで、高層住宅を実現することを考えたのです。

「GUP-8」(1973年)は一変して学校ですが、当時の研究室は学校建築のシステム化を研究していた時期で、イギリスのCLASP、アメリカのSCSD等の刺激を受けて、日本でもGSK(学校施設研究)等というシステムの開発が進んでいました。これらのシステムの大きな指標はフレキシビリティで、「GUP-8」は大スパン構造をPCのポストテンションでつくり、大空間による自由な間仕切りをしようという発想です。

鉄板サンドイッチコンクリートの実験 ——GUP-9

「GUP-9」(1974年)は、それまでと、まったく発想が違う新しいことに挑戦したプロジェクトでした。このプロジェクトは、守屋弓男と吉田倬郎という二人がいたから生まれたものです。守屋さんは機械学科を卒業してから建築学科で学んでいたので、機械についてこだわりのある学生でした。ですから「GUP-9」の提案はメカニカルなところが多いのです。当時、大型パネル構法は大成建設がかなり進んでいました。さらに、日本の事情として大工が不足してくることも予想されましたし、木材が日本では枯渇し始めたので、現場で木造の型枠をつくるわけにもいかない。また、都市住宅の需要が増えたので、平らな土地が不足して宅地が山林の傾斜地になってきたという背景もありました。

傾斜地に建てる集合住宅の場合、問題点がいくつかあります。一つは現場打ちコンクリートは打継ぎが多くなってやっかいです。もう一つは樹木が邪魔をして機械を搬入することができません。それまでの開発者は木を伐って土地を整地するわけですが、傾斜地のまま自然を傷めずに部材搬入や施工期間の短縮のできる計画を練ったわけです。

傾斜地にPCの地中梁をセットし、梁を架けてスラブを載せます。床はPC版で、壁は現場打ちコンクリートです。大型の機械を用いずに人力で運搬・組立・脱型することを目指しましたので、高さ3層分の中型サイズの型枠です。手順としては、3層分の床版と型枠を組み、コンクリートを一挙に流し込めば

「GUP-9」。床高、天井高のフレキシビリティが高いこと、整地の必要がほとんどないこと、樹木をほとんど伐らずに施工できることなど、従来では不可能であったことの実現が目指された（撮影：大橋富夫）

打継ぎをしないで済む、という提案です。

それはまさしく「エジソンの夢」の実現です。彼は家の形の型枠をつくって、煙突からコンクリートを流し込み、型枠を外すと家ができるという特許を取っているのです。

エジソンがこの夢を描いたときは、まだ鉄筋コンクリートがなくて無筋コンクリートだったので、この夢が実現できたのです。「GUP-9」の大きな特徴も、原則として鉄筋を入れないということです。3層分のコンクリートを一挙に流し込むことに加え、傾斜地ですから段差がついているのでコンクリートが流れにくい。鉄筋を入れないために鉄板サンドイッチコンクリートの壁版を提案しているのです。

鉄筋コンクリートに通常用いる鉄筋の重量を計算すると、壁面積当たり0.6mm厚ぐらいの鉄板と同量です。だから、0.6mm厚の鉄板で両側からコンクリートを挟み込むサン

煙突からコンクリートを流し込み、型枠を外すと家ができる「エジソンの夢」("The Life and Intentions of Edison"より)

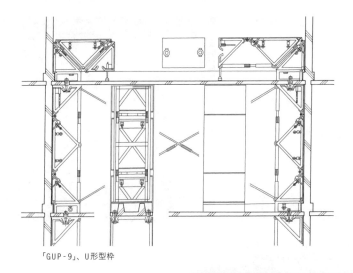

「GUP-9」、U形型枠

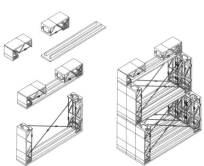

「GUP-9」、U形型枠アクソメ

「GUP-9」。U形型枠が立った状態の内部
(撮影:大橋富夫)

　ドイッチパネルができれば、普通の鉄筋コンクリート壁と同じ強度のパネルができるだろうという予想です。それが「GUP-9」の主要な発想である鉄板サンドイッチコンクリートです。鉄板サンドイッチコンクリート（無筋コンクリート）は後に、本格的実験をしています。

　鉄板型枠はピカピカに磨いても、鉄板がコンクリートにくっついて脱型できなかった「佐賀県立博物館」の現場の経験があったので、鉄板とコンクリートはお互いにくっつきやすい性質だと思っていたのです。ところが、運搬しただけで鉄板が剥がれてしまう。鉄板に凹凸をつけたり、表面に傷をつけたり、いろいろ試してみましたがうまくいきませんでした。結局、穴のあいた鉄板が剥がれないとわ

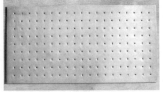

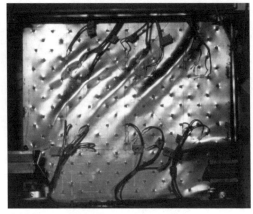

「GUP-9」の鉄板サンドイッチコンクリート版。さまざまな加工を施した鉄板で、コンクリートから剥がれないものを探った

強度実験によって鉄板が潰れてしまったものもある

かりました。その結果、わずか0.6mm厚の鉄板で通常鉄筋コンクリートスラブと同じ強度をもつ壁ができました。

ところで、版としては完成したのですが、版の交差するところ、接合部に鉄筋がないことが致命的です。そのために「GUP-9」の延長上の実験では、交差部に柱または棒状の鉄筋を組み込む工夫をしたわけです(註)。

註：交差部の補強について今になって考えてみると、水平剛性のある床スラブがあれば、壁の上下をそれに留めるだけで、壁同士の結合はなくてもよかったと思っている。

「GUP-10」(1978年) は「GUP-9」ができてから4年空いています。この間にBL部品はKJ（公共住宅用規格）部品を吸収して着々と増え、社会の中で存在が認められるようになりました。一方、世の中はますます多様化に向かっています。オープン部品が流通するには、社会の中にそれを受け入れるシステムが必要です。在来構法の中で、畳、木造用サッシ等が自由にはめ込まれてきたように、枠つきサッシ、設備ユニットも気楽にはめ込める流通システムが必要です。

「GUP-10」は「GUP-9」で苦労した接合部の柱・梁状のものを使ってオープン部品を自由に取り込もうとするシステムです。オープン部品は部品だけができたからといってオープンシステムになるわけではなく、皆がそのシステムに参加しなければいけません。受け入れるシステムは、社会の中にひとりでにできるものが望ましいのです。部品としては、どちらかというと生産過程が複雑なものがオープン部品に向いています。また最近は、オープンシステムにリサイクル工程まで含めています。「GUP-10」は、そういう社会のなりゆきの中で優れた街並みをつくりたいという試みです。参加した全員に仮想の敷地の土地持ちになってもらって、それぞれの敷地

に勝手な家の平面をつくってもらったのです。その結果、集合住宅に比べると随分不経済なところが目につくのですが、街並みとしてはおもしろいものができたのです。

量産部品を活かして、一歩先を

ところで、量産と、一品生産で個性をつくり出す分野は、両極端と意識しながら向き合っています。個性あるもののほうがおもしろいですが、量産効率をなくしては不経済です。そういう意味では、量産効果をオープン部品完成の最終生産段階近くまで取り込み、ぎりぎりのところで消費者の意向を入れることが重要です。

「GUP」は、社会が追いついてきたら、その少し先のことを考える。それは、社会の保有する技術レベルとかけ離れたことでは社会に受け入れられないで実現性がない。普及している材料や部品を使って、これまでにない、一歩先の時代のかたちをつくり出すことを心がけてきたつもりです。戦前、市浦健さん、土浦亀城さん、山脇巌さん、蔵田周忠さんといった建築家たちがつくった形だけのプレハブ見本も、ひとつの見せ方であったのかもしれません。

1│2　組立・分解が繰り返せるフレームシステム

自在鉤の原理を応用

　シングルグリッドとダブルグリッドのトートロジーを解決するのがパネルを卍に組むアイデアであることは、モデュラー・コーディネーションの研究をしていた頃から考えていたものです（p.92参照）。それを実現するためには十字形の柱が必要です。できれば糊や釘、ボルトの類を使わずに、フレームを組み、パネルを留めたり外したりしたいと考えていました。

　柱とパネルの留め方について、ヒントになったのはやはり襖です。襖は敷居と鴨居で倒れないようになっています。つまり、上下から押さえてパネルを外れなくしようと思ったわけです。

　もう一つ、参考にした重要なものが古くから民家にある自在鉤です。囲炉裏の上に吊り下がっている筒の中に入っている棒の、先端のフックに鍋をかけることができるものです。鍋が煮えたら自在鉤の高さを調整して火加減の調節ができる。初めて見る人は、いったいどういう仕組みか不思議に思うでしょうが、棒を通している魚形の"てこ"で支えているわけで、その力を伝える仕組みは摩擦です。その摩擦力は吊り下げられているものの重力を魚形の"てこ"に伝えるのです。そこで、パネルの位置を自由な高さで留めるのに自在鉤の原理がうまく応用できないだろうかと考えたわけです。

　試作に当たっては、難問はいくつもありました。まず柱にパネルを留める場合、パネルを自在鉤の棒とし、留め金具を魚形の"てこ"とします。その場合、これらを支えているのは、自在鉤では棒を通している筒ですから、筒が「Ｕフレーム」の柱に相当することになり、それから吊られている棒がパネルに相当します。ですから、柱の中にパネルが入っていることになるので、これを逆にしなければなりません。そこで自在鉤を逆に考えて、棒が筒を吊るような構造を考えたわけです。つまり自在鉤の中の棒が「Ｕフレーム」の柱、筒がパネル。それを留めているのが魚形の"てこ"という具合です。

　これでも、自在鉤の棒が魚形の"てこ"の中を通っているのが問題で、棒を柱とすると、留め金具である魚形の"てこ"が柱から外れません。そこでここも棒を包むのではなく、棒から簡単に取り外せるようにすることを考えたわけです。つまり柱の一部にＵ字溝をつ

自在鉤。吊り下げられているものの重さを魚形の"てこ"に伝え、摩擦力で高さを自在に調整できる

くり、その中で魚形の"てこ"を作動させることにしたのです。

アイデアが実現する環境が整う

フックの完成までには何段階かの経過があります。まず、U字溝の中で摩擦力が出るための大きさを検討する必要があり、それも材質により違います。その頃『ファスナーズ・ハンドブック』という本を後藤一雄先生から教えていただいたことがあり、それは繰り返し見て参考にしました。でも、工作のしやすさなどのために材料を代えると摩擦力で留まる感じが違います。そこで不二サッシに協力してもらうことになったわけです。

当時、不二サッシに小松茂雄さんという重役さんがいました。彼は大学時代1年下の学年で、学生生活以来の付合いです。彼に頼まれて会社が配るプレハブに関する本をつくったこともあったので、相談したところ、じゃあ試作してみようということになりました。

金物は原寸図の描き方もよくわからないので、詳細図も不二サッシにお願いしました。アルミの押出しについては、型代が高価で、当時、たしか20万円ぐらいだったと思います。今でも20〜30万円ですから、あまり変わっていません。科学試験研究費を申請していたので、きっとその予算の中でやってくれたのでしょう。それにしても、ものづくりへの挑戦を理解してくれる環境がまわりにあったから、試作ができたと思っています。確かに当時は、何事も先進国から教わればよい、パテントは取るより買うほうが安いという時代ですから、本当によくやってくれたと思っています。

その最初の部品ができたのが1964年です。「Uフレーム」を初めて見た人は、驚きました。しかし見ていない人の中には、説明しても信じてくれない人も多いのです。近角真一さんなんかは、現物を見ても信じてくれていません（笑）。

柱とパネルとフックの3点セットで出発した「Uフレーム」ですが、試作の段階で、柱と床と天井へ固定するための金具が必要になり、何種類かの固定金物をつくりました。また、「Uフレーム」を実際に使い始めてみると、貫のような横架材や、それを柱に留めるための金物、棚等の支持金物なども必要になり、部品が次第に増えていきました。それらの部品は、どれも解体・再組立が、ほかの部品に関係なくできるようにしたために、普通の建築ディテールとは違ったものになりました。組立・分解に部品の加工は不要、孔もあけないという原則を守るために部品の数は増え、複雑になる傾向があり、実用的には無駄と思われることもありました。その頃の「Uフレーム」の現物は現在、東大の研究室や「佐賀県立青年の家」にも残されています。

最初の頃、かなりの数の「Uフレーム」を日本建築センターで使ってもらったことがありました。築地に日本建築センターの建物が

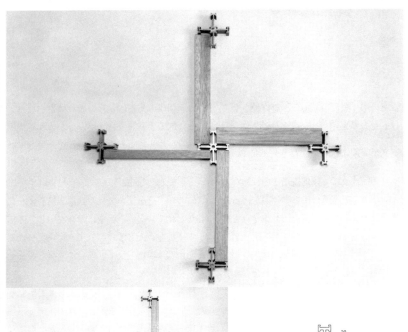

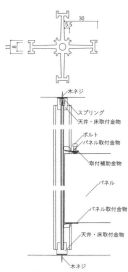

写真上：Uフレームのオリジナルシステム。このシステムは1種類の大きさのパネルと1種類のポールで、グリッド上に厚さのあるパネルを配置できる（シングルグリッドとダブルグリッドの堂堂巡りを解決する）

写真下：Uフレームによるパネルの連続。引違い風のパネル配置からできるパネル面の凹凸が横長のポスターや看板をかけるのに不評だった（撮影：2点とも中島喜一郎）

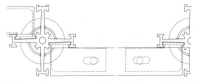

同平断面。Uフレーム、パネルフック金物、パネルの関係がわかる

Uフレームの柱（図上）と柱にパネルを取り付けた平断面（図左）。パネルの重量がU字溝に納めたパネルフック金物の摩擦力でフレームに留められている。パネルがないとパネルフック金物はフリーとなり、下へ落ちてしまう

Uフレームを使用した本棚。「佐賀県立青年の家」(左、『ディテール』18号「今日のディテール」より)と東大の研究室内に建てられたUフレーム(右、撮影:中島喜一郎、左頁とも『a+a』architecture+aluminium、1965年6月号より)

あったときです。地下室に展示場をつくる話がありました。それはいい機会だと思い、「Uフレーム」を使ってもらいました。たしか10年ぐらい使っていただいたのですが、評判は、あまりよくなかったというのが正直なところです。問題は引違い風のパネル配置がつくるパネルの凹凸で、大きなポスターや看板をかけるのに不向きだったのです。

金物は不二サッシが自社の工場でつくっているものだと思っていましたが、実は金物製作専門の子会社でつくってくれたようで、その会社は後の美和ロックですから、今でも美和ロックがつくってくれています。

「GUP-6」へと続く思想

「Uフレーム」で考えたことを発展させるかたちでつくったプロジェクトが「GUP-6」(1970年)です。「GUP」シリーズについては[1-1]で触れましたが、「GUP-6」は、鉄骨の柱・梁で組立・解体の繰返しが部材の加工なしでできるようにしようというものです。水平力にも耐えられるラーメンにして、住宅スケールのものがつくりたいという考えから始まったプロジェクトです。住宅用の場合、パネルは一種の壁ですから、展示パネルのように頻繁に取り外したりはしないでしょう。しかし増改築の便を考え、「Uフレーム」のスケールをアップさせ、住宅用にしたものが「GUP-6」なのです。

「GUP-6」の初期の構想では、柱断面は「Uフレーム」と同様十字形でした。しかし、十字形よりは四角形のほうが座屈に有利なので、柱は四角形で梁との接合部だけを十字形にしたものになりました。そんなことで、最終的に断面は四角いパイプの中に対角線軸によるX形が表れた形となっています。柱・梁の接

「GUP-6」のジョイント部平面模型

「GUP-6」の組立・解体試験

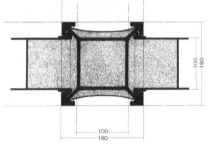
モルタルをグラウトした柱・梁接合部

合部は、「Uフレーム」で試し済みの柱脚や棚を支える部材と同じにしました。これは「Uフレーム」の柱からグリッドに対して45°方向にできるもので、非常に丈夫でした。そこで「GUP-6」では、「Uフレーム」を45°向きを変えたX形のジョイント金物に上から梁の端部を落とし込むだけです。隙間にはモルタルでグラウティングしましたが、ある程度の水平力に耐えることができるためには、モルタルでなくても砂でも可能性があると思っています。セメントを使わないで、砂だけなら解体も組立も極めて簡単です。その発想は、線路の枕木を固定している砂利から思いついたのです。砂利は線路の補修に便利で、クッションにもなると聞いていたからです。しかし、当時は建築軸組の変形に対する規制が厳しくて、1/300とか1/100とか言っていましたから、モルタルでなければ無理でした。しかし現在は、終局耐力を考える時代で、変形に対してはかなり寛大になったので、砂でも耐力さえ出せれば可能だろうと思っています。木造の継手・仕口は分解でき、好きなところに移築もできます。そのように取り外しが簡単にできる柱・梁のシステムを鉄骨で目指したわけです。

「GUP-6」をつくった頃は木材の不足が進み、鉄の型枠が日本でも考えられ始めた時代です。住宅公団ではメタルフォーム・システムの研究が始まって、八王子にあった富士製鐵(のちに新日本製鐵、現在の新日鐵住金)の工場が協力してくれたように思います。その工場で「GUP-6」の試作品をつくっても

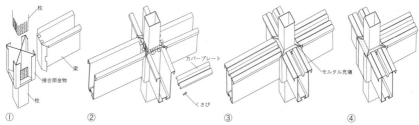

「GUP-6」柱・梁組立手順。四角い柱の上に十字形のジョイント金物を建て込んで梁を落とし込む。最後にジョイント部分にモルタルをグラウトして固定

らいました。

柱材は、「Uフレーム」のアルミ材と同じように押出しでつくれないかと考えたのですが、数百万円かかると言われ、あきらめました。ただ、現在は簡単に押出しでつくれそうです。それを教えてくれたのが内藤廣さんが設計した「倫理研究所 富士高原研修所」です。内藤さんはそこで押出しの細い鉄骨柱を使っています。それをつくったのが新日本製鐵の小さな部門で、担当者の話では、1トン単位で受注できるとのことです。断面型にもよりますが、もしかしたら型代はアルミより安いかもしれないという話です。

ちなみに新日本製鐵は当時、メタルフォーム・システムに熱中していましたから、柱・梁構造にはほとんど関心がなかったように思います。でもその後、丸い鋼管を使って鋲を使わない柱・梁構造の研究を始めます。それは、「GUP-6」を原点にし実用化を目指して研究していたということで、試作建設の案内をいただきました。たしか、麻布の高樹町から並木橋へ下る道沿いの左手に、3階建て程度の建物がつくられていたと思います。

掲示板での実践

「GUP-6」の建て方実験は、清水建設の技術研究所でさせてもらいました。そのときは何度か組立・解体を繰り返し、習熟効果も確かめました。また強度も確認しました。坂本功さんからも、剛性が少々足りないが、これならフレームに使えそうだと言ってもらえました。そして、武蔵大学に、仮設の屋外掲示板として実際につくり、学校の都合で別の

倫理研究所 富士高原研修所（写真提供：内藤廣建築設計事務所）。十字形断面の熱押出形鋼

左：武蔵大学内に建てられた屋外掲示板
（撮影：相原功）
上：同接合部分

場所に移動していますから、分解・再建可能な構造だったことが証明できたのです。グラウティングしてあった箇所も金槌でたたけば簡単に取り外せたと聞いています。しかし、それも8号館をつくるときに、すべて壊しました。

このシステムは仮設の掲示板をつくるところまではできましたが、当初目指した住宅をつくるまでには至りませんでした。その理由は、柱間装置の取り付け方の開発が追いついていなかったからです。武蔵大学の掲示板のように、柱と屋根だけでいいというものならできますが、壁や窓を付けるのは簡単ではありません。和風木造の住宅は、柱間装置で構造体の強度が出てしまいます。柱は組み立てる手順として必要だけれど、出来上がったら柱の何割かはなくてもいいと言われる程度の役割です。そこが住宅の軸組にとって、いまひとつ難しいところです。

「Uフレーム」を改良した「Vフレーム」

明治大学に研究室を構えてから2、3年目に「何かつくってみたい」という学生さんたちと一緒に、1965年に試作した「Uフレーム」の改良版をつくることになりました。それが「Vフレーム」です。「Uフレーム」は実際に使ってもらった経験があったので、改善すべき課題も見えていました。部材製作をお願いできる会社もわかっていましたので、試作環境も整っていたわけです。フレームの試作は東大のときと同じ不二サッシ関係のアルメタックスにお願いしました。金物は、親友、和氣清靖さんの率いる美和ロックです。そのときの研究費は積水ハウスからの委託研究費として明治大学の科学試験研究所へ入れていただきました。

「Uフレーム」では、パネルの面をそろえることができない、それが最大の欠点であることを身にしみて感じていましたから、「Vフレーム」ではなんとしてもパネルの表面が隣のパネルの表面と平らになるようにしたいと考えました。

もう一つ、「Uフレーム」の十字形の柱は、見付けが細くてシャープに見える反面、梁や長押を取り付けようとすると、取付け金物が総じて突出してしまうのです。そこで「Vフ

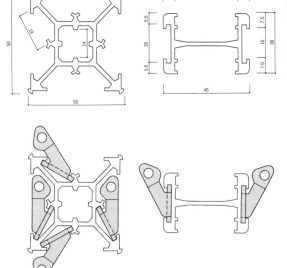

「Vフレーム」の部品。X形は柱に、H形は長押、貫などの横架材として使用される

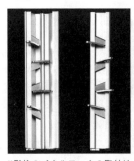

X形柱のパネルフックの取付け（左）とH形貫へのパネルフックの取付け（右）

上：「Vフレーム」のX形、H形フレームの寸法　下：パネルフックの取り付け方。パネルフックは柱形の断面形内で納まるよう改良された

レーム」では、木造真壁造りのように、柱の太さの中に接合金物が隠れるようにしたいと考えました。「Vフレーム」は、「Uフレーム」の十文字形断面の柱を45°振ったX形断面です。ここに「GUP-6」の経験が生かされました。「Vフレーム」のパネルフックは柱の断面形の中に納まるようになりました。柱形の凹みにパネルを落とし込むこともできるのです。梁や貫に相当する横架材もすべて柱の断面形内に納まるようにしました。

すべての部材が他の部品と関係なく取り外しできることはとても大事なことと考えたので、「Vフレーム」でもその原則は踏襲しています。たとえば、「Vフレーム」では、付属部品を次々と開発して、より汎用性が高いものを目指しました。その結果、部品の数が「Uフレーム」よりも圧倒的に増えています。「Vフレーム」のパネルフックは4種類あります。

「Uフレーム」では締付けに、すべてビスを使っていましたが、「Vフレーム」ではなるべく楔を使うことを考え、プラスチック製の楔もさまざまな材質で試作を重ねました。材質が柔らかすぎるとぐらついたり、堅いと打てなかったりしました。今、プラスチックでつくりたいのはパネルフックです。試作を

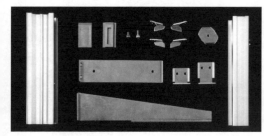
Vフレームの基本部品一覧

「NEXT21」603号室。写真のベンチ、テレビ台、台所、書斎コーナーなどにVフレームが利用されている（提供：三浦清史）

する機会があるかないかは別として、次に需要があるときはパネルフックもプラスチックにしたいと思っています。もしかしたら柱はアルミニウムでなくスチールでできるかもしれません。

「Vフレーム」は本棚等に使ってくださる方もいます。数はそれほど世に出ているわけではありませんが、使われている場所を数えると数十件に及ぶと思います。こういうものがつくりたいと、はっきりしていれば準備も含めて3カ月ぐらいで実物ができます。ちなみに、Vフレームの最新版は「大阪ガス実験集合住宅NEXT21」の603号室にあります。また私が明治大学を辞めるときに、積水ハウスの京都の研究所に「Vフレーム」をワンセット寄贈してあります。

普及とリユース

「釘を使わず、孔をあけず」「部品を加工しないで分解・再建が自由にできる」というのが開発目標です。「自由にできる」という意味は、分解して、分解前とは違うものをつくることができるという意味です。それが究極的には「レゴ」のように広く普及すれば多くの人の知恵でさまざまなもの、思いもかけないものができることが理想です。特許はなく、著作権だけで公開されているのです。ところで普及するためにはまた別の問題があります。部品のストック、安全保証の問題……、そういったことまで含めて市販のシステム全体を考えないと普及しません。裏を返せば、普及がまだ進まないからこそ比較的自由にできたように思います。

形を変えることができ、どこにでも運ぶことができる、そしていつでも使える。インテリアへの利用については、もっと可能性があると言って下さる人もいます。「Vフレーム」は、継手金物がすべてフレームの外形内、つまり柱形の中に納まるようになっており、木造真壁の柱間装置に必要な取付け部品がそろっています。取付け部品は木材ではなく金属ですが、お手本は江戸時代の長屋の造作で、極めて日本的な心遣いです。

現在は、注文から完成までどんなに急いでも1カ月はかかります。いろいろなものができるためにはもっと部品を増やすことも必要ですが、何よりもそれらが簡単に手に入ることが必要でしょう。分解・再建を誰もが、何

度でもできるようになること、さらに言えば、スーパーで部品が買えるぐらいになるのが夢です。

1|3 システムズ建築が社会になじむために

技術の成熟とともに
浮かび上がってきたこと

　1960年代前半から、研究室では近未来の社会を先導できるようなプロジェクトを企画してきました。特に、第二次大戦直後の日本は住宅の量産技術がはなはだしく遅れていましたから、外国の技術を参考に、量産体制を整えることが日本社会全体の大きな目標でした。お話しした「GUP」プロジェクトは1964年に始まり、担当するメンバーによる考え方の変化を受け入れながら、約20年間続きました。

　10番目の「GUP-10」を計画したのは1978年のことになります。その頃になると日本経済も先進国並みに成長し、プレハブに対する社会とメーカーの意識も随分変わっていました。量産・コストダウンだけが目的ではなく、もともと日本のメーカーは商品を個別の注文に応じてつくっていました。当時、東ヨーロッパでは依然として画一的規格型の住宅を大量に生産していました。西ヨーロッパでは多様なスタイルが生産されるようになっても、一軒一軒異なる間取りに対応するようなことは考えられていませんでした。

　日本のプレハブメーカーも発足当初は画一化を推進するつもりでしたが、消費者に受け入れられませんでした。なぜなら日本の在来構法では、大工が一軒一軒違う家をつくってきたからです。日本がそのようになった背景を考えてみると木造建築が果たしてきた役割が大きく浮かび上がってきます。しかもご承知の通り、江戸時代の住宅は優れた街並みもつくり出しました。

　しかし、戦後の住宅がつくる風景は優れた街並みができそうにありません。なぜ現代の建築、住宅はそれができないのかという疑問が起きるわけです。「GUP-10」を計画した頃はそういう疑問を感じ始めた時代でした。優れた街並みもつくれる江戸時代の木造軸組真壁構法に代わる現代版を考えたかったわけです。

システムズ・ビルディングで
街並みをつくれるか

　「GUP-10」の設計は「GUP-9」を土台にして始めました。プロジェクトのテーマは、できるだけ部材を人力で運べて大型重機を必要としないこと、現場作業の省略化、居住者によって増改築や自由な間取りのできるコンシューマー・オリエンティッド（消費者志向）な建築をつくることでした。

　「GUP-10」は柱梁構成による構造躯体システムです。あらかじめ工場でつくっておいたスチール型枠と鉄筋の部材を現場でラーメン型に組み立て、コンクリートを打ち込み柱梁をつくるシステムです。この構想は「GUP-9」で苦労した鉄板サンドイッチパネルの接合のために考案された躯体部材です。これに鉄板サンドイッチパネルの壁をはめ込

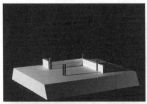
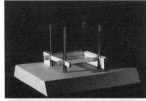
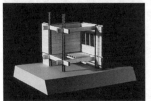

「GUP-10」は柱梁の規格化部材によるラーメン構造。柱は四隅にL形鋼を置いた十字形柱で、中にコンクリートを充填する。壁は柱をガイドとして取り付けられる鉄板張りの捨て型枠にコンクリートを打ち込んだもので鉄板サンドイッチパネルができる（撮影：5点とも彰国社写真部）

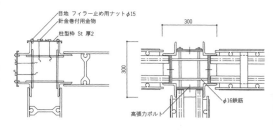

「GUP-10」柱、梁、外壁。柱は鉄骨にコンクリートを打ち込んだ十字形鉄骨ラチス柱。梁は2枚の横長梁パネルによって構成され、現場でコンクリートを打ち込んだもの。リブ付きの鉄板とGRCの複合パネルとなっている。外壁はリブ付きGRCパネルによる捨て型枠工法。パネル裏面のリブは補強に加え、パネル同士を連結する役割も果たす

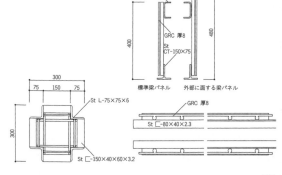

部品開発センターで行われた「GUP-10」柱梁の実物大実験

めば「GUP-9」になるのです。ところが設計が進むにつれて、壁は、無理に鉄板コンクリートパネルだけを使うのでなくてもいいじゃないかという考え方に変わってきました。ちょうどその頃、新日鐵（旧 富士製鐵）が鉄板を型枠にして石膏を流し込んだパネルの生産研究をしていました。それを鉄板サンドイッチパネルの捨て型枠に使うと、壁仕上げ付き型枠になるわけで、これが「GUP-10」のリブ付きGRCの原型になりました。

一方、柱梁のラーメンについては、科学試験研究費を得てつくばの部品開発センター内に敷地を借りて実験をしていたことが大きな成果になったと思います。柱はアングル鋼を四隅に置いた十字形柱で、見付けを細く抑え

ています。今になってみると、床に十分な水平剛性があれば、水平力はすべて壁に持たせ、柱は垂直荷重だけを支えるので、上下を床版に留めれば十分と思っています。

「GUP-10」で常に意識していたことは街並みづくりです。たとえば、ハウスメーカーが一社で団地をつくると全体が一様でおもしろくない。ハウスメーカーが集まって団地をつくったとしても、一軒一軒にそのメーカー色が強く出ると、優れた街並みにならない。ところが江戸時代の木造の住宅は、みな似通っているのによい街並みができている。違いは何か、生産方式は共通でもコンシューマーの趣向が強くなるとよいのではないか、そう考えると、現代の工業化された住宅で、構法

「GUP-10」全体模型。最終的には60戸の住戸が設計された。全体のシステムづくりに主導権をもたなかったメンバーによって街並みがつくられた（撮影：彰国社写真部）

を共通にしても、強力なコンシューマー・オリエンティッドな住宅であれば、よい街並みができるのではないかと考えたのです。いろんな人がてんでばらばらな服装をするのではなく、また制服のように完全に統一されたユニフォームのようなものを並べるのではなく、各人各様ながら、ある程度共通性のあるスタイルをもった背広のようなものです。

「GUP-10」は最終的には総勢11人に、60戸の住戸を設計してもらいました。全体のシステムを構築する段階までは深尾さん、小西さん、小松さん、揚さんといった研究室のメンバーが担当し、各戸の間取りをつくる段階ではプロジェクトのシステムに主導権をもたなかったメンバーに参加してもらいました。

そのほうが本物の街並みらしくなると思ったからです。一人の設計者がすべてを設計するのでは、どうしても一様になって、街並みのおもしろさが出てこないと考えたからです。

「GUP-10」は、背広の集団でもネクタイやワイシャツの色、襟の形や生地といった個人の自由な裁量が反映されるものができたのかなと思います。

一品生産のシステム建築

「GUP-10」を考えていた頃の建築界では、実はシステムズ・ビルディングに対する評判は、あまりよくありませんでした。と言うのも、「CLASP」（the Consortium of Local Authorities Special Program：イギリスの

ミュンヘン空港待合ベンチ

同ボーディングブリッジ

同階段手摺

システムズ・ビルディングによる学校生産事業）の評判がよくなかったこともあるからです。伝統的なヨーロッパの石造建築に比べ軽薄で安っぽいという評判です。「GUP-10」では構法や生産も含めてシステム化された「CLASP」のようなものを目指していましたから、それを団地にして「CLASP」に重ね合わせてみると、システムズ・ビルディングでは街並みをつくることはできないかもしれないと感じられたのです。でも一方で、江戸時代に完成された木造住宅は一種のシステムズ・ビルディングでありながら、豊かな街並みをつくっているので、システムズ・ビルディングの評判の悪さに安易な共鳴はできないと考えました。

システムズ・ビルディングをテーマにした建築をいろいろ見てきましたが、システムの筋を通しながらデザインも優れているものになかなか出会えませんでした。1996年に乗継ぎのために寄ったミュンヘン空港は、まさしくそれに出会えた思いでした。ぜひじっくりと紹介したいのですが、手摺や空調吹出し口といった建物の細部にわたるディテールはもちろん、待合スペースの家具、ごみ箱などの備品や、さらには特殊な空港用機器類に至るまで、一貫したデザインでした。工業化製品によくある安っぽさも感じさせず、むしろ使う人に対して気持ちよさを感じさせてくれるほどです。

ミュンヘンの空港はシステムのデザインもすばらしいのですが、カーテンウォールは量産の効果を使っていて、建築物としては一品生産です。この建築がいかにいいからといって、それと同じ建築を大量につくっていいかというとそうではありません。街並みにはもっと大幅な多様性が求められ、オープン部品に対する許容力が必要です。

見事にデザインされたシステムズ・ビルディングは、そういう意味で軍隊やスポーツ選手が着ているユニフォームの美しさに近いと思います。背広のようにネクタイや襟の形を選べる自由さがなくて、それがデザインの統一された魅力となっているのです。

「NEXT21」で示したかったこと

1990年に差しかかる頃になると、建築家たちはシステムズ・ビルディングに飽きている状況でした。住宅用の「KEP」（住宅公団）、学校建築用の「GSK」（学校施設開発センター）、中小規模の事務所建築用「GOD」（建

設省営繕部)といったシステムズ・ビルディングがつくられ、日本でも十分経験されていたのですが、システムズ・ビルディングの評判はなぜか建築家の間ではよくありませんでした。

そんなときに、大阪ガスの下谷さんという方から「大阪ガス実験集合住宅NEXT21(以下、NEXT21)」のお話をいただきました。すでに池辺陽さんが大阪ガスで実験住宅をやられたことがあるのですが、下谷さんは若い頃にそれにかかわったとお聞きしました。そのときの仕事がとても印象に残っており、今の若い人たちにも記憶に残る仕事をやらせたいと考えられていたという話でした。

池辺さんがされたような実験住宅を、という要望を聞き、それならばこれを機会に、部材を取り替えながら100年先でも使える住宅をシステムズ・ビルディングで実現したいと思ったわけです。また、システムズ・ビルディングという決められたルールの中でも、建築家にはいい仕事ができるということをわからせたいと考えたのです。

そういう思いを抱きながら、関西の仕事であるからには関西の事情に詳しい人と一緒でなければということで、巽和夫さん(京都大学)に参加してもらえることになりました。

そのようないきさつで、立体町家をオープンシステムと巽さんの言う二段階供給方式を合わせてつくることになったわけです。

自由な設計を成立させる
バックアップとしてのシステム

「NEXT21」の躯体(スケルトン)は鉄筋コンクリート構造を基本とした柱と梁、そしてスラブによる立体地盤です。それによって壁が自由になりますから、外壁の表現で街並みらしさもつくれたらと思いました。

外壁は、ABCの3種に分けています。A種は外壁先端部の壁です。押出し成形セメント版を下地に七色のカラーステンレスを張っています。普通の集合住宅では外壁は動かせませんが、ここでは外壁も動かすことがあり得るとして設計し、外壁を動かしても支障がないことが実験で確かめられています。可動外壁のシステムによって、たとえば改修前はバルコニーとして使っていた所を室内空間とし、室内空間としていた所を屋外にすることも実験されました。

B種は、ベランダ等で後退している外壁です。ALC版にカラーステンレスのサイディングを張っています。

C種は、「NEXT21」の共有部分である立体街路側に面している壁です。建設当初から居住域は総勢13組の設計者に18戸の設計をしてもらったのですが、C種壁は各住宅を設計する建築家たちの自由に任せるものとしました。江戸時代の町家がそれぞれの工夫を凝らして街並みをつくるように、3種の壁は立体街路をおもしろくしていると思います。C種の壁については、想定以上に自由な設計がされました。曲面にしたりしています。でも、

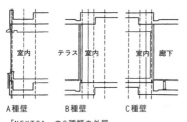

「NEXT21」の3種類の外壁

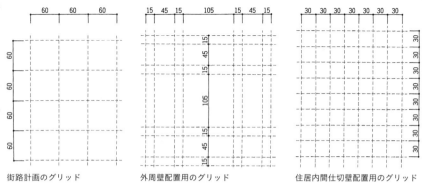

街路計画のグリッド　　外周壁配置用のグリッド　　住居内間仕切壁配置用のグリッド
NEXT21で用いられたモデュール（p.108 武蔵大学科学情報センターのグリッド設定図参照）

その振舞いには2種類あって、モデュラー・コーディネーションとして定めたグリッドやルールを使いこなして自由につくっている人と、それを無視して、まったく自由にしている人もいます。「NEXT21」のグリッドは複雑で、構造用グリッド、外装用グリッド、内装用グリッドといったようにグリッドが重層化しています（p.110参照）。

「NEXT21」では、グリッドやルールを使う人には精密で便利なルールとし、使いたくない人には邪魔にならないで自由にできるものとし、わかってもらいたかったのです。

寸法の取り方では、これまでの経験を生かして心押えと面押えを使い分けています。まず、スケルトンの段階では、構造計算などに便利な心押えです。住居のない下層階は、駐車場の関係で、スパンが大きく9.0mと10.8m、1.8mの倍数です。上層の居住階は10.8mの柱間を分けて、農家の四つ間取りのできる1.8m・7.2m・1.8mという吹寄せリズムにしています（p.110参照）。ここまでが心押えです。

次の段階からは、壁やインフィル部品のためのモデュールになるので、面押えの考え方が入ってきます。

面押えと心押えは、位置決めをしたいものの性格で違うのです。心押えは物の中心をとらえて位置を決め、面押えは部品が置かれる領域を決めます（p.92参照）。こうした考え方は「住宅産業における材料および設備の標準化」（工業技術院の委託研究、1969～73年度）という研究の中で明らかになったところで、深尾精一さんと安藤正雄さんの解明による貢献です。

ところで、1.8mの倍数による1.8m・7.2m・1.8mという柱の吹寄せリズムを、インフィルに対しては、15cm・45cm・15cm・105cm（合計180cm）という15cmの面押えモデュールに読み替えるのですが、そのとき全体を15cmの半分ずらしているところがノウハウで、これによりインフィルの壁が、柱や梁の心－心基準線からずれて、いつでもどこでも遮音、防火の壁をつくることができるようになるのです。インフィルの壁は、

15cmの両面－面押えの中に納められ、柱などを覆う場合は、片面押えになるわけです。

外壁移動の実験

システムズ・ビルディングはサブシステムの結合体であるということからすれば、「NEXT21」はシステムズ・ビルディングにもなるので、巽和夫さんや高田光雄さんたちが考えておられるような二段階供給には好都合なはずです。そして賃貸部分に設置されるサブシステムには、量産体制やブランド物があってもいいと思います。オープンシステムの部品を集めてつくることもできますが、たとえばインフィルメーカーに部屋を貸し、5年間ぐらいかけて新しいインフィル部品を開発してもらうこともできると思います。公団がつくった八王子の「KEP」が似たようなことをしていますが、あれは公団のプロジェクトとして行っているので、メーカーが自分のプロジェクトのために「NEXT21」を借りるという、リサーチパーク的プロジェクトも考えられると思います。この「NEXT21」を一般向けに開放し、永い目で実験してもらい、それぞれのメーカーに特徴ある、優れたインフィルが整えば、オープンなシステムズ・ビルディングが完成されるはずです。

「NEXT21」は実験住宅ですからうまくいっていないところも公開すべきです。大阪ガスの人たちも実験に対する受止め方は一人ひとり違っていると思います。たとえば住み手が実験の協力者だということを、改めて感じました。間仕切りが動かせるようにした住戸でも、ある住人はまったく動かさないで暮らし、ある人はこまめに改造して住んでいました。これだけのことでもそれぞれ大きな実験で、設計者に考えさせることは多いのです。さまざまな不満をもっている住人から、その不満を解決していく過程を見て取ることができます。

建築は、使い手はもちろん、用途の変化に

左：NEXT21西面。街路への表情をつくる七色のカラーステンレス　右：個性ある住戸が中庭を取り囲み、立体的な街となる（撮影：2点とも彰国社写真部）

「NEXT21」(上) リフォーム前の外観。(中) リフォーム工事中。(下) リフォーム後の外観 (提供：集工舎建築都市デザイン研究所)

既存（仕事場のある家）平面　　改修後（すこやかな家）

部材・建材の再利用

可動外壁のシステム。バルコニー部分を室内空間とした実験

より、耐用性も変わります。そういったこともシステムズ・ビルディングならば対応が可能です。システムズ・ビルディングでなければ100年先を見られる建築はできないと思っていて、100年間というスパンの実験場を提供できることが「NEXT21」の成果だと思っています。住宅はその時代に合ったかたちに手軽に変えられることが必要です。改造を重ねて100年が過ぎたときに、「NEXT21」の成果がわかるはずです。

システムズ・ビルディングの理想的な到達点を衣服にたとえれば、背広よりきものです。きもののほうがはるかにカラフルで、帯や履き物といったサブシステムの一つひとつが多彩な形をしていることに感心させられます。身長や胴回りの違いに対する調整も自由ですし、最終的にはリサイクルするところまで確立され、生産過程を含めて成熟化されています。

そして、きものは色や形だけではなく、着る人によって職業、風格を表すこともできます。システム建築もそのようになれたらいいと思っています。

ところで、現実の社会状況は技術の進歩が非常に速く、次々と新しいサブシステムが登場しては古い材料を消していきます。そのような短いサイクルで寿命の尽きるサブシステムが、木造軸組構法やきもののサブシステムのように成熟化ができるかどうか、それがとても心配です。

1|4 中高層住宅のプレハブ化

「キャラバン」

 日本のプレハブの流れの中で、1960年代後半に話題をまいた人が東方洋雄さんです。一匹狼と呼ぶにふさわしい行動力とアイデアに満ちあふれた人で、今でもお元気です。

 東方さんは1960年代初めにイギリスに留学し、当時まだ日本に普及していなかったキャンピングカーを見てきたのです。簡易ベッドと炊事、手洗い設備が付いていて、今では休暇になるとリゾート地でよく見られるものです。東方さんに言わせると、イギリスでは、それを「キャラバン」と呼び、キャラバンを使って旅行したりすることをキャラバニングというそうです。キャラバンには使い方により2種類あって、一つは、1〜2週間のキャンプに使う「ホリデイ・キャラバン」、もう一つが数年間単位で使う「レジデンシャル・キャラバン」といい、また運ぶためだけに車を付けるタイプを「ステーショナリー・キャラバン」、常に車が付いていて転々と動かせるものを「モビール・キャラバン」と分類していました。

 日本に帰ってきた東方さんはさっそく、キャラバン住宅の試作をしたいと考え、ナショナル住宅建材(のちに松下電工、現 パナソニック)に声をかけ、実際に試作を完成させたのです。東方さんはそれで大阪から東京ま

試作されたキャラバン(ナショナルトレーラーハウス)

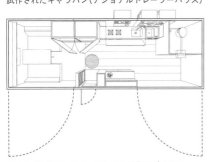

キャラバン平面。2.3m×6.5m平面のボックス

キャラバン内部(撮影:外観とも彰国社写真部)

で箱根の山を越える移動実験をし、東大の生産研究所に運び込み、性能的なテストをしたのです。

その試作品は、生産研究所に1年くらい置いてありましたから、多くの人が実物を見ました。なかなかよくできていて、折りたたまれたパーツを広げるとテラスになったり、特に台所のディテールはとても便利できれいで、感心しました。

キャラバンを積み重ねる

東方さんのキャラバンに対する熱意は限りなく発展し、それを鉄骨のフレームに載せて中高層のアパートに発展させようとします。

その第一歩が、1969年晴海で開かれた見本市で、鉄骨のフレームに東方さんのつくった車の付いていない「ステーショナリーで、レジデンシャルなキャラバン」を載せて「YNSU」という商品として出品したのです。「YNSU」のYは八幡製鐵（のちに富士製鐵と合併して新日本製鐵、現 新日鉄住金）、Nは当時ナショナル住宅建材といっていたパナソニックです。これが見本市の出品物の中では、飛び抜けて大きかったために大変な評判になりました。喜んだのは東方さんでしょうが、驚いたのは、八幡製鉄とナショナル住宅建材の社長さんたちでした。見本市は市販する予定のあるものを展示するのが規定だそう

東京・晴海の国際貿易センター（1997年解体）に展示されたYNSU

YNSU全景（上）とユニット住戸玄関まわり（下）。周囲の展示物より飛び抜けて大きい

「SNSU」。鉄骨のフレームとコンクリートスラブの中に挿入されるユニット（提供：富士製鐵）

で、両社長のところには各方面から、いつ発売するか、という問合せが、殺到したのです。実はこの企画、両社長までは上がっていなかったようで、両社長はびっくり仰天、かんかんになって東方さんを呼びつけて、お灸を据えたとか。でも、すでに公表されてしまった展示を引っ込めることもできず、かといって、売出しの予定を約束することもできず、話をうやむやにした中で、損害は宣伝効果で補って余りあるということになったのです。

ところで、見本市の会場では、連日「YNSU」を見に来る人で大賑わいで、ジャーナリズムも競って採り上げました。それで迷惑したのは近くに展示スペースをもった企業の人たちで、大勢通る割に、通り過ぎる人が多い。その上「YNSU」は3階建てなので、その上に上がった人たちが展示場を見下ろすと、展示場の天井裏や舞台裏が見えてしまう、という不平がささやかれたそうです。

さらなる展開

その後、富士製鐵は八幡製鐵と合併して新日本製鐵になります（1970年）。そこでYNSUも「SNSU」という名前に変わり、開

発研究は続けられます。その中身は二つあったようで、一つは八幡製鐵で以前から続けられていたメタルフォーム（コンクリート打設用の鋼製型枠）研究と、延長として、「SNSU」のために鉄板を型枠にした石膏系の外壁パネルの研究をしていたように覚えています。それからもう一つが、見本市に展示した鉄骨フレームと、それに東方ユニットを取り込むための揚重機械の開発です。いずれも数年がかりの研究だったので、何度か見に行きました。

揚重機械のほうは、われわれが「ネガプレ（ネガ・プレハブ）」と呼んでいたアパート用の大型型枠の脱型のときに使うような装置で、大げさではありましたが、実用化に成功しました。しかし、出来上がった建物に対する評価は、まったく悲しいものでした。その理由は、建築基準法で上下階の戸境には耐火性が要求されるので、各階にRCの床版が必要になるのです。そこへユニットを差し込むと、床が二重になり、さらに下階の天井を加えると三重になってしまうのです。それでは、間仕切りパネルだけを差し込んでできる普通のアパートのつくり方と、価格の上で競争できるはずがない、ということになったのです。

先の石膏系パネルの研究については、多分薄い鉄板を仮枠にしたもののように覚えているのですが、これについては、私はまったく違った用途に利用するとよいと考えていました。パネルは、片面が鉄板、片面が石膏なので、鉄板の側を向き合わせて間にコンクリートを打つと、鉄板を両面に張ったコンクリートパネルができます。「GUP-9」で実験した結果によると、鉄板とコンクリートが密着するようにすると、薄くて強くて粘りのあるコンクリート壁ができることがわかっています。「GUP」の実験では、鉄板の厚さが0.6mmだったので、仮枠にするには補強が必要でした。しかし「外部を石膏で補強したパネルであれば、補強なしで型枠になるかもしれない。しかも外部の表面が石膏であればそのまま仕上げになるかもしれない」と考えたのです。この話については、当時新日鐵で実験を担当していた笹倉徹さん（1952年東大卒）と話し合ったのを覚えていますが、その後実用化されたという話は聞いていません。

プレハブ住宅の転換点

1974年は、当時の建設省が、一所帯一住宅達成を宣言した年です。しかしそれは全国平均ですから、都市の住宅不足はまだまだ深刻で、都市の中でも都心の住宅不足の解消はさらに遠く感じていた時代です。そんな時代に行われたのが「パイロットハウス技術提案競技」と「芦屋浜高層住宅プロジェクト提案競技」です。当時戸建て住宅の工業化については、すでにプレハブ各社が出そろっていましたから、国の住宅政策が中高層の集合住宅に重点を移したのです。

中高層住宅についても、住宅公団（現 都

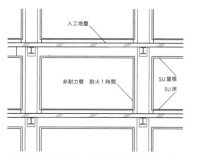

「SNSU」断面。床・天井が三重になっている

千葉・幕張に建設されたパイロットハウス中高層アパート群（撮影：渡辺ひろみ）

1	東急建設	RC造	壁式	SM構法
2	日本カミュ	RC造	壁式	大型パネル構法
3	東急プレハブ	RC造	壁式	大型パネル構法
4	清水建設	RC造	壁式	大型パネル構法

5	三井造船	S造	ブロックコンストラクション構法
6	大成建設	RC造	高層壁式　大型パネル構法
7	大成プレハブ	SRC造	HPC
8	竹中工務店	S造	ビーハイブトラス構法
9	鹿島建設	SRC造	HPC

パイロットハウス入選作品一覧（中高層住宅）

市再生機構〈UR〉〉の大型パネル住宅はすでに軌道に乗っていたので、その一歩先をねらったもの、あるいはこの頃出始めた鉄骨鉄筋コンクリート造などが話題になっていました。特に鉄骨鉄筋コンクリートの高層アパートは、地震の少ない海外には例がなく、そのプレハブ化は、千葉の八幡製鐵の住宅群以外に経験がなかったので注目されたのです。その頃までの日本の鉄骨造の建て方は、鉄骨工事だけがまず先行し、鉄骨工事が完成してから次の工事が始まるのが常識でした。でも、それでは、床・壁を大型パネルにしたときに、すでに籠のように出来上がっている鉄骨の中に取り入れることになり、コンクリートパネルの取付けが、危険きわまりない工事になっていたのです。そのことがわかってから、コンクリートのパネルと鉄骨を同時進行で組み立てることが考えられるようになりました。これで鉄骨は、床スラブができてから壁版と一緒に建て込むようになり、工事の安全性が著しく改善されたのです。高層住宅では内蔵する鉄骨のほとんどがH形鋼であるので、この種の高層アパートは「HPC」と呼ばれるようになり、「パイロットハウス技術提案競

技」にも何件か応募しました。

　HPCのプレハブ化について、当時の開発過程を見ますと、最初は、鉄骨とコンクリートパネルが別々に組み立てられていたのですが、次第に一体化するようになり、たとえば、鉄骨をコンクリートで耐火被覆したり、コンクリートの大型パネル壁に鉄骨を内蔵させたりするようになりました。接合は、「パネルは仕上がりよく」「鉄筋・鉄骨は強度十分に」、しかも手間暇かけずに「作業の手戻りなく、流れよく、安全に」というのが理想です。具体的には、鉄骨同士はハイテンションボルトで、コンクリートパネル同士はセルフフォーミングで、ということになるのですが、そのジョイントが完成するのは数年後で、最も早い例は、つくばの「GUP-3. NTT」（1976年）だと思います（計画模型や建て方計画およびジョイント図面は1967年のプロジェクト「GUP-3」で、その実現作）。

　竹中工務店の開発した「ビーハイブトラス」もHPCの一つです。水平力に耐える戸境壁が1階ごとに互い違いになるのが特徴で、これにより左右、上下の梁間空間をメゾネットにつなげると、いくらでも大きな住居ができ

パイロットハウスで実践されたセルフフォーミングの例（設計施工／清水建設、「パイロットハウス技術提案競技報告書」建設省より）

パネルジョイント部。セルフフォーミングとは、接合部にコンクリート（モルタル）を注入する場合に、部材自身が型枠の機能を果たすようにすること

る。このシステムはパイロットハウス以前から注目されていたのですが、残念ながらパイ

左：ビーハイブトラスの提案（『建築文化』1981年6月号より）
右：パイロットハウスで実践されたビーハイブトラス（設計施工／竹中工務店）

ロットハウスに応募したあと、生産が中止されてしまいました。

「パイロットハウス技術提案競技」の中で、今は昔の技術となりましたが、特記しておきたいのが前述の「ネガプレ(ネガ・プレハブ)」です。ネガプレというのは型枠、特に大型の型枠をプレハブ化して現場でコンクリートを打つ方法で、フランスではカミュ等の会社が好んで使っていた手法です。日本では東急建設がかなりの数の建設をしたはずですが、パイロットハウスには、日本カミュという会社とともに参加していました。

この手法はトンネル形の大型型枠を使うのですが、脱型できるためには壁が一方向のみになり、それが地震の多い日本では困るのです。桁方向は床スラブを厚くして、壁と接合部に小さなハンチを付けてラーメン効果を期待しているのです。しかしこのシステムは、工事の安全性から、また構造的にも無理が隠せないので、今日、日本では、これを使う会社はないと思います。

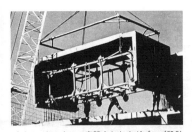

パイロットハウスで実践されたネガプレ(設計施工／東急建設、THOMAS SCHMID, CARLO TESTA " Systems Building " Les Editions D' architecture Arremis Zurich, 1969より)

何が画期的であったのか

「パイロットハウス技術提案競技」は、戦後の第二期五カ年計画の中で950万戸の発注に応えようとしたもので、年間90万戸の供給を可能とする工場生産住宅計画の募集でした。

先にも述べたように、話題の中心は中高層住宅でしたが、戸建てプレハブ各社の熱心な参加希望を入れて、戸建ても同時に募集することになったのです。しかしこちらは、新製品を刺激するために、価格と性能を統一して募集、試行建設の結果、入念な性能試験を実行することになりました。

当時の日本は、賃金も物価も上昇する中でしたから、合格した製品は、自らの提案した価格を、物価の上昇率で修正した上で受注されました。

「パイロットハウス技術提案競技」の中で、当時注目を集めたのは三井造船の提案です。当時日本の造船界は、ブロック造船といって船体を大きなブロックに分割して組み立てることで世界の造船界を制覇していて、日本の住宅建設もブロック造船の手法を使えば画期的な生産性向上が図られると主張したのです。われわれ審査員も千葉の三井造船の製造現場を見に行って、かなり驚かされました。建築の場合、大きな部品といえば、せいぜい一部屋分ぐらいでしたが、ブロック造船の単位は、高さは3階建てぐらい、面積は住宅にして2、3戸分ぐらいのものを回転溶接台に載せて、ぐるぐる回しながら、すべて下向き溶接で組み立てているのです(p.63参照)。パイロットハウスの部品はその何分の一かの小さなものに見えました。

一方、建設現場では他社が着々と各階のコンクリートを打ち始めても、三井造船の現場だけは何事も起きていない。他社の工事が仕上げにかかり始めた頃、長いトレーラーでユニットを運んできて、1週間で最上階まで組み上げたのです。そのスピード感は他社を圧倒したのですが、そこから先の最終仕上げまでの道は結構多難に見えました。それを改造したものが、つくばの「GUP-3．NTT」の隣りに建っています（p.64参照）。

1｜5　ブロック造船による中高層プレハブ住宅

「パイロットハウス技術提案競技」に入選した造船会社に聞く

造船会社が住宅建設に参加した理由

内田　共同建設住宅のパイロットハウス技術提案競技では9件が入選しましたが（p.54参照）、その多くは大手ゼネコンによるもので、三井造船が入っていたことは異例でした。そもそもなぜ、造船会社が住宅建設に参加したのでしょうか。

春木　1960年代後半頃から70年代には、海洋、宇宙、原子力、都市・住宅、情報システムなど未来志向の産業が世の中にいくつもありました。都市・住宅関連分野では三井造船はどちらかというと都市インフラにかかわっていたのですが、経済の成長や社会の発展と相まって住宅が大きな産業になりつつあり、総力をあげて取り組むことになりました。

　当時の三井造船にはそれを牽引したリーダーがいました。社長であった山下勇さんです。経団連の副会長や初代JR東日本の会長にもなられた方なのですが、「建造するという意味では建築も船と同じだ。さまざまな技術を結集してつくるのだから、とにかくやってみろ」と言って、道を切り拓いてくれました。

　私が関係する以前（1970年）にはすでに、住宅モデルをつくりたいという構想が会社にはありました。

内田　造船業界の景気が落ち込んだところにパイロットハウスの企画がうまくはまったと思っていましたが、そうではなかったのですね。

春木　ええ。山下社長は、技術屋同士で情報交換をして、いろいろなネットワークを構築すべきだという考えをお持ちで、設計企業や鉄鋼会社などにも声をかけて、どこかでモデルをつくろうとしていました。そこに運よくパイロットハウスの提案の募集があったというわけです。

内田　春木さんの大学でのご専門は何だったのですか。

春木　斎藤公男先生の研究室で建築生産システムの研究をしていました。大学院1年の終わり頃、三井造船にいた海洋構造物専門の先輩が、住宅は詳しくないからということで斎藤先生に相談されたのです。そのときに「お前、ちょっとやってみろ」と私に声がかかりました。

　造船は、まず全体をいくつかのブロック（塊）に分けて製造し、最後にすべてを接合して完成させるブロック建造工法という建造方法をとっているのですが、それを住宅に当てはめてつくれないか。ただ、当時はモデルづくりといっても、4ブロックくらいに分割したものだったと思います。

　船で使っているコンテナをそのまま家にすればいいという考えもありますが、非常に頑丈につくられているコンテナを住宅にそのまま使うとオーバースペックです。そこで最初は軽量鉄骨による2階建てを考えていました

対談　春木文彦（アーキノック一級建築士事務所、元三井造船）

が、構造が複雑で整理されないまま実験だけで終わりました。そしてそのあとに鉄骨フレームのシステムの考案をしたのです。千葉には工場のほかに、研究所の構造強度研究室や実験設備があります。そこに私も入って、いろいろな実験や解析をしました。

内田　ということは、パイロットハウスが始まる前の段階で、研究所ではかなりのところまで研究していたというわけですね。

春木　ええ、1年間ほどの準備期間がありました。「パイロットハウスは大手ゼネコンもいるから無謀だ」という声が社内にありましたが、社長は予算をいくら使ってもいいからやれと言う。実際、申請した開発費が希望通りにならないときも、最終的には社長の判断で2倍、3倍になりましたよ（笑）。

内田　準備に相当なお金をかけた社長の力の入れようが、だんだんと社員たちに伝わっていったというわけですね。

春木　私たちは二度とできないかもしれないと思っていましたからね。それまで4、5名だった体制を一気に十数名に増員して、住宅事業室を立ち上げましたし、すぐに住宅専用工場を建てろという指示も出て、設備もできる限り充実させました。当時の協力会社には小野田セメントや東レ、新日鐵などがいました。

ブロック建造工法による提案

内田　そもそも船と建築は、根本的にどこが違うのでしょうか。

春木　船は、骨格や構造である船殻と、エンジンや装備、配管などをひっくるめた艤装に分かれています。艤装の中には居住区と呼ばれるものがありますから、インテリアデザイナー、建築や工業デザイン分野の人なども社内にはいました。パイロットハウスの内装と設備設計は、艤装の中の居住区設計の方によるものです。

パイロットハウスの応募案では、都市をイメージしたようなパースを描きました。「都市・住宅をせっかくやるのだから、絵はそういうものを描け」と言われたのを覚えています。

提案の概要は、先ほどお話ししたブロック建造工法によるもので、具体的には鉄骨ラーメン構造の住戸ブロック50個を集合させて、5階建ての集合住宅1棟（20戸）をつくるというものでした。1ブロックの架構は4本の鉄骨柱が主軸となって支える形式で、桁行側が両方とも持ち出す構造となっています。耐震壁やブレースなどがなく、フレームの組み合わせ方によって自由な居住空間をつくることができます。

生産から建設への流れとしましては、まずは「個室・寝室」「居間・食堂・台所」「設備」

A 寝室ユニット	E 居間・台所ユニット
B 階段室ユニット	F トラッククレーン
C 屋根ユニット	G トレーラー
D 設備ユニット	

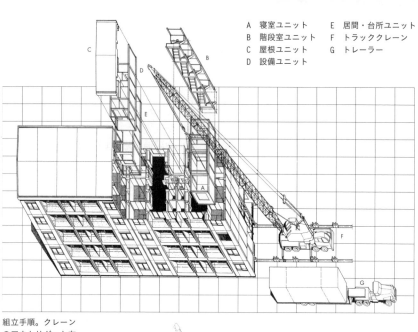

組立手順。クレーンのアウトリガーと布基礎の幅を同じにして、ぴったりとセットできる

積重ね順序はユニットの転倒を考慮し、図のように積み重ねる

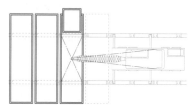

設備、階段ユニットは2戸兼用である

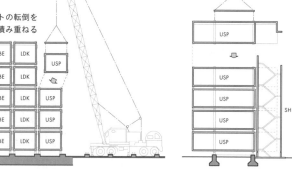

組立手順。5層ずつ積み重ねてブロック同士をジョイントしていく

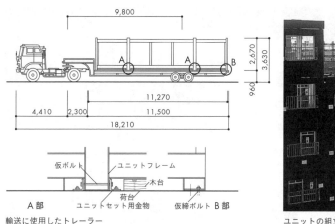

輸送に使用したトレーラー　　　　　　　　　　ユニットの組立

「階段」というブロックをそれぞれ工場でつくり、できたものをトレーラーに載せて陸上輸送で現場へ運び、クレーンで吊り上げて積み重ねて、ブロック同士をジョイントし、防水作業等を施して完成に至るというものです。

内田　まわりの建設会社がどんどん建てていく中で、三井造船だけは現場がいつまでも原っぱのまま。それが、ある日あるとき、とても長いトレーラーで工場からブロックを運んできましたよね。横倒しになった5階分の階段がトレーラーから出て運ばれてきたときは、まわりにいた工事関係者みんなが驚きましたよ。

春木　今は工場で一気に階段をつくって現場へ搬入するのが輸送限界かと思いますが、当時はそれで特許をとりました。

内田　あのトレーラーの大きさはどのように決まったのでしょうか。

春木　道路通行に当たっては輸送限界という決まりがあります。この場合は荷台までの高さとユニットの高さを合わせると大体4mちょっとの高さでした。それでも普通よりも高いため運送許可は必要でした。階段以外の1ブロックの寸法は統一したのですが、輸送限界は実はブロックの寸法を規定する大きな要素です。

大きいものを移動させることに抵抗はありませんでしたが、心配だったのは許可の問題ではなく、本当に道路を通って運べるのかということでした。そのため輸送業者に典型的な道路における輸送データを事前に調べてもらい、輸送可能という判断ができました。

ブロック建造工法は、工期短縮、品質向上、生産管理、そして現場作業を極力減らすことも目的としています。設備や内装も工場でできるだけつくって部品化しておきますので、すでに立体となったものをジョイントする程度の現場工事で済みます。造船の現場にいる者たちは、「現場で細かい作業をする必要があるのか」という考え方をもっていて、建築

パイロットハウスで実践された三井造船の提案。船舶の建造技術を応用したブロックコンストラクション。工場から搬送後、1週間程度で最上階までの建て方を終えた

の現場の人たちとは発想が違う。極端に言うと、内装工事の現場は糊とカッターがあればできるというくらいのところまでやろうとしたわけです。

　クレーンで積み上げてつくりますので、一般的な建築現場のような足場を組み立てる必要もありません。そういう労働からも解放されます。ちなみにクレーンのアウトリガーの幅と布基礎の幅を同じにして、ぴったりとセットできるように設計も合理的にされています。設計者だけでは思いつけない現場のアイデアでした。

造船会社ならではの溶接や工夫

内田　千葉の工場を私も見学したのですが、3階建ての住宅くらいなら丸ごと入ってしまいそうな大きな溶接機械がありましたよね。その溶接機械全体が回転するから、どこもすべて下向き溶接が可能で、作業できる。時々刻々と機械が回転している様子には驚きました。

春木　すでに自動溶接の時代に入っていましたので、人工勘定をできるだけ少なくするという考えがこのときにはありました。ものす

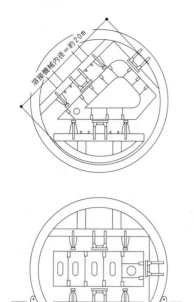

溶接機械模式図。すべて下向き溶接できるように機械全体が回転する

ごい種類の架構形式を考えたこともあったのですが、大型機械や鉄板の処理が大変なので、コスト面から既製の形鋼を使うことにしました。柱はH形鋼で、梁は溝形鋼を使っています。

それと、主要鉄骨量の数倍くらいを使った大型の治具をつくりました。それで鋼材をセット、形の精度を出して、溶接して、最後に歪みを修正して取り出すわけです。

鉄骨柱のジョイントのためにも特殊な治具を開発しました。接合スペースが非常に狭く、ハイテンションボルトを使ったボルト締めなのですが、手動によるボルト締めでは工数が増大する上に十分な性能が出せないのです。新たな治具を開発することに対しての抵抗は特になく、それにより少しくらい組立時の接合誤差が出たとしても修正できるようにしました。

大きな問題は、実際に建て方で精度よく納まるのかということです。ですから工場で5階建ての積重ね実験をやってみたのですが、現場では手間がかかってしょうがないということがわかりました。

何とか一発で納まる手はないか。そして考えたのは、円筒形の鋼棒を機械加工をしてほぞ穴とほぞをつくり、ガイドに沿って落とし込むだけで納まる仕組みです。これは輸送直前に工場で考案したようです。現地に行ってみたら、ある日突然ガイドが付いていたのでビックリしました（笑）。

内田　もしかしたら、そういうものは今問題になっている原子力発電所の上屋を被せる際などに役立つかもしれませんね。ポンと置いただけでくっつくわけですから。

春木　なるべく単純作業でやる。それは工場内での生産にも言えることです。クレーンやレールでモノを移動させて、なるべく人が動かないようにしていました。人が動くのか、モノが動くのかということを基準に考えて、多能工化するのです。われわれが言わなくても工場ではそういう流れになっていました。

消防車で防水テスト

春木　船に比べたらこの住宅は小規模ですので、われわれは何でもできるぞと思う一方で、性能面で不安に感じたところも実はありました。具体的には防水性能が不安でした。

ブロック建造工法による三井造船によるパイロットハウス、竣工時（「パイロットハウス技術提案競技報告書」建設省より）

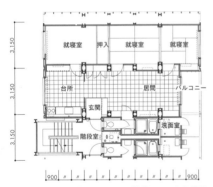

住戸平面。二つの住戸ユニットに設備ユニットと階段ユニットを兼用させる

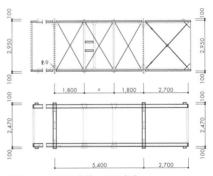

住戸ユニット平面（上）、立面（下）

　この工法は、絶対に足場を建てないという方針でしたので、そのために工場内で入念なチェックをし、内側から防水処理をしました。そして完成間近のときに消防車のホースで放水したのです。とても非常識な防水試験ですよね。まわりの工事関係者はそれを見てビックリしていました。

内田　建築の場合は自然な雨では漏れないよ

うにつくられていますからね。ジョイント部分に直接ホースで放水するなんて、たまったもんじゃありませんよ（笑）。

春木 実際、じゃぶじゃぶと水が漏れてしまって……。非常識なやり方ではあるけれど、「漏れたのは事実だ」と言われてしまいました（笑）。結局、簡単な足場を組んで、横のつなぎ目だけは外からも念のために防水をしました。

とにかく「もしも」という仮定の話が多かったのを覚えています。屋根防水だけでもどれだけ実験をしたことか。振り返りますと、建築界では到底考えられないようなことを平気でやっていました。

社宅や沖縄海洋博でも建設

春木 パイロットハウスのあとは、同じブロック建造工法で普及版や高級版（NTT筑波独身寮）を開発して、延べ5種類くらいは展開しました。普及版は、目標としたコストをはるかにオーバーしましたが、当時は社宅が不足していましたので、和歌山県の由良をはじめ各地に社宅としてつくりました。その数は資料によりますと計16棟、432戸です。

内田 それは三井造船の社宅としてですか？

春木 そうです。家族用の社宅で、和歌山県由良のほか、千葉の辰巳団地、兵庫の篠山にもあります。ブロック建造工法ありきで、その土地でどうやるかは後回し、ちょっと強引な考え方ではありましたが、すべて千葉工場でつくって全国に運びました。

内田 トレーラーで現場へ運んだのでしょうか。

春木 トレーラーと、バージという運搬船に載せて運びました。

社宅のほかに、昭和50年（1975年）に沖縄で開催された国際海洋博覧会でも建設しました。2,400×2,400×7,200mmくらいのブロックを持ち込んで、家族用2棟分と、博覧会のコンパニオンの宿舎40戸をつくりました。これも千葉の工場でつくって、外洋航海用のバージに載せて沖縄へ運搬しました。

内田 用が済んだら分解して持ち帰ってこられますよね。

春木 ええ。実際に博覧会終了後は沖縄からドバイにもっていったのです。ドバイで売ってしまいましたが、用途は恐らく工事監督者用の宿舎だと思います。

なぜ普及しなかったのか？

内田 当時、私たちの耳に入ってきたニュースとしては、世界中を凌駕した日本の造船会社の技術を使って一気に住宅の世界を制覇するかもしれないということでした。でも、結果的に住宅事業は会社の中では縮小してましたよね。

なぜ社宅以外に広く普及しなかったのでしょうか。つまり、建築界が悪かったのか、それとも工法のシステムが悪かったのか。どこに問題があったのかを記録として残しておかないと、また同じことをやる人が出てきてしまいますから。

春木 建築分野の営業を造船会社がそう簡単にはできません。会社としてはどうしても短期で成果を求めます。すると、それよりほかにやれることがあると考えて、方向がぶれたのではないでしょうか。量産に対する意識も低かったように思います。

実は、住宅事業をやることの是非は内部で随分議論されました。船とヴォリュームで比

較すると小さなものですからね。今は造船の売上げは2割程度で、プラント、海洋構造物、システム情報関連など事業分野は多岐にわたります。

内田 つまり、建築よりも造船のほうが利益が安定していたというわけではなかったのですね。

春木 パイロットハウスのすぐあとに芦屋浜のコンペがありました。ほかにも超高層用のビルトアップのH形鋼やボックス断面の柱材もつくりましたし、大型展示場の鉄骨工事や大型の自走式立体駐車場、東京フォーラム、ランドマークタワー、フジテレビの球体の展望室など、いろいろ建築分野に進出していきました。木造で戸建ての2×4をやってみたり、イランの石油化学プラント建設用の宿舎をつくるための高断熱パネルシステムを考案したが、政情不安でやめてしまったこともあったらしいです。

　さまざまなことをやってみた結果、住宅事業から撤退したというわけです。メンテナンスや2×4を子会社が今も細々とはやっているようですが……。

内田 山下さんみたいな人がいないと、違う方向にはなかなか進めないというわけですね。

春木 住宅事業の期間は約10年でしたが、山下さんが社長として三井造船におられた時期とほぼぴったり重なります。やはり大きな会社ですからね。私は住宅事業に携わったあとに商品企画室に行きましたが、そこでも住宅は独特なマーケットだから参入すべきではないという意見が強かった。さまざまな考えをもった人がいて、いろいろなことが複合的に関係した結果ではないでしょうか。

建物の今、災害時の活用

内田 三井造船が建てたパイロットハウスは今も残っているのでしょうか。

春木 パイロットハウスには協議会がありまして、最近は建物を保存したいという意向をもっておられます。そのため勝手に取り壊してはいけないという協定が各社で結ばれています。ですから今も千葉の稲毛にある海浜ニュータウンに建っていて、三井造船の社宅として使われています。

　パイロットハウスだけは今でも本社がメン

現在の三井造船棟。現在は竣工当時の黒色ではなく、明るい色に塗られている。右：階段ユニット側から見る（撮影：2点とも彰国社写真部）

テナンスをしています。そのほかの社宅は事業所別に、そこの営繕課がメンテナンスしています。

内田 メンテナンスの際に外壁を塗り替えたりしているのでしょうか。確か、黒い色でしたよね。

春木 これまで二度くらいは塗り替えています。今は明るい色になっていますので、当時の面影はなくなっているかもしれません。もともとはコールテン鋼板にウェザーコート処理を施した黒い外壁でした。ウェザーコート処理もまだ世の中に出始めた初期の頃で、酸化促進をさせて錆汚染を出さずに渋く重厚な趣を定着させることを狙ったのです。

内田 今日、さまざまなお話を聞いていて思ったのですが、このブロック建造工法は災害時の応急仮設住宅に有効ですね。仮設住宅は、現在の法律では2年で壊さなければいけませんが、その考えは間違っていると私は思います。神戸の地震のときの仮設住宅は、トルコ地震の被災地に持っていったそうです。畳の上に絨毯を敷いてトルコ人が暮らしているそうですが、応急的に何とか暮らせるのですからそれでいいわけです。そういう場所でこういうものが実際に使われるということは、大変よいことだと私は思います。沖縄からドバイへというお話がありましたが、壊して廃棄するのではなく、転々と使っていくのがきっとよいのでしょうね。

1│6 芦屋浜高層住宅の技術提案競技

「芦屋浜シーサイドタウン」について聞く

「芦屋浜高層住宅」とは

内田 1974年に建設省(当時)は一所帯一住宅達成を宣言しますが、それは全国平均で、都会では、まだまだ不足していました。都市では良質で、品質管理の行き届いた住宅の供給が望まれていました。

そのような時代背景のもと、1971年から73年にかけて行われた「芦屋浜高層住宅プロジェクト提案競技」(以下、芦屋浜)は、先に行われたパイロットハウスの実施案の延長として、工業化工法でつくる高層住宅の国家的コンペだったのです。

このコンペは建設省、兵庫県、芦屋市、日本住宅公団(当時)、兵庫県住宅供給公社、日本建築センターが主催し、企画設計、生産、販売、管理まで一連の内容を含むものでした。私は審査委員の一人として参加しました。

浅野 芦屋浜は、まさにパイロットハウスに続く国家的プロジェクトでした。住宅団地というレベルでの質の向上を果たさなければいけないという状況であったと思います。

建設地は兵庫県芦屋市の海岸エリアの埋立地「芦屋浜シーサイドタウン」の中央部で、敷地は約20.3ha、総戸数は3,384戸(応募要項では3,400戸)、事業主体は県、公社、公団、民間の4者でした。住宅のほかに商業施設やスポーツ施設などの計画もありました。

これだけ大きな規模ですから、コンペには大手ゼネコン5社以外に鉄鋼会社やディベロッパー、自動車会社や造船会社などさまざまな企業が160社も参加し、それぞれがチームを組んで、22チームによる25提案の応募となりました。

内田 国内の大手企業の、まさに半分くらいが応募したと言ってもよいでしょうね。

浅野 私たち竹中工務店も、当時の新日本製鐵(現 新日鉄住金、以下、新日鐵)、高砂熱学工業、松下電工(現 パナソニック)、松下興産(のちにMID都市開発、現 関電不動産開発)の5社でチームをつくり、それぞれの頭文字をとって「ASTM企業連合」(以下、ASTM)という組織体制でコンペに取り組みました。そして入選し、1等案に選んでいただきました。

内田 浅野さんを中心にASTMの案を考えたわけですが、そもそもどういう経緯でその体制づくりに至ったのですか。

浅野 私は芦屋浜の少し前に、ドイツのウルム造形大学に留学して工業化住宅の勉強をしていました。帰国後は都市開発部門に就いたのですが、そのときに芦屋浜のコンペがあるという噂を聞きまして、すぐさま当時の本部長に「新日鐵と組みましょう」という相談をしたのです。芦屋浜は技術的なことが非常に高く求められたコンペですから、自分たち竹中工務店がイニシアチブをとれるような体制づくりが不可欠だと考えたからなのです。

対談　浅野忠利（元竹中工務店住宅本部長）
　　　あさのただとし

内田　つまりパイロットハウスのコンペのときには、芦屋浜につながる体制づくりをすでに進めていたというわけですね。

浅野　そうです。当時の上司である石川忠志さんと、新日鐵の笹倉徹さんが同級生で、このラインからの情報入手が早く、石川さんと笹倉さんが事前におおまかな話をつけていたこともあって、体制をスムーズにつくることができました。大きなコンペでは早期に体制を整えることはとても大事です。やり方としては大成功でした。

内田　私は審査する側の立場で、審査は項目を細かく分けて、それを分析し、それぞれに点数をつけて総合点を出すという仕組みをとりました。その細かいデータを整理してくれたのは吉田倬郎さん（当時東京大学助手）です。

このような大きなコンペは、誰か一人の趣味嗜好で決定することはできません。誰が見

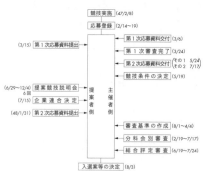

芦屋浜高層住宅プロジェクト提案競技の経過

芦屋浜高層住宅。水路からの全景（撮影：彰国社写真部）

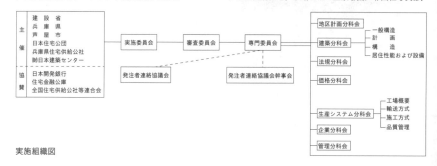

実施組織図

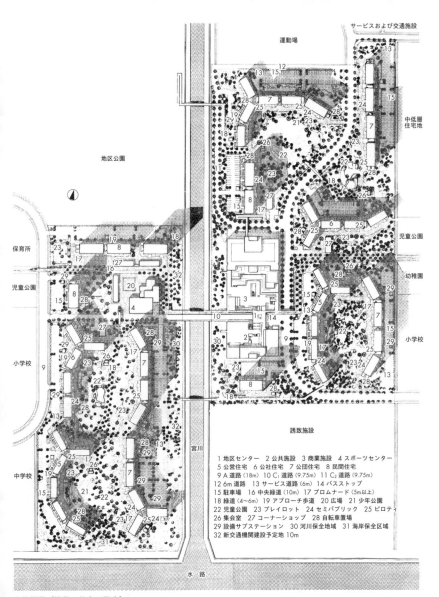

全体配置（提供：竹中工務店）

鉄骨のメガストラクチャーの中に5層ごとに1層分の共用階がつくられる（撮影：彰国社写真部）

てもわかる採点表をつくって審査し、最終的には建設省が決めました。

浅野 当時建設省で担当されていたのは、のちに内閣官房副長官も務められた上野公成さん（当時課長補佐）でしたね。

内田 1等に選ばれたASTMの案は、出来上がってみますと、非常に単純なシステムであったと思います。厳しく言えば無難なのですが、非常に完成度が高く、絶対的な安心感がありました。鉄骨のメガストラクチャーの中に4階建ての大型パネルの住戸を入れて、5層ごとに1層分の共用階をつくる。その繰返しで建物の形式はすべてできていて、事業主体にかかわらず同じかたちですよね。

浅野 当時、公営住宅はまだ11階建てがせいぜいであるという状況でしたので、芦屋浜では14階以上の高層住宅群のための価格体系をわざわざつくってもらったほどです。14階建てが21棟、19階建てが17棟、24階建てが11棟、29階建てが3棟、合計52棟です。

私は当時、価格調整も役割の一つでしたが、芦屋浜は3万トンを超える鉄の塊のような建物なので、鉄骨の価格低減は大きな課題でした。調整に当たって、住宅公団の江里口さん（当時建築部長）に「3万トンくらい寄付してくれればいいのに」と新日鐵を牽制してもらったりしたのを思い出します。

オイルショックに伴う物価高騰や技術指針の強化などもありましたので、最終的には当初の見積り価格の倍近い520億円くらいのプロジェクトになりました。現在の金額に換算してみれば、いかに大きなものであったかが

おわかりかと思います。

内田 国家的プロジェクトである以上、やはり安全で、間違いのないものを選ぶということが大事だったのです。

建築計画とランドスケープデザイン

内田 事業主体が複数あることは、建築計画にも影響を与えましたね。収入が異なる住民が同じ団地に住むわけですから、子どもたちのいじめが問題になったり、階層意識の問題が出たりする。芦屋浜でもそれを心配しましたよね。

浅野 ここではそれを懸念しましたので、とにかく混ぜようと。異なる事業主体を300戸単位で二つの主体の住宅を対面させ、600戸を1ブロックとしています。混ぜたからといって必ずしも問題がゼロになるわけではありませんが……。

それと、広場の構成にもその話は関係しています。通常は、植栽の予算や管理費用は、事業主体ごとに違いますよね。だから管理の質がバラバラになりがちです。それをどうやって均一化して質のよいものをつくり、いかによい状態で管理するかが大きな課題でした。

ここでは住棟が広場を囲むかたちなのですが、使い勝手を考えるだけでなく、県営と公団、公団と公社というような異なる事業主体を向かい合わせて広場をつくることで、広場の質を同じにすることを目指しました。

土地の所有も管理に関係してきますので、個別事業主体の土地の専有は建物とその周辺の最小限にして、広場は共有地としています。そうすることで管理の均一化を図ることができたわけです。

内田 広場といえば、5層ごとに1層分ある共用階の用途も、確か当初は子どもの遊び場でしたよね。でも、風が強いと危ないという理由で金網を張ってしまいましたが……。

浅野 もともとの提案では、幼児の遊び場や、万が一の火災のときの一時的な避難場所として、さらに多目的な用途に使える場所として、高層住宅におけるコミュニティを形成するためのスペースという位置づけです。

地上レベルから数えて7層目に一つ目の共用階を設け、それ以降は4層分の住戸と1層分の共用階をセットにした組合せですので、それがファサードにも現れています。共用階を挟む上2層分と下2層分の住民が、その共

異なる事業主体の住棟に挟まれた広場(撮影:2点とも彰国社写真部)

広場を共有地とすることで、管理の均一化が図られている

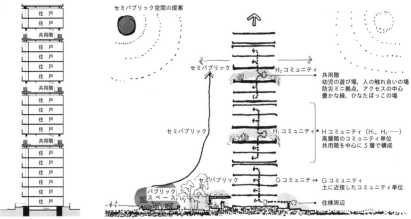

断面(左)とセミパブリックの概念(右)。共用階を挟む上下2層の住民で共用階を使用する仕組み(提供:竹中工務店)

5層ごとにつくられた共用階。高層住宅のコミュニティを形成するためのスペース(提供:高井宏之)

用階を使用するという仕組みをとっています。

これは片廊下4層分を集めたという計算で生まれたスペースなのですが、1層分をボイドで空けてしまうと有効率は悪い。そのため私はずいぶん悩みましたが、このデザインでいこうということになりました。

それと、「セミパブリック」という概念も意識しています。「個」である1階の住戸と、「パブリック」である広場の間に「セミパブリック」な庭を設けて連続性をつくるとともに、上階にある共用階にもその概念が連続するということを意識しました。

いずれにしましても、そこに住む人や使う人の工夫も大事ですよね。

統合生産システム「ICS」

内田　芦屋浜は、誰が見ても竹中工務店の統合生産システム「ICS」(Integrated Construction System)を使ったものだとわかる提案でした。パイロットハウスのときすでにそのシステムが確立されていて、世の中でもICSによる建物が大量に生産されていましたね。

浅野　そうです。パイロットハウスプロジェクトの一連の流れとして、戸建て住宅に始まり、部品、そして集合住宅、その総仕上げが芦屋浜という位置づけです。

ICSは総生産戸数は約5万戸で、躯体を中心にプレハブで集合集宅をつくるという統合生産システムなのですが、その一部に中空スラブ(ボイドスラブ)を使っていることも特徴です。この研究開発は、大阪・竹中工務店

073

の山中孔が中心になってやっていました。

内田 芦屋浜ではスラブの中に断熱材としてスタイロフォーム（発泡スチレンボード）を入れましたよね。それが、それまでのICSによるつくり方とは違いますね。

浅野 実は、別のプロジェクトで火事が起きた際に、私も詳しい理由はわからないのですが、ICSの床が爆裂を起こしたという経験がありまして、それなどを踏まえた結果、スタイロフォームを使ったボイドスラブの導入となりました。外壁の場合はコンクリートパネルの厚さは80mm、発泡スチレンボード15mm、そしてプラスターボードを貼っています。共用階の床にも発泡スチレンボードを貼っています。

内田 こういった工法のシステムについては大成建設が先行していて、どちらかというと竹中工務店は後追いだったと思います。

　これだけの大規模なものをつくるに当たり、1社にやらせていいのかと思われる方もおられるかもしれませんが、大量生産のメリットがあります。右肩上がりにコストが上がっていた時代の中、1社にしたことにより生産性の合理化が図られ、短期間で完成しましたね。

浅野 事業主との発注契約が75年で、着工が翌年6月。全1期の工事でその3年後の79年に住棟が完成しました。

　確かに、竹中工務店はPCプラントをもっておらず、それは伝統的に変わっていません。ですから主要部材や各種ユニットなどの供給体制づくりは、いろいろと工夫をしました。

　まず、芦屋浜は土地が余っていましたので、サイトプラント方式も採り入れました。敷地内の県の土地を借りて、そこに工場をつくりました。

内田 現場に工場をつくることは、量産建築ではよくあることですね。

浅野 サイトプラント以外には、固定工場が二つありました。壁版は関西コンクリート、役物は日本ハウズイングです。そのような工場の体制で部材供給を行いました。

　サイトプラントでは床版のプレコンを生産し、バッテリーフォームで壁版のプレコンもつくりました。それはオーストラリアなどでよく行われている縦打ち型枠でコンクリートを打つ方法ですが、工場の面積が少なくて済むのです。このプロジェクト以来、サイトプラントを採用した集合住宅プロジェクトが竹中工務店では主流になりました。

　設備に関しては、松下電工と高砂熱学工業が中心的な役割を担いました。浴室、トイレ、洗面所、キッチン、空調、配管、ダクトなどを集約化した「設備ユニット」（設備コア）を考えて、松下電工の米原工場で生産しました。これは自由に動く設備コアなので、間仕切り壁の移動と合わせると、住戸空間のバリエーションが広がります。住戸内での位置は3タイプを設定しました。現場での作業工程の簡素化と省力化にもつながります。

　若い人にはわかりにくいかもしれませんが、それまでの設備は現場で製作したりしていたため品質にバラツキがありました。芦屋浜では大部分の設備を各メーカーが工場で生産し、なおかつそれをユニット化しているので、品質の安定したものを供給できたわけです。

内田 そういえば、あの頃は日産など自動車の品質管理に関連して、デミング賞というのがあって、審査員の中には企業を叱り飛ばす先生もいましたよね。

浅野 品質管理に関する竹中工務店の取組み

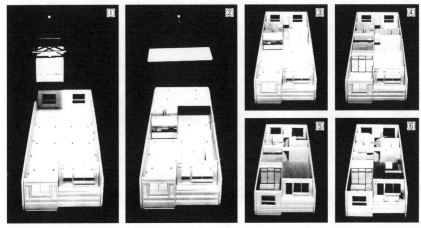

住戸内の組立。①設備ユニット・仕上げパックの搬入 ②床版の取付け ③断熱材の取付けおよび設備コアの据付け ④間仕切りパネルの取付け ⑤床・壁・天井の仕上げ ⑥完成（提供：竹中工務店）

は、デミング賞の取得が促進役となりました。ASTMの作業所も熱心に取り組みました。実はゼネコンとしては一番早かったと思います。

運搬・施工上の工夫

浅野　敷地への部材やユニットの運搬に当たっては近隣問題がありましたので、芦屋市内をなるべく通らないよう可能な限り陸上輸送はしていません。

　鉄骨桁（階段）やプレコン（段板、オムニア）、設備ユニットや仕上げパックなどは、工場からまずは西宮の尼崎港に陸送し、そこから船で芦屋の敷地へ海上輸送をするという方法をとりました。本体鉄骨、鉄筋、生コン骨材やセメントなどは堺市の工場から専用船に載せて輸送しました。

内田　海上輸送ならば通常の限界寸法よりもはるかに大きなものを運搬することができるというプレハブ化のメリットもありますね。大量輸送もできるし。

浅野　工場での生産に始まり、運搬、加工・組立、施工という手順が最短となるように、工程や方法を計画しました。たとえば船から荷揚げした鉄骨は、敷地の中でブラストをかけて、塗装をする。鉄骨組立後は1階から順にプレコンの床と壁を取り付けて、その次に設備ユニットと仕上げパックを搬入するやり方としました。

　仕上げパックというのは、1住戸分の造作材、間仕切りパネル、防露パネル（断熱材）に加え、押入れ棚、付け鴨居、上框、ケースウェイ、ペンキ、刷毛など三つにパッキングしたものです。これは内田先生のGUPシリーズを参考にしながら、その手順模型や提案書を一生懸命つくりました。

内田　こういう大型パネル構造の場合、天井パネルが置かれてしまうと、仕上げ材はいち

いちエレベータで運んで狭い入り口から入れるので、手間がかかります。だから一つのパックにして上階の床パネルを置く前に住戸に置いてきてしまえば、必要な道具も入れてあるから、荷を解いて建て込むだけでよいわけですね。

浅野　省力化や習熟効果を高めますし、残材もほとんど出ません。計画では7人／戸の人工としていましたが、実際にやってみますと、たとえば公団の人工は前半が5.43人／戸、後半が3.37人／戸となりました。工程や方法を工夫したことによる効果が具体的な数字にも表れたと思います。

内田　パッキングするという方法は、芦屋浜以前のICSの経験からですか？　いきなりそれをやるのは大変ですから。

浅野　建築に関する技術的な話をもう一つしますと、芦屋浜は、提案から実現に至る過程での変更がほとんどないという点では類を見ないプロジェクトなのですが、当初の提案と違って鉄骨の耐火被覆に関しては、特認緩和を受け無被覆となりました。それによって、この建物の合理化と工業化が著しく前進したのを覚えています。鉄骨を無被覆にする代わりに塗装を考えましたが、それは数少ない変更のうちの一つでした。

大きく変わった運営体制

内田　1979年に完成して早35年となりましたが、当初の試みから何か変更したことはありますか。

浅野　芦屋浜は完成後の販売や管理までも含むプロジェクトですから、松下興産が私たちのチームに入っていて、そこでは中心的な役割を担っていました。民間住宅の管理全般や、附帯施設の賃貸業務に当たっては、株式会社ASTMという運営会社を設立して、運営に当たりました。

当初はASTMの5社すべてがその運営事業に参加し、株式会社ASTMの社長職には新日鐵の相当なポストの方が就いてくださっていました。でも、経済変動による事業整理に伴いまして、次第に1社ずつ退き、最終的には私たち竹中工務店だけが残り、現在に至っています。

内田　竹中工務店が株式会社ASTMの株を保有して子会社とし、運営を続けているというわけですか。

浅野　そうです。家主として、ショッピングセンター施設とスイミングスクールの賃貸業務、および住宅の管理業務を手がけてきました。ショッピングセンターはテナントのダイエーが今でも入店していますが、スイミングスクールの建物は解体し、駐車場として「タイム24」の運営に委ねています。やはり関西での大プロジェクトですから、竹中工務店から社長を出し、元竹中工務店専務で、提案当初から中心的役割を果たしてきた山中孔が、今でも情熱を注いでいます。

阪神・淡路大震災での被害について

内田　1995年に発生した阪神・淡路大震災では、鉄骨が切れるという被害を受けましたね。その原因はいまだに解明されていませんが、全部で鉄骨は何カ所くらいが被害を受けましたか？

浅野　主柱には厚さ60mmのユニバーサルボックスを使っていて、その鉄骨が切れました。ユニバーサルボックスは鉄骨柱が一つ切れても面で保つことができるような構造にな

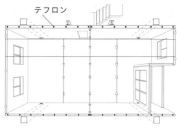

住戸内キープラン（提供：3点とも竹中工務店）

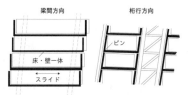

層間部の「滑り構造」概念図。間にテフロン材を入れて滑らせる

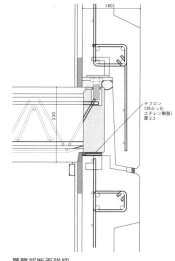

層間部断面詳細

っていましたので倒壊することはなかったのですが、数えてみますと約50カ所、全体の約1割くらいが切れていました。

内田 ということは、切れるべくして切れたのでしょうね。でも、あの鉄骨を切る地震力は相当な力ではありませんか。

今の話で思い出したのですが、和泉正哲さん（当時東北大学、元 建設省建築研究所）が「これは危ない」と注意したことをきっかけに、工事前に大量に補強しましたよね。

浅野 それは知りませんでした。

内田 はっきり覚えてはいませんが、確か、工事契約の前だったと思います。結果的に、その補強が非常に効果的であっただろうと思います。当時の建築基準法で「建物が壊れても人命に影響がない」という条件でしたから、その条件は現実に守られたわけですね。

浅野 芦屋浜では、実は地震対策としてテフロンを使って住戸を滑らせる「滑り構造」を採り入れています。それをやらなければ地震のときにPC版や鉄骨の破損が考えられますから。最初はスラブの上にその滑り機能を入れていたのですが、地震が起きたときに壁と床が別々に動いてしまうのは問題だということになりました。

内田 地震で家が歪む際には、壁が床と一緒に動くようにしたほうが自然ですよね。

浅野 もし、そのテフロンでの地震対策をしていなかったら、被害はもっと大きかったかもしれません。誰も怪我をすることなく、1棟も壊れずに済んだのですが……。

内田 1981年以前の建物は、建物は壊れても人命に影響がないだけであって、壊れた建物がその後使えるかについての保証はありません。芦屋浜の建物は、それを保証して以前通りに使っているわけですね。

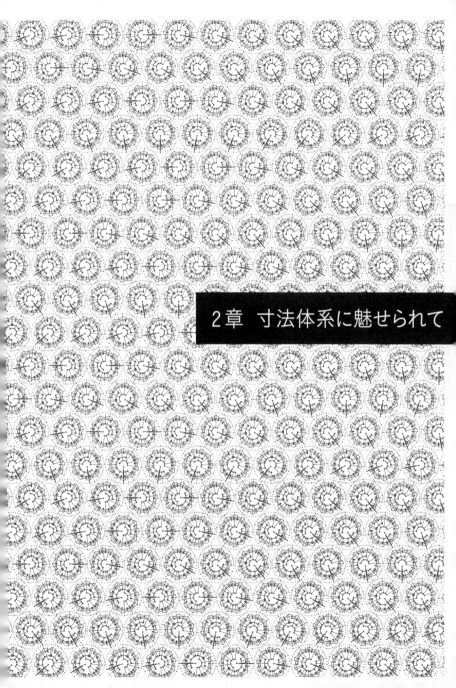

2章　寸法体系に魅せられて

2|1　数値探し

始まりは70cmモジュール

今では設計をするときに、誰もがモジュールのことを考えると思います。私は自作のモジュールを決めるに当たって、人一倍試行錯誤を重ねたと思っています。今回はその失敗からお話ししたいと思います。

モジュールに興味をもち始めたのは、通信省で中央電気通信学園（註1　以下、中央学園）の仕事をしていた頃からです。初めて寸法を体系的に使ったのは、「中央学園宿舎」（1951年）です。高さ方向の寸法を決めるいい数値はないだろうかと考えて、当時は70cmという寸法を使いました。

なぜ70cmかというと、まず机の高さです。次に天井高さ240cmと天井懐40cmを加えた280cmが70cmの4倍になるということもありました。2倍に当たる1m40cmは使い道がありませんでしたが、下足を考えていたので内法210cmにも都合がよかったのです。それでモジュールを70cmにしました。

宿舎は南立面が70cm、北立面が40cmという二つのモジュールを貼り合わせたもので、階高の2.8mで両者が一致する複合モジュールです。それに対して、同じ敷地内の「中央学園学生クラブ（松苑亭）」（1953年、註2）では70cmモジュールを徹底して使いました。ただし、70cmだけでは大きすぎるので、その半分の寸法の35cmを使っています。手摺の高さは70cmで、床は35cm上げています（註3）。当時、手摺の高さの規定はまだありませんでした。その頃はまだ誰も35cmモデ

（註1）旧日本電信電話公社（現NTT）東京中央学園
（註2）すでに取り壊された
（註3）最近の設計では「京都女子大学図書館」（2017年、設計／安田幸一）の高さ方向に70cmモジュールが使われている

「中央学園宿舎」（木造、一部RC造）南面（撮影：2点とも平山忠治）

同廊下より隣棟の北面を見る

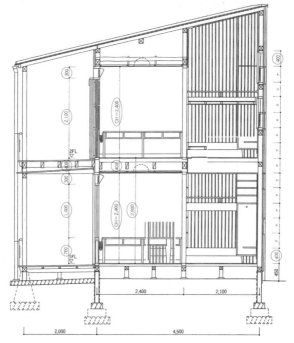

「中央学園宿舎」(木造、一部RC造) 断面。南面は70cm、北面は40cmのモデュールとなっている

ュールなんて使っていませんでした。35cmモデュールは、2m10cmに35cmを足すと2m45cmとなり、天井高に使えます。また、2m80cmもよい寸法と思っていました。

そういうと都合よくできているように思われるかもしれませんが、最大の欠点は、大きな寸法がよくないことです。つまり、7の倍数は日常の中になじまないのです。それから、平面のモデュールを同時に考えていませんでした。2m10cmを平面のモデュールにすると、感覚的にも落ち着いたプロポーションではありません。

70cm寸法はうまくいかないと思っていたときに、ル・コルビュジエの『モデュロール』が日本でも出版されたのです。

コルビュジエのモデュロール

ル・コルビュジエのモデュロールは、わかりやすく言うとコルビュジエが個人用につくった一種の物差です。普通の物差しより等比級数を使いやすくした物差しです。それから、部品を組み立てるためのモデュールというよりは、プロポーションの美しさを重視するモデュールです。たとえばパルテノン、法隆寺といった建物の構成も矩形の2辺が黄金比と言われていました。コルビュジエも黄金

比1:$(1+\sqrt{5})/2 \fallingdotseq 1.618$を使っています。モデュロール（Modul'or）の「'or」は金で、「金のモデュール」という意味です。

『モデュロール』の日本語版は吉阪隆正さんの訳で発売され、たいへん評判になりました。今でも多くの人に読まれています。私はだいぶ流行に出遅れて本を読みました。黄金比のプロポーションがよいと言われることは知っていましたが、加算性があることは予想外でした。それがわかってから見方が変わり、あとはのめり込んでいきました。

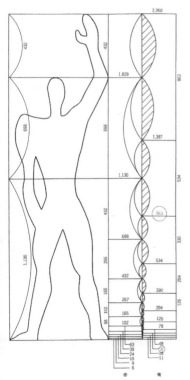

ル・コルビュジエの「モデュロール」。
2カ所に加算性が破綻した数値が現れる

ところでモデュロールを使って、気になることも見つかりました。モデュロールは、隣接した二つの数値の和が次に大きい数値になるという加算性をもっています。またモデュロールには赤と青の二つの数列があり、青は赤の2倍です。それらを建築の物差しとするのです。

たとえば青の数列を取り出してみると、

〈11、18、30、48、78、126、204、330、534、863、1,397、2,260…〉

これらは、隣同士の数値が黄金比になっています。しかし、黄金比は無理数（有限の小数で表すことができず、かつ循環しない数値）ですから、最後の桁は、丸めてあるのです。そこで、丸めた数同士では加算性が成り立たないところができるのです。青の数列を見ると、〈863〉に〈1,397〉を足すと次の項〈2,260〉になります。また、〈1,397〉は〈534〉と〈863〉の和となり、ぴったり合います。しかし、〈330〉と〈534〉の和は864になり、〈863〉と違っています。数の小さいほうから見てみますと、〈11〉と〈18〉の和は29ですが、コルビュジエは29とせずに〈30〉としています。しかし次の項からまた計算が合います。

つまり、コルビュジエのモデュロールは11から2,260の間で数値が2カ所合わない、いわば加算性が崩れているのです。

ここで、加算性の仕組みに2種類あることがわかります。一つは、無理数を使った黄金比の加算性で、もう一つは、整数、あるいは有限桁の小数を使った加算性です。黄金比そのものは無理数でも加算性があるから、物差しをつくってしまえば無理数のまま使えばよいのですが、実用社会で有限桁の小数に直して使おうとすると、加算性が崩れるのです。

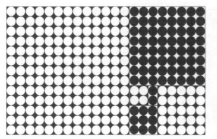 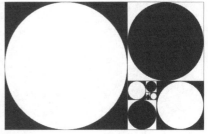

フィボナッチ数列と黄金比の比較。左はフィボナッチでつくった図。右は無理数でつくった黄金比の図。

現実社会での建築生産工程を考えると、すべての寸法を、数値でなく物差しだけで済ませることは無理でしょう。実用上は、簡便な小数値で表現できることが望ましいのです。

加算性のある数列との出合い

そこで、整数で表現できるフィボナチ（Fibonacci）数列に目が向くのです。コルビュジエもモデュロールをフィボナチと言っていますが、本来のフィボナチは初期値が二つあって、あとはその和によって数字を連ねていくというものです。基本となるフィボナチは初期値が0と1で、〈0、1、1、2、3、5、8、13、21…〉となります。1と1の和が2で、1と2の和が3、2と3の和が5です。3と5の和は8、5と8の和が13、8と13の和が21という調子です。この数列が不思議なことに黄金比に収斂するのです。

$2/1 = 2$、$3/2 = 1.5$、$5/3 = 1.666$、$8/5 = 1.6$、$13/8 = 1.615$

初めの1：2は黄金比とは言えませんが、それ以降急激に黄金比に近づいていきます。視覚的比率から言えば、5/3でもほとんど黄金比と同じに見えます（p.97参照）。数値が整数なので扱いやすいことは言うまでもありません。うまくいけば13といった嫌な数字を使わなくても黄金比の代用は十分できるだろうと、私は思ったのです。

単純なモデュール数列をつくりたかったので、さまざまな初期値でフィボナチをつくってみました。その中でよく使ったのが、初期値（0、2）と（0、4）のフィボナチ数列です。

〈0、2、2、4、6、10、16、26、42、68、110、178…〉

〈0、4、4、8、12、20、32、52、84、136、220、356…〉

この数列には178cmがあり、これは約5尺8寸4分です。和風の鴨居下端と合いますし、幅としては1間の柱の間に入ります。だから気に入っていたのです。

これを使ったのが「中央学園講堂」（1956年）とRC造の「中央学園宿舎」（3期工事、1955年）、それに自作の本棚、机などがあります。次頁の図のキャスター付き机は、長さが1,100mmで幅と高さが680mmという不思議な寸法です。本箱は小箱を積み重ねたものです。単位は外法がすべて数列の中の寸法になっていて、ときによって積み重ね方を変えることができるものです。しかしここで使った数値はほとんどが見慣れない数値で、そ

(0、2)(0、4)のフィボナチ数列のモデュールを使って設計した建物。上:「中央学園宿舎」(RC造)、左:「中央学園講堂」写真はエントランス扉の全形から枠にいたるまでモデュールに則っていることを示す

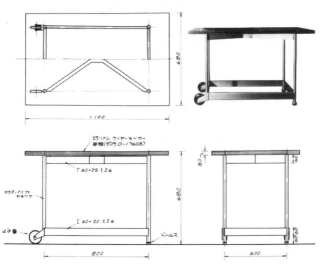

(0、2)(0、4)のフィボナチ数列のモデュールを使って設計した家具。上:幅680×長さ1,100×高さ680mmのキャスター付き机。下:小箱を積み重ねるシステムの本棚

初期値
(0、2) 2,4, 6,10,16,26,42, 68,110,178
(0、4) 4,8,12,20,32,53,84,136,220,356

れが社会に広く受け入れられることはなかったのです。

ラウンドナンバーの数値を探す

社会に受け入れられないものは、結局趣味か独りよがりにすぎません。フィボナチ数列を使うにつれて、次第にそのあたりの不満がたまってきました。モデュールだから3m60cmは3m56cmになると言っても、それを受け入れてくれる世間がありません。

1950年代の終わり頃に、初めて住宅を設計する機会がありました。家内の父の隠居所です(「山田邸離れ」1960年)。当初、建設会社の見積もりが予想外な金額だったのです。高級な数寄屋の得意な工務店が下請けに入ったことも関係していたと思いますが、「内田さんの設計はモデュールを使っているから単価が高くなった」と言われたのです。それを聞いて、とんでもないと怒ったのですが、「それなら普通の寸法の使えるモデュールにしよう」と思うようになったのです。建築での常用寸法になじむ、十進法にのせられるモデュールをつくらねばと知恵をしぼったのです。

建築で使うモデュールは何といってもラウンドナンバーです。90.9cmや181.8cmが使われるのもそれがかつて3尺、1間というラウンドナンバーだったからです。

十進法の中で使われてきたモデュール数表にルナール数(Runald Number)というのがあります。ルナール数は、第一次世界大戦中にさまざまな太さの気球のワイヤーを規格化し整理するために考案されたものです。強度はワイヤーの本数と断面積、つまり直径の2乗に関係するので、掛け算が必要です。

そこで、ルナールさんという人が、10回掛けると10になる数値というのを考えたのです。つまり$\sqrt[10]{10}$ ($10^{1/10}$)を使うことにしたのです。これは「R10」と呼ばれ、20回掛けると100 ($10^{20/10} = 10^2$)になり、30回掛けると1,000 ($10^{30/10} = 10^3$)になります。また、その途中の数値、たとえば13回掛けた数値($10^{13/10}$)は、3回掛けた数値($10^{3/10}$)の10倍になり、23回掛けた数値は3回掛けた数値の100倍($10^{23-3/10} = 10^2$)になります。つまり何回掛け合わせても、桁は違っても同じ数値しか出てこないのです。これらを対数目盛りの円周上に書いたのが次頁の上の図です。

ルナール数は、写真の露出と絞り、シャッタースピードの関係に使われています。シャッタースピードに使われている

〈1/2、1/4、1/8、1/16、1/32、1/64、1/125、1/250、1/500、1/1,000〉は、$\sqrt[10]{10}^n$の呼び名で、本当の数値は無理数です。呼び名だから1/64の次が1/125でもよいし、1/64の代わりに1/60と呼んでもいいのです。

今のカメラの露出は全自動ですが、マニュアルでそれを調節する場合、露光時間を一段長くすると絞りを一段下げて同じ露出が得られる工夫がしてありました。そのとき絞りに使われているのは「R20」で、〈1.0、1.4、2.0、2.8、4.0、5.6、8.0、11、16、22、3.1、4.5、6.3、9.0、1.25〉は$\sqrt[20]{10}^n$の呼び名です。絞りはレンズや画面の面積なので、シャッタースピードに対して平方数が対応し、2乗して「R10」:$\sqrt[10]{10}^n$になる「R20」:$\sqrt[20]{10}^n$が使われているのです。

そこで私はフィボナチを使って、1で始まり10で終わる10進法になじむ数列をつくってみたのです。

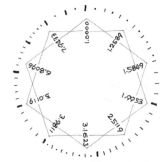

ルナール数（R10＝$10^{n/10}$）を対数目盛りの円周上に描いた図。五角形は円周の10等分をわかりやすく見せるためのもの

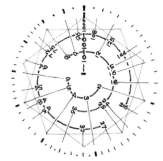

Dφ数表を円周上に割り付けた対数目盛りで描いた図。三つの輪は1桁の数（1〜10）、2桁の数（1〜100）、3桁の数（1〜1,000）の数値を示したもの。2桁の数が1桁の数の隙間を補完し、3桁の数が2桁の数の隙間を補完する様子を示している

Dφ数表、その基本的発想

フィボナッチ数列では10と100あるいは100と1,000が同じ数列に同時に出てくることはありません。その頃は毎日数字とにらめっこをし、あるときは徹夜もして数列をいじくっていました。結局、〈1、2、3、5、8、13…〉というフィボナッチも、13という数字は実社会で納得してくれません。だから8までと思ったわけです。しかし、2倍の数列をつくってみると、〈2、4、6、10、16…〉で10が出てくる。そこで8も切り落として5までとその2倍で、1から10までの数列をつくることを考えたのです。それを対数目盛りの円上に描いてみますと、1と2の間が特に離れすぎていることがわかります。つまり、1と2の間、1.5といった数値は実用上、ノドから手が出るほど欲しいわけです（笑）。そこで数列とにらめっこしているうちに、1と2の間を補完するには1で始まり100で終わる数列をつくればよいのではないかと思いついたのです。

（1、2、3、5）と（1、2）の二つの数値のグループからそれぞれ二つの数値を使って最大100（5×5×2×2）までの数列をつくり出してみました。これを対数目盛りの円周上に書き込んでみると、1と2との間はもちろん、間隔の広いところを見事に補完しています。

それなら1から1,000に至る数値をつくればさらにきめの細かい補完ができるはずと考えたわけで、（1、2、3、5）と（1、2）のグループから、それぞれの数値を3度ずつ使って、最大1,000（5×5×5×2×2×2）までの数値をつくったのです。

当時は多くの人がさまざまな数表を各自の設計用につくっていて、それぞれの数表に固有の名をつけて呼んでいました。そこで私はこの数表にDφという名をつけたのです。DはDesimal（十進法）の意味で、φはギリシャ文字のFで、フィボナッチのFからつけました。

それらを対数目盛りの円周に書き込んだのが左の下の図です。100までの2桁の数値が10までの1桁の数値の隙間を補完し、1,000

までの3桁の数値が2桁までの数値の隙間を補完している様子が理解されると思います。

もちろん、4桁の数値、5桁の数値を選ぶことも可能ですが、実用上からは、3桁までの数値で十分と思っています。

Dφ表を発表した直後、樋田さん（当時大成建設）が2の倍数と5の倍数を十進法の中では双子のようなものだとして、下図の上の表を見せてくれました。十進法の中で2倍するということは桁数を無視すれば1/5と同じ数値になるということです。〈1、2、4、8、16、32…〉と〈5、25、125、625…〉は一見別物であるが十進法の中で数値だけを考えれば〈625、125、25、5、1、2、4、8、16、32〉と一貫して表現できるということです。

それまで2倍、3倍、5倍という三つの倍数関係を数表にするのには、3次元の表現が必要と思われていたのですが、十進法を使うと、2次元で表現できることになったのです。これはコロンブスの卵のような発見でした。樋田さんは独自の判断で、桁数の多い数を省略し、Organic Key Moduleとして提案されました。私がそれにDφ数表を書き込んでみると、Dφ数表の各段階が、きれいな階段状に区分されて表現されることがわかったのです（下図の下の表）。

そこで、以後はこの表でDφ数表を表現することにしています。そして、もはやこれ以上整然としたモデュール数値はないと確信するようになり、モデュール数値の研究の幕を閉じたのです。今振り返ると、「山田邸離れ」のときに建設会社にいじめられたおかげで「Dφ」はできたと感謝しています（笑）。その後、「佐賀県立青年の家」（1967年）や「佐

0.125	0.25	0.5	1	2	4	8	16	32	64	128
	0.75	1.5	3	6	12	24	48	96	192	
	2.25	4.5	9	18	36	72	144	288		
	6.75	13.5	27	54	108	216	432			
		40.5	81	162	324	648				
		121.5	243	486	972					
			729	1458						
			2187							

Organic Key Module（OKモデュール、大成建設・樋田案）。十進法の中で2倍するということは桁数は変わるが数値は1/5になるという表現で、たとえば2円は10円の1/5で、5円は10円の1/2となり、2倍系列と5倍系列は双子のようなもの、というのが樋田さんの見解

IV	III	II	I			II	III	IV		
625	125	25	5	1	2	4	8	16	32	64	128	256
	375	75	15	3	6	12	24	48	96	192	384
		225	45	9	18	36	72	144	288	576
			135	27	54	108	216	432	864
				81	162	324	648	1296

樋田さんのOKモデュールにDφルールを書き込んだDφ数表。きれいな階段状に区分されて表現される

賀県立博物館」(1970年)、「佐賀県立九州陶磁文化館」(1980年)など、すべてをDφモデュールで設計しています。しかしまだDφモデュールの使い方が上手ではなかった頃の「佐賀県立図書館」(1962年)では、80cmモデュールでした。戦後長い間、世間一般には80cmモデュールが使われていましたから、それを引きずっていたのかもしれません。80cmはちょっと寸詰まりな感じがします。Dφ数表を見ても、80というのはあまりうまい数値ではないことがわかります。モデュラー・コーディネーションが上手になると、どの寸法もほとんどがDφ数表の中の数値で処理できるようになります。Dφ数表は未熟な人にとっての早見表で、ベテランには不要なものともいえます。つまり誰もが研究をすれば、やがてこの数表の中に引き込まれていくはずです。

最後にもう一つ、ラウンドナンバーについて清水達夫さんの提案を紹介しておきましょう。モデュールの議論が大詰めになった頃、「丸い数」というたいへんに説得力をもつ提案がありました。十進法の世界でのラウンドナンバーは、10で割り切れること。それなら十進法以外のn進法の世界でのラウンドナンバーは、2や3でも割り切れること。つまり約数の多いのが「丸い数」という提案です。下のグラフは横軸に1から始まる自然数を並べ、縦軸がその約数の数です。破線は、それより小さい数の約数の平均値です。この図で破線の上に出ている数は近所の数に比べて約数が多いといえる。それをラウンドナンバーと呼んだらどうか、というのが清水さんの提案です。「丸い数」をDφ数表と比べてみると、驚くほどほとんどの数値は一致しているのです。ただ、14、22、28といった素数の2倍がぎりぎりの線で拾われていることが違います。

世界が競い合った「数のデザイン」

1950年代の後半はちょうどメートル法が完全に実施されるというふれこみのあったときで、尺をどう扱うかを含めて誰もがモデュールに関心をもっていた時代でした。海外でも同じです。ギリシャ、イタリア、オランダ、ソビエト(現 ロシア)など世界中が寸法体

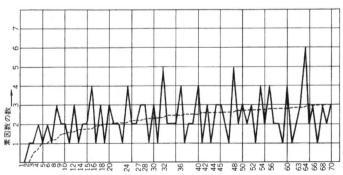

「丸い数」の提案(清水案)。突出した数字は約数(素因数の数)が多い「丸い数」

系を研究提案していた時期で、今思い返しますとオリンピックのように競い合っていました。それはけっこう楽しかったものです。日本では、池田武邦さんの「MOR」(1954年)や池辺陽さんの「GM」(1957年)もその一つです。数のデザインは世界中で違うはずはありません。海外ではギリシャのプラトニックラムダ、エーレンクランツ(アメリカ)のナンバーパターンなどが有名でした。

歴史は繰り返すとよく言います。もしかしたら再びモデュールの話題が盛り上がることがあるのかもしれません。どうかこの記事等を参考に、さまざまな試みをしてみて下さい。恐らく同じ結論に到達すると確信しています。

2|2 グリッドとモデュール

解決不能の難題

モデュールの適用について、まず、日本人にとって身近な畳の例からお話ししたいと思います。

畳の敷詰め方には「江戸間」と「京間」の2種類があります。「江戸間」は関東間や田舎間とも呼ばれ、3尺を単位とするグリッドに従って壁や柱が置かれています。畳を敷き詰める部屋の大きさが周囲の壁の厚さや柱の太さ分狭くなるので、八畳間と四畳半では畳の大きさが違うのです。

一方、「京間」は畳の大きさが普通6尺3寸×3尺1寸5分で統一されています。畳の大きさを統一するために壁や柱の内法で寸法を押さえており、柱心と柱心の距離は敷き詰めた畳の寸法に壁や柱の寸法を加えたものになります。ですから、間取りが決まる前に精密な面積の計算をすることが難しく、確認申請の届けを出すときなどには不便です。

畳屋さんは畳の大きさが異なっても、つくるのはそれほど苦にしませんが、一般の人にしてみれば一見同じ大きさに見える畳の大きさが部屋によって違うことは、畳を移動したときにやっかいです。これを間仕切り家具やシステムキッチンに置き換えて考えてみると、さまざまの大きさのものが必要になります。だから、部品にとっては「京間」の考え方が具合がいいのです。

日本では江戸時代から今日に至るまでずっと「江戸間」と「京間」の議論が行われてきたのでしょう。けれども、どちらにすべきかという結論は出ていません。ヨーロッパではこの問題を「thickness problem」と呼び、〈解決不能の難題〉と考えられています。

グリッドと構成材

「江戸間」と「京間」の平面図を見ていただくとわかると思いますが、「江戸間」で壁の寸法を押さえている基準線は1本線のシングルグリッドで、「京間」では2本線のダブルグリッドが用いられています。そこで両者

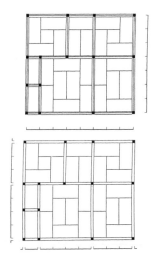

江戸間（上）と京間（下）。江戸間は柱の心をグリッドの交点に合わせて配置する。一方、京間は柱の内法で寸法を押さえることになり、軸組のスパンは柱の太さを加えた寸法になる

の役割がどう違うか、少し具体的に見たいと思います。

大工は細長い部材には心墨を打ちます。それに対して敷石のような面材は墨を打って描かれた四角の中にはめ込みます。建物のグリッドは、棒状のものを扱うのに適した心押えのグリッドと、面状あるいは立体的な部品を納めるのに適した面押えのグリッドがあるわけです。台所ユニットや風呂場ユニットのようなキュービクルなものも、面押えでグリッドの中に納めるのがいいわけです。

シングルグリッド心押えで部品を配置しようとする場合、交差するところでどちらを勝たせるかという問題が起きます。たとえば、オフィスビルでよく使われている可動間仕切りパネルには、心押えでポールを立てポールの間にパネルを納めるシステムがあります。すっきりしていますが部品の数が多く、その取付けに手間がかかります（下図のa）。それよりも、パネルだけを並べるほうが手間もかからず楽だという考えがあります。その場合、交差するところにはパネルの厚さ分短いパネルを用意するのが一般的な解決法です（下図のb）。しかしそれではパネルの幅が2

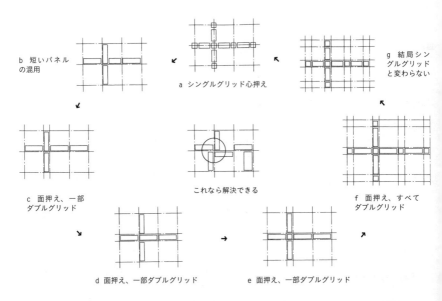

心押えと面押え。心押えの欠点を補おうとして面押えとしても、結局心押えに回帰してしまうという堂堂巡り

種類になるというのでパネルの種類を1種類としたいなら、一方の列をダブルグリッドでつくればいいのです（前頁の図のc）。そうすればすべて同じ長さのパネルで納まります。その場合、縦方向をダブルにするか、横方向をダブルにするかの問題があります（前頁の図のd）。両方向をダブルグリッドにしたい場合には、交差点に生じる隙間に埋め材を入れればよいのです（前頁の図のe）。さらに、どこでパネルが交差してもよいためには、あらゆる交点を面押えでダブルグリッドにすればいいのです（前頁の図のf）。

そうしてみると、結果は最初のシングルグリッド心押えの場合とグリッドの間隔が違うだけで、同じです。つまり、シングルグリッドとダブルグリッドのどちらがいいかという議論は堂堂巡りになるのです。

この堂堂巡りを解決する方法が一つだけあります。[1-2]で詳しく述べた「Uフレーム」は、十文字の柱を立ててパネルを卍に組み込むもので、これだと1種類のポールと1種類のパネルでグリッド上に自由な間仕切りが配置できるのです。卍に組むのは常識外れの発想に思えますが、日本の襖の引違いの形がまさにそうなのです。実はこのシステムを建築センターの展示室に設置したことがありますが、使い勝手がよくなかったようで、数年で取り外されてしまいました（笑）。パネルの表面が平らではないため横長のポスターが貼りにくいなどの理由です。

しかし、この方法を除けば間仕切り配置の問題は結局、堂堂巡りから脱出できません。

基準線の役割と製作寸法

上記の例でわかるように、モデュラー・コ

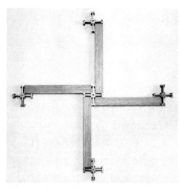

心押えと面押えの堂堂巡りの問題を解決する試み「Uフレーム」（撮影：中島喜一郎『a＋a』architecture＋aluminium 1965年6月号より）

ーディネーションには基準線が必要ですが、そこで心押えの基準線と面押えの基準線の役割の違いについて考えてみると、前者は位置を定める基準線で、後者は領域を定める基準線だとわかります。

心押えの基準線は部材に打たれた心墨を基準線と一致させて位置を定めます。心で押さえるだけですから部材の形には関係なく、丸いものでも四角いものでも、曲がっているものでも心さえ押さえていればいいわけです。柱なら中央に心墨を通しますが、民家の松梁のように曲がった材は墨が部材の外にはみ出すこともあります。それでも部材の墨と図面上の軸を合わせれば位置が決まります。それが心押えの原則で、基準線の役割は位置を定めることです。

一方、面押えの場合は、基準線の外に部品がはみ出さないのが条件で、部品の置かれる領域を定めるだけです。部品が大きすぎてしまうと納まらなくなりますが、部品が小さす

ぎても問題はありません。

　心押えの部材でも、その両端の基準線は長さの範囲を定めるのに使われているのです。つまり、同じグリッドの基準線が部品との位置関係で軸の方向では位置を定め、直角の方向では領域を定めています。グリッド間の寸法を「呼び寸法」と言い、実際の部品の寸法を「製作寸法」と言います。

　実際の部品の大きさは定められた領域いっぱいに納める場合でも、基準線間の距離より小さくなります。部品をつくるときの製作誤差と置くときに生じる位置の誤差があるからです。つまり、グリッドの間隔が決まれば「呼び寸法」が決まり、それから位置の誤差と製作誤差を引いた値が「製作寸法」です。硬いもの同士のはめ合いの場合、部品は小さめに小さめにつくられるようになり、隙間は広がってしまう傾向になります。

　「製作寸法」とグリッドについては、1970年頃、日本住宅公団（現 都市再生機構〈UR〉）による前野町団地での実験があります。オープンシステムで造作部品を発注して現場で組み立てる実験をしました。製作誤差と位置の誤差を考え、戸棚・引出し・炊事台などを取り付ける実験でした。その結果では、どのメーカーもちょっとずつ小さめにつくってきたので、グリッドごとに予想外の隙間が空いてしまいました。10個並べると11個の隙間ができてしまい、隙間に詰め物をする目地仕事に思いがけない人手がかかることがわかったのです。

　普通の現場では、部品の大きさは決められた寸法の平均値で、より大きいものもあり小さいものもあって、それらを並べて最後に隙間を1カ所に集めて埋めているわけですが、

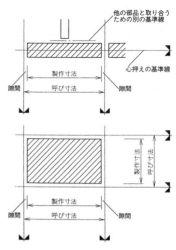

基準線と建築構成材の関係。心押えは「位置」を決め、面押えは「領域」を決めるもの

前野町団地の実験では部品ごとにその数だけ隙間を埋める手間ができてしまったのです。建築の現場で部品を連続して並べるときは、必ずしもグリッドを厳格に守らなくてもよいこともわかったわけです。

「隙間ばめ」と「締まりばめ」

　領域を定める基準線を使う場合、納める部品を小さめにつくるのが原則ですが、それは金属や石など硬い材料を扱う場合で、隙間が必要なので「隙間ばめ」と言います。「隙間ばめ」の部品は示された基準線に囲まれた領域の中に納まっていれば問題なく、他の部品への配慮は無用です。一方、畳のように柔らかい部品は多少大きくつくっておき、押し込めるものもあります。日本の木造建築はもっぱらこの方法が多く用いられているので、1960年頃の日本建築学会モデュラー・コー

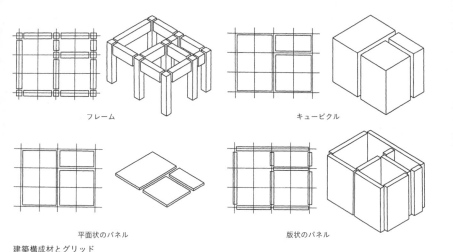

フレーム　　　　　　　　キュービクル

平面状のパネル　　　　　版状のパネル

建築構成材とグリッド

心墨は、そこに置かれる部品の心の位置だけを認識するから、日本の木造建築の場合のように、曲がった梁でもその位置を決めることができる。「領域を定める基準線」つまり「面押え」で曲がった梁の位置を定めようとすると、大変やっかいになることから、この二つの決まり方の違いがわかる（「no.48 羽生家住宅」『日本の民家1　農家・集落編』（スライド集）日本建築学会、昭和56年2月より）

ディネーション委員会（MC委員会）の委員長だった池辺陽さんが「締まりばめ」と呼ぼうと提案し、日本の専門家の間に定着しています。

柱や梁も和風の木造では木槌で部材をたたいたり押し込んだりして、「締まりばめ」にするのです。これができるのは、あとに来る工事が前にできているものの誤差を飲み込んで、隙間なくつくるという作法を心得ているからなのです。

欧米の集成材を使った大断面に見られる木構造の仕口は金物を使うので「隙間ばめ」で、隙間はコーキング等で埋めています。私が千葉市の「ふるさとの館」を設計したときの経験ですが、当時はまだ欧米風の構造基準によっていたので、すべてのジョイントに隙間ができてしまいました。日本の木造真壁構造では考えられないことだったので、苦労して隙間を塞ぎました。そのとき苦労をともにした三井所清典さんが、そのことを後に構造設計の稲山正弘さんに伝えてくれたおかげで、隙間のないめり込み強度を使った構造計算方法が開発されたのです。

モデュールと
モデュラー・コーディネーション

モデュールとモデュラー・コーディネーションという語が混同されていることも多いようですが、部品・部材の配列を調整するのがモデュラー・コーディネーションで、そのときに使う基本単位がモデュールです。

あるモデュールが、モデュラー・コーディネーションの単位として適当かどうかは、以下の条件で決まります。
1. 計測の単位として適当なこと
2. 生産するときの単位として適当な大きさであること
3. 建築の場合は、特に生活空間として使いやすい広さが得られること
4. 設計上さまざまな寸法関係に整合性が得やすいこと

などがあります。

日本でモデュールの研究が始まったのは尺貫法廃止でメートル法が実施されるときでした。3尺という寸法をいくらに読み替えるべきか、それが出発点でした。尺は中国や韓国とも共通で、大陸から渡来したと考えられています。1尺という単位は約30cmほどの長さで、それがものを測るのに手頃な寸法だったからです。その長さは東アジアだけでなくインドやイギリスなどでもほぼ共通です。1尺は肘の長さだという説もありますし、歩幅だという説もあります。いずれも人間の身体の一部を使って測っていた単位と関連があると思われています。

一方、建築に使われる3尺は、畳などを生産するのに適当な大きさであり、施工の手間、つまり運びやすさなどからも、大きさが決ま

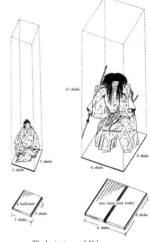

The basic spaces of Noh.

能と畳。人間の立ち居振る舞いと畳の寸法には大きな関係がある（Kunio Komparu『The Noh Theatre』Weather Hill, TANKOSHA より）

ります。しかし最も重要なのは、生活空間の単位としての使いやすさです。3尺角は座ったときの専有面積であり、6尺角は立ち居振る舞いに適した寸法で、古くから能舞台の上での割付けにも使われています。現代でも机と椅子を置くには3m60cmという寸法が手頃です。モデュールは単なる計測や生産の寸法だけでなく、立ち居振る舞いの寸法でもあるのです。

次に数値として使いやすいかどうかも重要です。日本の畳モデュールは、空間としても生産上も優れていますが、181.8cmとか、90.9cmというのは面倒で、それよりは6尺、3尺というほうが間違いがないし、それがいけなければ180cm、90cmのほうが便利です。そこで、寸法の呼び方も単純なことが大事で

す。これについても要件をあげることができます。たとえば、

1. 部品の配列・分解のために加算性や倍数関係に整合性があること
2. 間違いを避けるためには簡単な数値（ラウンドナンバー）が使えること
3. 小さなものから大きなものまで、共通した表現ができること
4. できれば面積や体積の計算も楽にできること

などです。

まず第一に、加算性が必要なのはものを並べるときで、特に説明の必要はないでしょう。

黄金比の神秘性

最後にプロポーションのことに触れなければなりません。プロポーションの話はモデュラー・コーディネーションの技術とは本来関係ないのですが、「モデュロール」をコルビュジエが提案し、「モデュラー・コーディネーションはプロポーションのためにある」と思っている人が多いことも確かです。

もう一つの背景に、美術の世界で黄金比が神秘的なものとして扱われてきたことがあると思います。法隆寺、ギリシャ神殿、人間の身体……それらが黄金比であると言われています。でも、どうも計測の厳密さがはっきりしません。人間の身体は個人差や人種差があります。背の高い人もいれば低い人もいて、足の長さも違います。その誤差を考えると高い精度をもって黄金比に一致しているとは思えません。ギリシャの神殿でも、ちょっと測り方を工夫すれば黄金比に近くすることは容易で、適当な部分をとって黄金比だと言うの

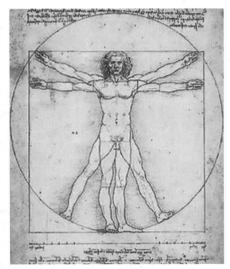

レオナルド・ダ・ヴィンチの人体黄金比

法隆寺金堂（『日本建築史図集』より）

パルテノン神殿（『西洋建築史図集』より）

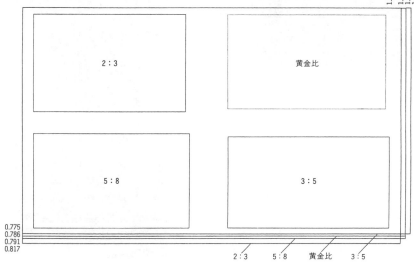

文字を隠して、どれが正しい黄金比かわかりますか？　正解は右上の矩形。外側の大きな4個の矩形は、面積を等しくして形を比較したもの。ほかの三つとの差はわずかで、人間の目がその違いを判断するのはほとんど不可能に思われる

であれば、大抵の物から黄金比の矩形を取り出すことはできるでしょう（笑）。

コルビュジエの有名な「モデュロール」は黄金比に基づいてつくられています。実際に使ってみると、落ち着いたプロポーションが実現します。それは私の設計経験から確かに感じたことです。このことについてはアルバート・アインシュタインが"which makes the bad difficult and good easy"（Albert Einstein, Encyclopedia of Modern Architecture, 1963）という上手な表現を残しています。まったく同感で、すばらしい表現だと思います。

しかし、それはこれまでお話ししたモデュラー・コーディネーションとはまったく関係ありません。モデュールの大きさや寸法にも関係ありません。

それはさておき、私は落ち着いたプロポーションは、必ずしも厳密な黄金比でないと実現できないものではないと思っています。たとえば、厳密な黄金比を2:3、3:5、5:8と比べてみて、どれが正確な黄金比か、私にはただちに見分けられません。

ただ、明らかに正方形とは違います。正方形グリッドでエレベーションをつくって、その一つを開口にすると、窓の開け方で上部の桟が太くなったり、片方の縦枠が太くなったりします。いくつかそういうものがあると、それぞれの正方形が矩形となり、縦長や横長が混在して乱雑に見えるのです。それは、人

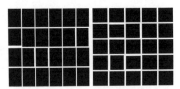

誤差をつくった黄金比(左)と正方形(右)。黄金比に比べて正方形の誤差はかなり精密に判断できるため、乱雑に見える

間の眼は、正方形の誤差についてかなり精密な感覚をもっているからです。

　対照的に、黄金比を並べ多少の誤差を許容してみると、整然した形に乱れは見えないのです。それは、人間が一番プロポーションに鈍感なところが黄金比だからなのだと私は考えています。理想的な黄金比に近いのは5:8ですが、2:3や3:5でも落ち着いたプロポーションと感じることができると思っています。

新丸の内ビルディング(設計/三菱地所設計、撮影:彰国社写真部)

モデュールの収束点

　モデュールを使った設計が再び盛り上がりつつあると聞きます。若い人の目にはどうやら新鮮に映るようです。東京・丸の内に2007年にできた「新丸の内ビルディング」は90cmモデュールを使っていて、それは画期的なことだと私は評価しています。なぜなら「霞が関ビル」以降、大きな事務所建築に80cmモデュールが定着していたからです。

　80cmモデュールは、生活空間の単位として3m20cmを使うので、少し狭いのです。なぜ80cmモデュールになったかについては、さまざまな理由があったのですが、「霞が関ビル」が建設される頃にスプリンクラーがたいへん高価だったのです。当時鉄も高価で、鉄骨の梁柱を細くするために適切なスパンを決めることも重要だったのですが、スプリンクラーの設置数をできるだけ少なくすることが決定的だったようです。その後何十年間か、多くの大きな事務所建築でこの単位が使われてきました。それは間仕切りパネルや天井パネルを共通にして、生産効率を上げるためでした。しかし、生活空間としては戦後の公団住宅が使っていた、いわゆる団地サイズ(90cmモデュールからコンクリートの壁厚を引いた寸法でできる公団サイズで、実情約80cm)に近いもので、机と椅子を置く空間単位としては狭苦しいと言われてきたのです。それがようやく「新丸の内ビルディング」のような大型事務所建築で90cmモデュールが採用されたのです。90cmモデュールだと、

生活のための単位空間は3m60cmとなり、日本間の八畳と同じです。また60cmでも割れるので、最近出回っている60cmモジュールの天井システムともなじみがよいのです。

モデュラー・コーディネーションの問題は、歴史的に見ると同じ議論が何度も繰り返されているように思います。シングルグリッドかダブルグリッドかという問題、心押えか面押えかという問題、どれも繰り返し議論され、結局堂堂巡りに入り込むのです。

他方、モジュール数値のほうは、あるとき迷い道に誘い込まれることがありますが、結局はデファクト・スタンダードを求めて落ち着くべきところに落ち着くと確信しています。

2│3　寸法の押え方

寸法押えがシステムの骨格をなす

　戦後復興期の頃はまだ国産木材が豊富だったので、全国各地の電話局を木造で整備しました。担当者は毎月竣工する物件を抱えているという、とんでもない建設ラッシュでした。戦前のデザイン界は、吉田鉄郎さんや山田守さん、谷口吉郎さん、吉田五十八さん、今井兼次さんといった方々の作品が有名な時代で、額縁の見付け、チリの厚さを決めるのに、1週間も悩むようなことが当たり前でした。でもわれわれの設計現場では、そんなことはしていられない時代になりました。現場から出てくる質問や細かな対応に追われ、考えていると時間が足りず、自分の首を絞めかねないので、設計者が答えないでも現場が動くルールを決めたいと感じていました。

　一方私が「中央電気通信学園宿舎」(1期工事、1951年) を設計していた頃は、建築家は誰もがプレハブに憧れていました。前川國男さんが設計された工場生産住宅「プレモス」の発表 (1945年) もその前後であったと思います。プレハブ部材や工場もまだない時代でした。

　海外では、すでにプレハブ化された住宅がつくられていましたので、海外の雑誌に掲載されている建築図面を日比谷の図書館でトレーシングペーパーに書き写していました (コピーのなかった時代)。ジャン・プルーヴェは当時颯爽としたプレハブの住宅を設計していましたし、アルバート・フライが設計した「ウィークエンド・ハウス・オン・ロングアイランド・N.Y.」のようなかっこいい建築をつくりたいなぁと思っていたわけです。「松苑亭 (中央電気通信学園学生クラブ)」(1953年) は、そんな影響と思いを実践してみたものです。そして、鉄パイプを使ったプレハブらしい建築に挑戦してみたのです。建築用の鋼材はまだほとんど出回っていない時代でした。

　「松苑亭」は、学生のレクリエーション施設です。ちょうどその頃、堀口捨己先生が千利休の茶席「残月」の平面を基に、それを逆勝手にした設計をしておられたのをまねて、私は桂離宮の「月波楼」の逆勝手を考えてみたわけです。「月波楼」は屋外と屋内が融け合っているところが気に入っていたのです。

　この建物の構造は、鉄骨パイプ軸組に大壁の組合せという構成で、正確には鉄パイプの柱とアングルの梁の溶接構造です。「月波楼」は数寄屋で、真壁でつくられていますが、通信省 (当時) の建築は大壁に慣れていて、大壁にすれば木工事にも特別な難しい技術が必要ありません。大壁にして柱をすべて覆うならば、柱が木であろうと鉄骨であろうと同じ。そういう発想でした。

　枠まわりの設計では、あらゆる場合に破綻を起こさない、一般性のある納まりのスタディをしました。真壁の場合、壁厚は柱よりも幅が狭いという原則がありますから、壁の厚

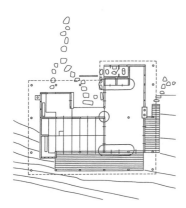

「松苑亭」平面。桂離宮「月波楼」の逆勝手（裏返し）

「松苑亭」。上：外観。柱をφ40mmの鉄パイプ、横架材をL-60×60×7mmとして、溶接による鉄骨造の学生のためのレクリエーション施設。70cmのモジュールが徹底して使用された。下：内観。棟はアングル材と鉄筋を溶接したハブマイヤートラス（撮影：2点とも国際建築協会）

さを真壁の外面で押さえればすべてが納まります。大壁では額縁が入り隅に集中した場合、真壁の柱の納まりになります。その検討から、真壁の柱には大壁の額縁の手法を含んでいるということがわかります。大壁の場合は額縁も含めた寸法が真壁の柱の太さと考えておけば、真壁と同じような納まりができます。額縁の見付けとチリは、幅と厚さの違いなので、原理的には同じにしておくべきなのです。

断面図で、水平の造作材の高さ押えは、天端押えがよいというルールが確認できたのも、このプロジェクトの成果でした。高飛びのバーは、バーの天端で高さを押さえますね。天井と床の間にある造作は、統一して材の天端で測ることに決めました。大工さんたちは横架材の位置をさまざまなところで測っていると思いますが、私は鴨居も長押も敷居も、ベッドの高さや机の高さ、窓の高さがそうであるように、すべて天端押えに統一しました。ただ、唯一、天井だけは下端で測らざるをえ

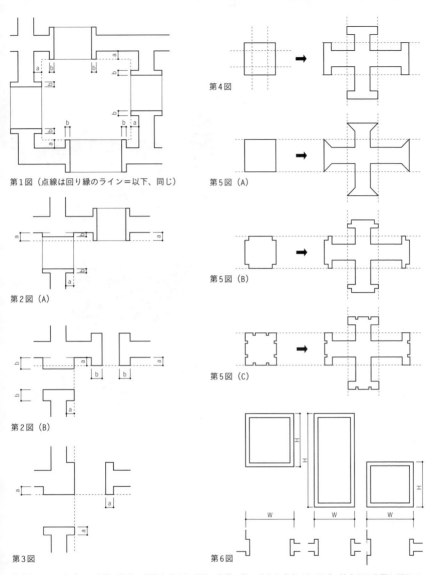

第1図（点線は回り縁のライン＝以下、同じ）

第2図（A）

第2図（B）

第3図

第4図

第5図（A）

第5図（B）

第5図（C）

第6図

枠まわりのスタディ。大壁の場合、額縁も含めた寸法＝真壁の柱の太さと考えておけば、納まりは真壁と同じでよいことがわかる

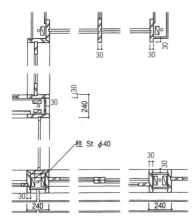

「松苑亭」柱・枠まわり平面詳細。額縁のチリと見付けは3cmに統一されている

「松苑亭」断面。鴨居、長押、敷居など断面方向の水平造作材の寸法はすべて天端押え

ない。それがくやしいから理屈をつけて、回り縁の天端押えということにしました。

平面図の寸法の押え方は、柱の心—心で押さえています。当時私は、位置を指定する心押えと範囲を指定する面押えの意味の違いはまだわかっていなかったのです。鉄骨の軸組図が描きやすいように、軸組はすべて木造真壁のように心押え。高さ方向の造作部材は天井の回り縁を含めて天端押え、額縁の見付けとチリは3cmに統一しました。天端押えなら厚みが違った材料が混在しても、押えが統一できます。棚の場合、スパンが長くなれば厚みを増やし、短ければ薄くします。家具の移動も含めて、さまざまな造作の天端を合わせられるわけです。

先に述べたように、設計者が見付けの寸法にこだわるのは視覚的なものですが、私にとっては、視覚的な問題よりシステムの統一が重要でした。寸法の押え方の骨格を決めたかったのです。結果として、構造のスパンを決める平面は心押え。造作の横架材は天端を押さえる面押えとしたわけです。この建物はうれしいことに、50年を経ても使われていました。細い鉄骨のパイプ柱も耐えていましたが、現存していません。

譲れないプロポーション

システムズ・ビルディングは、それ以降私の設計にとって大きなテーマとなりました。「松苑亭」のプロジェクトでは、それぞれにふさわしい寸法の押え方を確認しましたが、その8年後に建てた「自宅」(1962年)では、システムだけでなく感覚的なプロポーションで決めた数値が全体を規定しています。

自宅は、できてから50余年が過ぎました。一見、伝統的な木造日本家屋に見えるかもしれませんが、平面図を見てもらうとわかるように、1,000×1,200mmのグリッドになっています。一般に流通している木材の規格は3尺(=910mm)グリッドの家を建てるためにできていますから、在来木造の住宅を建てる場合は平面のモデュールを90cmにするのが普通ですが、私がそうしなかった理由は、逓信省でメーターモデュールを使っていた経験から、規格材を使ってもメーターモデュー

自宅(1962年、撮影:3点とも平山忠治)

自宅和室。梁間は1,000mmモデュールなので、襖や障子建具のプロポーションは1,800×1,000mm

同、東側妻面

ルができるという自信があったからです。

 もう少し詳しくお話ししますと、この建物の梁間方向は1,000mm、桁行方向は1,200mmmmピッチで刻んでいます。エスキースの初期の頃は1,200mmピッチの正方形グリッドでプランを考えていましたが、結果として梁間方向を1,000mmにしました。1,000mmピッチにするか、1,200mmピッチにするか、その判断はかなり迷いました。それというのも、当時の私は平面の寸法について確たる自信をもっていなかったからで、直前になって決めたのです。

 どちらにしろ言えることは、900mmという寸法が選択肢になかったことです。高さ方向は180mmを基本モデュールとしていますので、平面を900mmグリッドにすると、襖や障子、建具のプロポーションが900×1,800mmとなります。この1:2のプロポーションが、当時の私にはどうしても我慢できなかったのです。この頃の感覚は、1,800×900mmが1,800×1,000mmになるだけで、格段に豊かさを感じることができたのです。

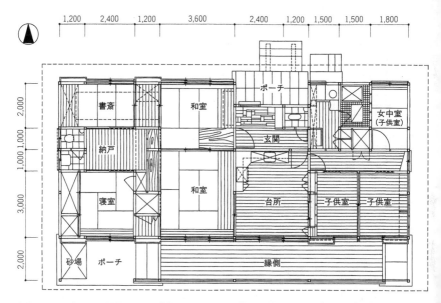

自宅平面。モジュールは梁間1,000×桁行1,200mmとし、畳は1,800×900mmなので、畳が割り切れないところは板敷きとし、家具などを置くスペースとしている

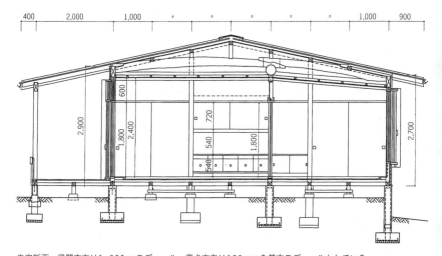

自宅断面。梁間方向は1,000mmモジュール、高さ方向は180mmを基本モジュールとしている

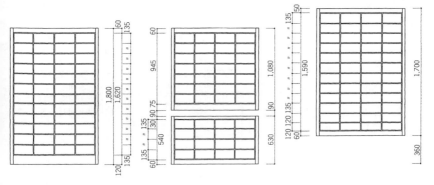

自宅障子姿図。横桟のピッチ135mmは内法1,800mmのモデュールから決められた

床は別で、畳は交換できるように、すべて1,800×900mmで統一しています。平面を上から見下ろしたときのプロポーションと、立面にして見たプロポーションは感覚が違うのです。1,000×1,200mmの平面グリッドは畳のサイズできれいに割り切れません。畳を敷いて端に余ったスペースには板を敷き込み、家具や物を置いています。

私の自宅のグリッドには説明のつかない感覚的な判断が入り交じっています。

グリッド・プランとモデュラー・コーディネーション

1980年代では、プレハブメーカーはすでに量販に成功し、部品を大量生産していた時代です。建築家がプレハブに憧れを抱いていた時代は終わり、建築家はプレハブメーカーを敵視していました。システムズ・ビルディングに対しても似たような批判がその後起こります。モデュールについても建築家の自由な選択を邪魔するものとして否定的でした。

「武蔵大学科学情報センター」はそのような批判に対して、システムズ・ビルディングが建築家を束縛しない自由度をもっていることを示したかった作品です。竣工したのは1988年です（p.289参照）。

この情報センターでは、これまでの研究（当時の通産省工業技術院の委託による「住宅産業に於ける材料及び設備の標準化の研究」、1973年度）とそれを応用した経験を踏まえ、モデュラー・コーディネーションを徹底した中で、可動間仕切りによって内部のプランが自由に変えられるようにしています。将来の変更に対していかに備えるかがテーマで、間仕切りの自由な移動を確保するルールが定まっていれば、将来へのフレキシビリティが高いわけです。「自由のためのルール」という考えです。

その中で大切なことは、配管・配線を自由に変えられるようにしておくことがありました。昔の建物のように、コンクリートの中に寿命の短い配管・配線を埋めてしまったらメ

武蔵大学科学情報センター（1988年、撮影：彰国社写真部）

ンテナンスにも都合が悪いし、移動もできません。当時、配管・配線を徹底して自由にしたシステムズ・ビルディングでは、エーレン・クランツがつくったアメリカの「SCSD」（1961年）が有名でした。

もう一つ、それまでの可動間仕切りで、どうしても解決できないのが、遮音性能を確保することでした。オフィス空間の間仕切りならば、床仕上げから天井仕上げまでの間を仕切る程度でいいのですが、学校建築では遮音と防火に対する要求が厳しいため、床仕上げの下のスラブから天井仕上げを越えて上階のスラブ下端まで間仕切りが達しなければなり

同、2,400mmの構造グリッドによる鉄骨格子梁と床システム

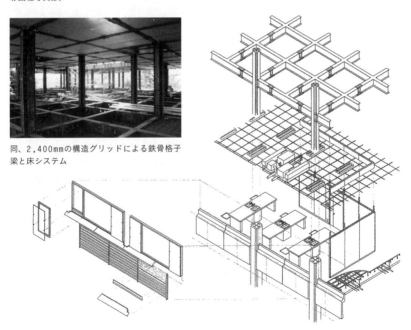

「武蔵大学科学情報センター」では外装・間仕切り・設備の取り入れ方も含めた寸法の押え方のルールを決め、将来へ対応できるフレキシビリティの高い建築を目指した

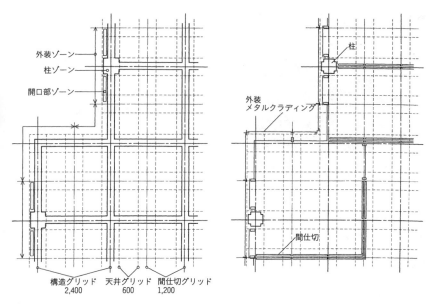

「武蔵大学科学情報センター」のグリッド設定。倍数関係をもつ異なる間隔のグリッドをサブシステムごとに設定した。そのレイヤーが重なる姿はまるでタータンチェックの模様（p.46「NEXT21」で用いられたグリッド図参照）

ません。間仕切りが自由に可動で、かつ教室として遮音区画ができるようにする。それは、アメリカでもイギリスでもまだ解決できていない問題なので、それに挑戦したいという思いがありました。

今日の日本の戸建てプレハブは、最終製品は一品生産です。そして骨組みはそのメーカーだけでつくれますが、天井材や床材には市販の製品を利用し、加工しているものがあります。長期的な視点に立てば、間仕切りや設備だけでなく、床材や天井材といった既製品の取替えを考慮する必要があり、移動だけではなく取替えにも対応可能なシステムズ・ビルディングを目標にしたかったのです。

そこでさまざまな部品を対象に考えたのが、サブシステムごとのグリッドです。相互に倍数関係をもつ異なる間隔のグリッドをサブシステムごとに設定し、それらのグリッドを重ね合わせたり半分ずらしたりしています。レイヤーが重なる姿はまるでタータンチェックの模様を思い起こさせます。たとえば構造グリッドは柱心2,400mmピッチ、天井グリッドは600mmピッチで、構造心から300mmずらせ、間仕切りグリッドは構造グリッドに重ねた半割りの1,200mmピッチ……。構造柱は構造グリッドの交点にあるのですが、鉄骨と耐火被覆のコンクリートを含めて600mm角の中に納めます。間仕切りができるだけ自由に動かせるように、構造を担当してくださった木村俊彦さんには「柱をなるべ

く外側だけに配置してほしい」とお願いもしました。梁が格子梁なので、柱の配置はランダムにできます。

遮音壁の問題は、設計を一緒にしてくれた深尾精一さんのアイデアが見事に解決してくれました。彼が考えてくれた案は、間仕切りグリッドを半グリッドずらせるというものでした。普通は天井と床にある600mmのグリッド上に置くのですが、それだと天井の野縁を切らないと、間仕切りの柱が天井の懐に届きません。それを300mmずらすと、壁の下地が天井の野縁に当たらないで天井懐まで貫通できるわけです。それで遮音壁も納まり、600mmの柱と遮音壁は真壁造りの柱と壁のような関係になります（p.119参照）。

外装や間仕切りのシステムも、設備の取り入れ方も含めて、システムズ・ビルディングをつくるときには、最初に寸法の押え方のルールをきちんと決めておくことが大切です。この情報センターでは、窓には強化ガラス等も使っているので、入り隅の窓も出隅の窓も同じ部品の組合せでできるようになっています。この計画では、厳格なモデュラー・コーディネーションの効果を十分出せたと思っています。ただ、それがすべての建築に通用できるかどうか。とりあえずこの建物の中で整合性がとれているといえるでしょう。

この建物は厳格なモデュラー・コーディネーションのおかげで、床や天井には既製品のサブシステムが使えました。世の中ではわれわれ建築家に関係なく量産が進んでいます。だからこそ、部品の取替えが可能であるようにしておかないと、将来、大変な労力と手間がかかります。

サスティナブルな建築を目指して

この50年近く、私が設計にかかわった建物を振り返ってみると、規模や用途が異なることはあっても、底流には緩やかなつながりがあった、と思っています。小規模な設計では現場対応や個別の検討に時間を費やすことはできますが、規模が大きい建築や数が多い製品の場合には、モデュラー・コーディネーションがしっかりしていないと、建物が出来上がるまでに思いがけないところで大変な労力を必要とします。私も初めから完璧なモデュラー・プランニングにたどり着いていたわけではありません。「松苑亭」から「自宅」まではその当時の時代の流れもあり、形のよさのプロポーションのことが気になっていましたが、納まりを考えたことで、結果として、モデュラー・コーディネーションと、深い関係があることがわかってきたわけです。プレハブの研究も最初は、モデュラー・コーディネーションとは無関係だと思っていたのが、建築生産の合理化を通じて密接な関係があることがわかったのです。部品には市販性が生まれ、建築図面は簡単になります。

「武蔵大学科学情報センター」を設計する頃になると、モデュラー・コーディネーションは生産が楽になるということだけではなく、部品の取換えを容易にするという考えにシフトしています。つまり、建物自体のサスティナビリティを増していくことにつながるわけです。それでも、一部の建築家にとってはシステムズ・ビルディングで束縛されるというイメージが強いと感じていることは否定できません。そこで後の「大阪ガス実験集合住宅NEXT21」では、社会環境や人間といった

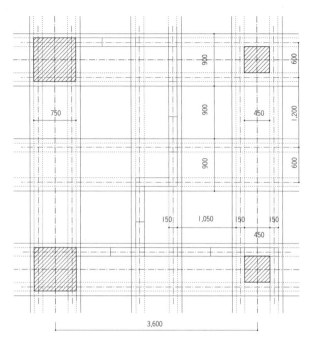

全体は150-300-600-900-1,800-3,600-7,200mmという普遍的なモデュールを使い、グリッドを重ね合わせて厚みのある寸法体系にしている

「大阪ガス実験集合住宅 NEXT21」(設計／内田祥哉＋深尾精一＋集工舎)におけるグリッドの重ね合せ（右頁とも）

多様な要素の変化と長い時間を見越して、誰もが守れる基本的な設計のルールを設定しました。また、それを実証したいために、多くの建築家にルールの中で自由な設計がどこまでできるか試してもらいました（p.46、上図参照）。

以上をまとめると、モデュラー・コーディネーションは、初期の頃はプロポーション、次の段階として一品生産の中での合理化、そして現在では、市場に流れている大量生産の部品を交換可能にするコーディネーションとして、建物を長く生かしながら維持管理させる手段になったわけです。

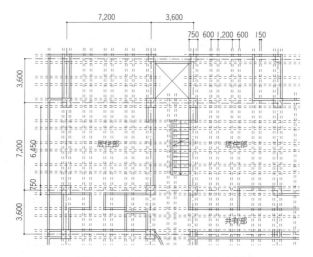

グリッドによる寸法調整。スケルトンの寸法は柱心で3,600-7,200mm、外周壁のグリッドは150-450-150-1,050mmの二重の吹寄せグリッド。柱は150-450-150mmのグリッドでつくられる750mm角に納められ、柱心は450mmの中央である。こうすると柱の表面と壁厚150mmの戸境壁や外周壁の表面がそろった面となる仕組み

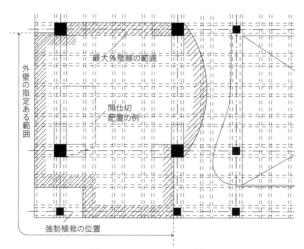

住戸設計のルール表示例。最大外壁線を含んだ図の斜線内に住戸外壁線を納める、最大外壁線の外側には必ず庭を設ける、外壁面は井桁グリッドに合わせて配置する、など

2|4 取付け手順は取替え手順

ものづくりの基本となる手順

　当たり前のことですが、建物の部品は重力に従って、下から積み上げて形づくるのが普通です。「下から上に」という手順以外に、建築には「層を重ねる」という手順があります。床、壁、天井、屋根、どれをとっても骨組み、下地、仕上げという順序があります。下地や仕上げも細かく何層か重ねられており、内側からだんだんと表に出てくる手順です。

　そのほかにも部品相互の手順を決めているものがいくつかあります。継ぎ目で両方が対等なときにどちらを先にするか。それから、屋根のように作業環境を整備するのに必要なものを先につくるという手順もあります。

　日本の伝統的構法では、骨組みとその後の作業環境を雨風から守り、下地、仕上げ材料の傷みを防ぐことを目的として、まず屋根をかけます。雨が少ない国で発達した2×4では、屋根は床・壁のあとになります。日本のように「まず屋根をつくる」というつくり方は、外国には少ないようです。年中雨が降る国でないと、そういう発想は生まれないのでしょう。スコールは一時我慢しているとやみますから、屋根を先にかける必然にはならないのかもしれません。

　右の写真は大林組が建設した超高層オフィスビルの現場です。まず、地上で屋根をつくり、オイルジャッキでクライミングアップします。その屋根の裏にはクレーンが取り付け

大林組による超高層オフィスビル。地上で組んだ屋根をオイルジャッキでクライミングアップし雨風を防ぐ

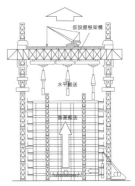

2階分施工するごとに屋根をクライミングアップしていく（2点とも、大林組のカタログより）

られていて搬送作業に使えるようになっています。2階分施工するごとにクライミングアップを1回行います。屋根の下ですから、雨風にかかわらず作業をすることができます。最近のように、直方体でない建物の形が増えてくると、このつくり方は使えません。

住宅でも昔、リフトスラブというのがありました。地面の上で床スラブをつくり、それを持ち上げる。ヨーロッパでは10階建てくらいの建物をその方法でつくっていました。日本では戸田建設が住宅で試みたのですが、スラブを上げるとき、梁が邪魔になるので柱しか建っていないのです。地震が起きたらどうなるか。まさに命懸けの作業でした。

幅木が教えてくれること

建築設計でいつも考えるのは、部位と部位の手順です。これらは後々のメンテナンスも考えて、手順を考えなければいけません。

幅木は床と壁との継ぎ目を塞ぐものです。床が既製品の絨毯の場合は、幅木を取り付けてから絨毯を切断して幅木になじませるのが常識です。これは硬い幅木を先に付けておいて柔らかい絨毯をなじませているのです。逆に間仕切りは取り付けたあとに幅木を付けており、回り縁や壁の隅の押縁の取付けと同じような仕事です。

ところが、不思議に見えるのが和風の幅木です。幅木は軸組とほとんど同時に取り付けられています。なぜでしょうか。日本の伝統的な木造建築の手順は、まず最初に大工が来て、その次に左官屋が来て仕事をします。左官屋と同時に屋根屋も来ます。そして、最後にもう一度大工が来て仕事をまとめます。つまり、書院造や数寄屋造の幅木は、左官屋が来て壁をつくる前にできているわけです。洋風の建物の場合は、幅木をあとから付けますから和風の手順とはまったく逆です。

それは工事習慣の違いでしょうか。それとも、技術的に意味のある違いでしょうか。幅木を先に付けると間仕切りパネルを削って合わせるのは容易でありません。逆に和風の場合は、壁の左官のあとで幅木を付けようとすると、幅木を左官の凹凸に合わせて削るのは容易でありません。幅木が先に付いていれば、左官はそれを定規にして塗ることができるのです。

左官の仕事は、工事の段階では柔らかい材料を扱うからです。コンクリートの型枠と同じように、左官のためには周囲に枠が必要です。真壁造りの場合、上には回り縁、左右には柱か額縁などがあるので、下端には幅木がないと困るのです。幅木が先になるのは当然という結論になります。

洋風の間仕切り壁の場合、あとから付ける幅木はプラスチックなど、多少柔らかい素材が使われます。それで床やパネルの凹凸になじませています。

そこに着目すると、洋風も和風も床と壁との境い目では「柔らかいほうがあとで施工さ

れる」という、共通した手順によっていることになります。

たとえば、壁と畳と畳寄せの関係も同じです。畳寄せを入れてから寸法を測って、少し大きめに畳をつくり、押し込めて畳を入れることができます。畳寄せより畳は柔らかいから、あとで入れるのが手順です。

「強い・弱い」という関係

しかし、「柔らかいものはあと」という考えですべてが解決できるとは限らないことがあります。たとえば、漆を塗った床框を現場に持ち込んで取り付ける際に、取り付ける相手が素木の材である場合、どちらを削るでしょうか。恐らく、漆を塗った床框を削ることはしないと思います。漆を塗っていない材料を削って接合部を整えるのが常識です。ここでは、漆を塗ってある材料のほうが「硬い」ことに相当するわけです。

建具屋のつくった建具や、経師屋のつくった襖を、現場で大工のつくった敷居・鴨居の間や枠の中に納める仕事は、両方が完成品なので、寸法合わせでは、どちらも削りにくいはずです。そこで、伝統的木造建築では、あとで取り付ける建具・襖を調整して納めるようなディテールが工夫されています。この工事を「切り嵌め工事」と言うそうで、和風建具の生産地である埼玉県のときがわ町では「切り嵌め屋」という専門職がいるそうです。

この場合には、あとで取り付ける部材に削れる部分がディテールで工夫されているためで、あとで来る部材の寸法に柔軟性がある、ということでしょう。このような解釈をさらに拡大していくと、現場の組立手順では、かたちとして柔らかくても、実際には硬い材料

として扱われている例がたくさん見つかります。

たとえば、天井や壁に取り付ける電気機器類のカバーなどがあります。これらは多少凹凸のある壁や天井になじむように柔らかい材

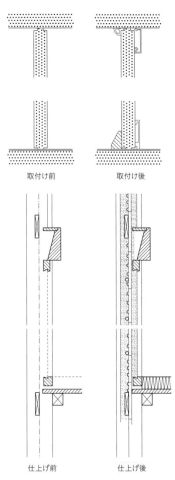

洋風（上）と和風（下）の回り縁と幅木。洋風の壁の場合は回り縁と幅木があとで、和風の場合は長押や幅木・畳寄せを先に取り付け、塗り壁などがあと

料でつくられたものもありますが、幅や長さを建物の部材に合わせようとするとまったく無理です。大量生産されているもののかたちは、材料は柔らかくても、現場でつくる一品生産の材料より「硬い」ということです。これらを硬い・柔らかいというのが適当でないとすれば、強い・弱いとでも言えばよいのでしょうか。

さらに実際の現場では、量産面から見て強くなく、材質面から見て硬くなく、それにもかかわらず強いものがあります。たとえば、お施主さんから供給された貴重な部品だったり、会社でいつも取引している卸屋が扱っている材料だったり……そういうものは何の理屈もなく、現場合わせのできない強さをもっていることがあるわけです。

この種の「強い」「弱い」は現場単位でも違うので、何を先に取り付けるかが決まるのは、最終的には現場で、ということもあるのです。

柔らかいものを間に入れる

パネルになったカーテンウォールの接合部は、硬いもの同士の接合になりますから、この場合は間にもう一つ硬さの違う部材を挟んで、硬いもの同士が接触しないようにするのが常識です。この場合も、間に入るものがシールのように柔らかい場合はあとで、方立てのように硬い場合は先に付けるのが原則です。最近のカーテンウォールの場合はオープンジョイントが普及していますが、これは何より柔らかい「空気」です。

鉄筋コンクリート造に完成した窓枠を取り付ける場合、コンクリートを打って窓枠を入れるという手順は、理屈上は逆です。コンクリートは柔らかい材料で流し込んで形ができますから、それよりも硬い窓枠を仮枠としてコンクリートを打てば一挙に完成するからです。ところが、その場合は窓枠を空中に浮かせて取り付け、コンクリートの流れ込む力に耐えなければなりません。それと、コンクリートが漏れると仕上げたサッシの枠が汚れてしまいます。ですからコンクリートが固まってから完成したサッシとの間を形のない

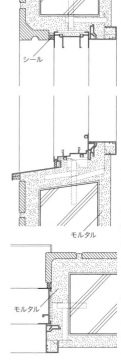

コンクリートの壁とサッシなどのような硬いもの同士をつなぐ場合は、間に柔らかいモルタルやシーリングなどを挟む

モルタルで埋めるという手順のほうが仕事は楽なわけです。

先ほどお話しした手順の難しさに加えて、いずれサッシュを取り替える場合の対応も考えておく必要があります。コンクリートとサッシュの間にモルタルばかりではなく、何かしらクッションがあるほうが、取り替えやすい手順だと言えるでしょう。「硬いもの同士をつなぐときは、間に柔らかいものを入れる」。それが原則なのです。

住宅の生産供給システム

住宅の寿命を考えれば、部品の中には「取り替える」必要のあるものがたくさんあります。わかりやすいのが配管類で、寿命は15年ほどで取り替えます。しかし、配管類が壁や床に埋め込まれていると、取り替えるときに床や壁を壊さなければならなくなります。そこでもう一つの原則は、「寿命の長い部分を壊さずに寿命の短いものが更新できること」です。

現在「長期優良住宅」というのがありますが、その前身に「センチュリー・ハウジング・システム」(以下、CHS)という住宅の生産供給システムがありました。部品更新の思想が生まれたのはそのシステムが提案された時です。

「CHS」は、1984年(昭和59年)に提案されたシステムです。その頃の日本の住宅は平均寿命20年と言われていたのです。ヨーロッパで見られるような街並みを、日本でつくるためには、やはり長持ちできるような住宅をつくらなければいけないと考え、そこから当時の建設省と住宅金融公庫(現 住宅金融支援機構)の支援も得て、100年長持ちする住宅がつくれるためのシステム、「CHS」が提案されたわけです。

「CHS」は建物を「モデュラー・コーディネーションして部品の交換ができるようにする」という考え方で、六つのポイントが提示されました。それは、「家族構成の変化に対応できる可変性」「部品の耐久性によるランク分け」「モデュラー・コーディネーション」「容易な部品交換」「配管・配線の交換・点検の容易さ」「維持・管理の合理化」です。

長いライフスパンでは、老朽化した部品を取り替えるだけでなく、家族が結婚したり、子どもに個室が必要になったり、子どもが結婚して家を出たり……、居住者のさまざまな変化に対応して変えられる仕掛けが用意され

夫婦+子1人の想定。1室をフリースペースに

夫婦+子2人の想定。フリースペースは子ども室と書斎に

子1人が独立して夫婦+子1人の想定。子ども室を広くし、リビングの半分を和室に

夫婦+子世帯夫婦+孫2人の想定。当初の子ども室に戻し、孫の部屋に

CHSの基本的なポイント1:家族構成の変化に対応する可変性

型	耐用年数
04型	3年から6年の耐用年数をもつ
08型	6年から12年の耐用年数をもつ
15型	12年から25年の耐用年数をもつ
30型	25年から50年の耐用年数をもつ
60型	50年から100年の耐用年数をもつ

耐用年数型の指標

CHSの基本的ポイント2：部品の耐用性によるランク分け。04型、08型、15型、30型、60型（耐用年数の指標参照）

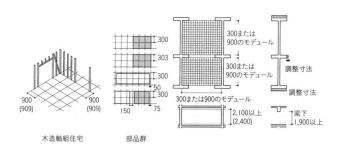

CHSの基本的ポイント3：モデュラー・コーディネーション。新しい部品も一貫したモデュラー・コーディネーションで取り付けられる

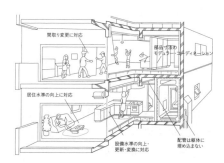

CHSの基本的ポイント4：インターフェイスの合理化。寿命の短い部品を取り替えるときに寿命の長い部分を損傷しない

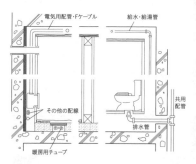

CHSの基本的ポイント5：配管・配線の交換・点検の容易さ。寿命の短い部品を交換するときに道連れ工事を伴わない

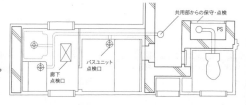

CHSの基本的ポイント6：維持・管理の合理化。将来取り替える必要が起きたときのための用意ができているシステム

ている必要があります。

また、住宅を構成する部位・部品を耐用年数別に指標を設けることで修繕計画を立てやすくしました。たとえば、50〜100年の耐用年数を目標とする躯体等を「60型」という最高耐用年数とし、外部建具・屋根を「30型」、可動の造作は「15型」等としているのです（p.117右上の表参照）。それらは日立化成の岡屋さんが提案してくれたものでした。

寿命の短い部品を取り替える時に、寿命の長い部分を傷つけないようにする。そうしておけば、全体が長持ちするはずです。

交換・点検・維持・管理にはオープンシステムの考えが必要です。初期（戦前）の鉄筋コンクリート造の建物では、配管がコンクリートの中に埋め込まれていたので、配管を更新するときには躯体を壊すしかなかったわけです。結局、いわゆる道連れ工事が多く、剥がしたタイルが手に入らなかったりして、予想以上にお金がかかるのです。そこで「CHS」では配管スペースをつくりその中で取替え工事が済むようにしたわけです。

「CHS」ができた頃に、日本とフランスの建築研究所（CSTB）による日仏会議が行われることになり、そこで「CHS」を披露したところ、フランスの建築研究所の所長は「フランスでも『CHS』をやろう。フランスの建物は長持ちしすぎて困っているんだ」と、熱心に聞いてくれたのを覚えています（笑）。

カナダのモントリオール工科大学が発行した『if』という、未来の建築を発表するメディアでも「CHS」を取り上げてくれ、高く評価してくれました。

2006年頃に「CHS」の最後の委員会は終わり、「長期優良住宅」へと引き継がれたのですが、名前は変わっても「CHS」の考え方は今でも続いています。国会で「以前あったCHSというものはダメになったのか？」という質問があったそうですが、「CHS」の精神は「長期優良住宅」に受け継がれているのです。

住宅以外への応用

「CHS」は住宅のためにできたシステムですが、住宅でない一般の建築にも通用することは言うまでもありません。

たとえば、「武蔵大学科学情報センター」で応用されています。遮音性能を確保したのが新しい試みです。これまで、天井のグリッドに合わせた可動間仕切りではその問題を解決できなかったのです。[2-3]でも述べましたが、それまでの可動間仕切りシステムはシステム天井のグリッドに合わせて配置されるのが常識でした。しかしそれでは、可動間仕切りが天井の野縁のところで止まり、天井懐の遮音は別に考えなければなりません。逆にパネルを天井懐まで達するようにすると、天井の野縁が間仕切りで切断されてしまいます。それらを両立させる方法が天井のグリッドと

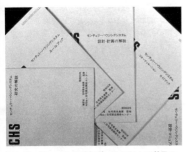

センチュリー・ハウジング・システムの普及のために作成されたマニュアル

パネル配置のグリッドをずらせる知恵なのです。この解決方法は深尾精一さんが開発したものです。間仕切りグリッドを構造グリッドから半割りずらせることでした。間仕切りがマージンを使うようにしておけば、間仕切りの壁厚も比較的自由で、天井のスラブから天井仕上げを貫いて床のスラブ上端まで到達できます。このようなモデュラー・コーディネーションで、可動間仕切りでも遮音が可能なわけです。

変化の中での更新

CHSによる建物はかなり建設されています。一番最初につくったのは竹中工務店ですが、それ以外の大手の建設会社や住宅メーカーが2000年までに2,500戸弱つくってきました。

CHSの考え方は、最近の高層オフィスビルにも影響があって、配線・配管の取替えは容易になっています。CHS住宅に限らず、建築の寿命は100年経ったからといって突然崩壊するわけではないので、スケルトンさえ保てれば部品を取り替えて200年でも長持ちさせる可能性はあるわけです。でも、200年長持ちするスケルトンは目下のところ、鉄骨か重量型木造くらいでしょう。

現実には、建築を取り巻くさまざまな事柄が時々刻々と変わっているわけです。職人不足になったり、技術の後継者がいなかったり、材料が枯渇する一方、新たな材料が登場したり。固定化して考えることはできません。

CHSはシステムとしてはよくできていたのですが、国の制度の中でのCHSは硬直化していました。CHSの内容は時代によって変化していくべきものであるのに、行政の中では何とかしてシステムを定義し、固定し、機械的判定を可能にしようとする傾向があるからです。

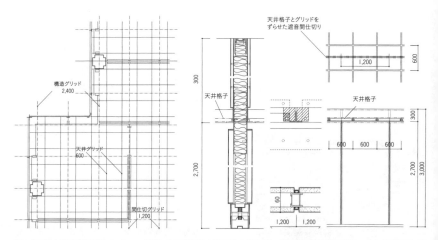

左:「武蔵大学科学情報センター」(設計／内田祥哉＋集工舎＋深尾精一)。天井の30cmグリッドと間仕切りのグリッドを半分ずらすことで天井裏の遮音が可能になった
右:同断面。壁勝ちでも床・天井勝ちでもよい納まり

2|5 並べ方の作法

本棚と整理の仕組み

　明治大学を退職した1年後の1997年、自宅の来客用スペースと書庫を改築し、地下に書庫をつくりました。明治大学の研究室と代々木の事務所にあったたくさんの本や資料を引き取らなければならず、自宅にそのためのスペースが必要になったのです。書庫は、増築したログハウスの下のピロティをブロックで囲って保管スペースとしたもので、地下は、古い雑誌や送られてきた抜刷り類の書庫です。

　本の整理の仕方は人それぞれと思いますが、誰しも頭が痛いものです。最終的に整理を終えるのに7〜8年かかりましたので、その話をしようと思います。

　東京大学では、1章でお話しした「Uフレーム」でつくった棚を本棚に使っていました。まだ日本にはシステムパーティションがなかった時代です。

　私は学生や研究生には、蔵書を自由に読ませていました。ただ、研究室には図書館と違って司書がいませんから、蔵書の整理をするのがとても難しいのです。本がなくなったりすることはありませんが、元の位置に戻してくれない。元の位置を覚えていない人が多いわけです。なんとかして本が自然と元の位置に戻るシステムをつくりたかったのです。

　そこで考えたのが、本の高さ順で位置を決めるという方法です。背比べの要領で、入れてみて、隣の本と比べれば高さが少しでも違う本は一目でわかります。同じ高さの本が並んでいるところでは、数冊のずれはやむを得ませんが、その程度のずれなら探すのもほとんど不便はありません。「本は高さの順に整理してあるので、各自、元の位置に戻してください」と書いておくだけで、訪問客にも元の位置に戻してもらえました。また、高さが似た本が集まれば、棚の高さにも無駄がありません。これは、一応の成功でした。

　ところで、本は高さが同じであっても奥行きが違うものが多いのです。束面がそろわずに凹凸ができます。並んだ本の面に凹凸ができると、背文字が見えにくいのです。

　この経験から自宅の本棚は、奥行きの順に並べてみました。すると、本の高さは奥行きに比例したものが多いので、極端に高さの高い例外的な本は極めて少ないことがわかりました。そこで、棚の高さを何種類か用意して、

自身で開発した「Uフレーム」を、研究室の棚と間仕切りに使用

その中で奥行き順に並べると、さして不都合のないことがわかったのです。

このシステムの効果は、並んだ本の面がそろって整然とすることと、どの本も束の文字がよく見えて、本を見つけやすいことです。もちろん、高さの順で並べたときと同様に、同類の本が自然と寄り添ってきます。戻すときに多少違っても前の位置とそれほど違いません。

同じような大きさの本でも、製本所によって微妙な違いがあります。そこで正確に奥行き順にそろえてみると、同類の本が予想外に寄り添うのです。

本棚の幅は棚板の厚さで決まります。棚板の厚さは2cmくらいが常識で、その場合、

本棚は、奥行き順で整理されている。どの本も束の文字がよく見え、同類の本が自然に寄り添ってくる（撮影：下とも彰国社写真部）

1997年に改築した来客スペースの壁を使った書棚。大学から引き取った本を納めるための本棚。来客スペースには、試作した「重ねられ、つなげて並べられる机」が置かれている

棚の幅は72〜75cmです。それ以上広くすると棚板がたわみます。本の荷重を考えると、棚板の厚み2cmでは幅80cm以上は無理です。

最近は集成材があるから、厚い棚板も安くなったかもしれませんが、それにしても棚板を2cm以上にすると空間的にも無駄になります。たとえば3cmにした場合、8段の棚だと本を入れるスペースの高さが8cm減ることになります。

棚板は、位置を変えることがあるので、できれば幅と厚さを共通にしたいのです。そのために棚の割付けを大工さんに指示するときは、寸法ではなくて、棚板が共通に使えるよう、「同じ幅に割ってください」と頼みました。

収納物は小口を表に

「整理の方法」はインテリアの設計で気になることの一つです。その参考にしているのは文房具屋さんです。本郷の東大の正門前に大きくない文房具屋さんがあり、そこに学生の頃から買いに行っていたのですが、そこでは、多種多様な物が積み上げてあったのです。どこに何があるのかまったくわからないのですが、文房具屋の主人に言うと、あっと思う間に出してくれたのです。

人に整理を頼っている場合は、その人がいないと物の在処がわからなくなります。大学も、学生たちは毎年何人か入れ替わりますから、整理の伝承は不可能です。ですから、誰もが簡単にできる整理法を考えておきたかったのです。

1970年頃まで変わりがなかった東大前のお店も、その後商店建築専門のインテリアコーディネーターが登場してきて、客にも物の在処がわかる整然とした文房具屋さんになりました。商品を平らに並べて見せるもの、類似のものを縦に収容するもの、整理方法が明確に分かれるようになりました。それを見てわかったのは、収納するものは表に小口を見せる。それが整理のコツのようです。

重ねる収納

椅子のような立体的家具を収納するときに、重ねることができるようになったのは1930〜1940年くらいだと思っています。それまでの椅子は重ならなくて、重ねられるのは重箱のような入れ子状になったものというのが普通だったのです。ほかに身近なところでは、スーパーマーケットのカートも横方向に重ねる整理です。

「重ねてきれい、しかも並べて使ってもきれい」というのは、建築家にぜひ考えていただきたいことです。

机は今でも、重ねて整理はできないと考えられているものです。同じ大きさの机の収納は、普通脚をたたみます。これまで重ねられる机がないのは、脚が机の甲板の外に出せないからで、出すと、連続させて並べたときに、机と机の間に隙間ができてしまうからです。

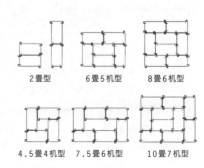

2畳型　　6畳5机型　　8畳6机型

4.5畳4机型　7.5畳6机型　10畳7机型

机を敷き詰めるときの脚位置の原理

重ねられ、つなげて並べられる机。写真は6台分。脚の出の向きを変えれば、長辺方向にも重ねられる。甲板と桟の厚み分だけ持ち上げてスライドさせると楽に重なる。この机はステンレスφ25.4mmの丸パイプ、黒ブロンズめっき（撮影：畑亮＋畑耕）

3台並べたコーナー部分。机から飛び出した脚の納まり。4台目もこの隙間に納まる（撮影：畑亮＋畑耕）

自宅の来客スペースに並べられた960×720mmの机2台（撮影：彰国社写真部）

1,440×720mmと960×720mmを2台を組み合わせて並べた状態。畳のように敷き詰められる（撮影：彰国社写真部）

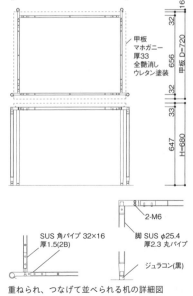

重ねられ、つなげて並べられる机の詳細図

明治大学に10年間奉職することが決まったときに、何か学生と一緒に開発研究をしてみようと考えました。そのときに思いついたテーマの一つが、重ねられる机でした。

　まず、重ねるときの絶対条件は、脚を机の甲板より外に出すことです。それが並べておくときに隙間をつくらないようにできるかどうかが、最初の関門でした。それは並べ方に規則性をもたせればできることがわかり、解決しました。そこで次は甲板より出る脚が、座ったときに邪魔にならないようにすることでした。それは細くする以外に方法がありません。しかし机には強度が必要で、これが難問でした。

　つくり始めてから20年になり、すでに試作が150台を超えていますが、最初のうちは、脚が重すぎたり、軽くするとぐらついたり、丈夫にすると太すぎたり、苦労を重ねました。いろいろな方々に、試作品という条件で注文していただきました。ようやく一品生産としては、何とか使えるようになったと思っていますが、もし大量の注文があれば考え方を変えて設計する必要があると思っています。

　しかし重ねられ、つなげて並べられる机の開発研究は、さまざまなノウハウを含んでいて、おもしろいテーマだったと思っています。

丸い盆を立てて収納

　お盆は平たいので、大きさの違うものでも重ねて収納するのは容易です。しかし、それでは下のほうのお盆を取り出すのに苦労します。お盆の収納は、取り出しやすさを考えれば、立てて収納するのがよいでしょう。お盆の整理の難しさも、本と同様、雑多な大きさのお盆の整理です。立てて整理する場合、昔

最初に試作したお盆立て。小さいお盆も立てかけられるよう三角板の幅が異なっている

のLPレコードのように、縦に細かい仕切りのある棚をつくることが考えられるのですが、お盆の場合、何とも不潔な感じが拭い去れません。そこで、底のない棚で、仕切りを紐にすることを考えたのです。紐なら、全体に透明感があり、汚れたときにも簡単に換えられるからです。

　最初の試作は、お盆の大小に合わせるために、お盆を支える2本の棒の間隔を、一方を狭く他方を広くしたのですが、狭いところに大きなお盆を載せても安定することがわかり、広くする必要がないことになりました。

　次に考えたのが、キットとしての単純さです。右頁の写真のお盆立ての部品は、紐と、目に付かないほどの小さな楔4個を除いて、部品の数はわずか9点で、分解・洗浄が可能です。木材は桐と桜を選んでいますが、これは完成度の高いものができたと考えています。

　目下、収納に苦労しているのが箒です。試作品すら完成していません。箒は、逆さにしておくと客を追い出すと言われています。紐でぶら下げるのは簡単ですが、問題は、箒を新しく買うたびに紐を付けるのが面倒だし、吊り下げる建物の部分が長持ちしないことで

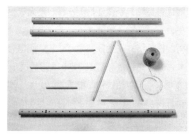

お盆立てキットの部品（撮影：中川敦玲）

D	L	材質	本
36φ	920mm	桐または檜	3
10φ	430mm	桜または檜	4
10φ	210mm	桜または檜	2
2φ	25mm	プラスチック	4

お盆立て部材表

次に考えたお盆立て。キットとしての単純さを目指した（撮影：彰国社写真部）

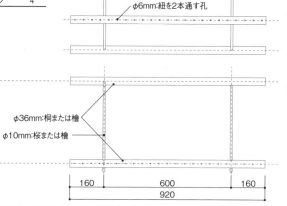

詳細図。3本の主材と6本の軸材、プラスチックの楔4本と紐でできている

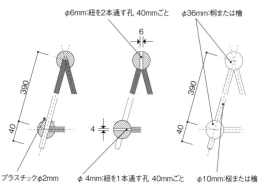

お盆立て紐掛け要領

す。自在鉤の要領で、下から差し込むだけで落っこちてこないようにできないかと考えているのですが（笑）。

それからCDも、これぞ決定版という収納方法がまだないと思います。CDは見出しが読めても中身が見えません。本の場合は、取り出せば中身はパッと見ることができます。CD以外にも大容量のメディアがどんどん出現していますが、どれも中が見えない。検索装置を持っていればいいのでしょうが、それをどこまで外側の見出しに表現できるのか、データ量が膨大になればなるほど難しい問題です。

そういうことを考えていくと、人間が覚えているということはやはり大事なことです。覚えているとすぐ出てきます。覚えていないものはなかなか出てきません。

記憶と記録と整理と収納

記憶力と整理力には密接な関係があります。一般に、記憶力のよい人は、記憶力に頼っているので、記録しない人が多いようです。そこで記録が残らない。逆に記憶力が頼りにならない人ほど記録が残っている。この傾向は真実味がありそうです。

私の父は鼻が悪かったせいもあり、記憶力にまったく自信がなかったのです。そこで、あらゆるところに細かくメモを書いていました。たとえば会議の資料には「何々という議題のときに、誰々が外から入ってきて急な事態を報告し、そこで誰々が出て行った」といったようなことも書いてありました。普通では考えられないくらい細かく書いてあり、会議の中身のすべてがわかるほどです。東京大学の評議会の記録や、市街地建築物法などにも克明に書いてありました。それが東大史や建築史の資料になっています。

一方、松下清夫先生は、すばらしい記憶力を頼りにして記録は必要がなかったようで、書類はすべて到着順に積んであるのです。他の人には何がどこにあるかまったくわからないのですが、先生はその中からいとも簡単に必要なものが取り出せるのです。

多様なもののつくる整然

最近の街並みは美しくないといわれます。あまりにも異質なものが並んでいることが原因という気がします。丸の内を見てみますと、高さも、道路に面する敷地境界線の建物の面もそろって見えません。色も形もすべてがバラバラでは、街並みとして美しいという感じが出ないのは当然です。

しかし、それなら規格統一されたものが並んでいればよいかというと、軍服姿の整列のように並んだ規格住宅の街並みを誰も美しいとは言いません。

大都市近郊にある住宅団地でおもしろい感じをもったことがあります。団地の区画は二つに分かれていて、一方は量産住宅メーカーの注文品を建築家が配列し、他方は一人の建築家のオリジナルの設計のものだけを使ってできています。建築家は、街並みを豊かにしようという想いから、全体は一つのシステムですが1軒1軒、ことごとく違ったプランの家を、大変な労力をかけて設計し、完成後は大変よくできた団地だと評判になりました。

日本の住宅メーカーの生産方式は、部品を共通にして、1軒ごとに注文主の希望に応じてつくる方法です。ですから屋根の外観は、形も、色も違っていて、竣工のときは極めて

雑然としているように見えていたのです。でも、10年、20年経ってから二つの住宅団地を比べると、住宅メーカーの手がけた住宅団地のほうがコモンという広場を中心とした落着きとおもしろさがあるのです。一方、一人の建築家が苦労して個別の設計をした団地は、結局、一人の建築家の作品で変化に乏しく、整然としすぎていて、街並みのおもしろさが乏しいのです。

　本棚の場合も多様な本がつくる整然とした本棚は、場所により表情に違いがあります。パンフレットのような薄い本で、ほとんど束のないような本の多いところ、逆に布張りで束のある立派な本の多いところがあります。その中で、シリーズものが並んでいるところがあると、そこだけは、人混みの中に制服を着た集団が紛れ込んだような感じで、「多様なもののつくる整然」にはなじみません。制服組の整列は、一様で表情が硬い規格型住宅の並ぶ団地のおもしろみのなさに通じます。

3章 理屈で納める

3｜1　カドの装い

街のコーナー

　街をかたちづくっている建物は、その街、その場所ならではの特徴を生かした建物のつくり方があると思います。特に、角地というのは、街にとっても、建物にとっても印象的な場所です。

　たとえば銀座の数寄屋橋交差点に面していた「ソニー・ビル」（設計／芦原義信、1966年。2017年閉館）では、賑わいをつくるようなスペースが計画されていました。そこでは年間を通じてさまざまなイベントが行われました。また、銀座4丁目交差点に面している「三愛ドリームセンター（通称三愛ビル、設計／日建設計工務、1963年）」も、角地という立地を円筒形でまとめ、賑わいの"仕掛け"がつくられています。

　金沢の都市計画は城下町なので、道路が交差するところでは見通しを遮るため、「ひろみ」と呼ばれるスペースがつくられています。「ひろみ」は、地域の人たちが集まってコミュニケーションをとる場です。「ひろみ」という言葉は方言に近いものだと思います。

出隅と入り隅

　建物の隅角部には「出隅」と「入り隅」があります。建築技術上は「出隅」より「入り隅」のほうが納まりは難しいと思っています。外壁面が柱より出た位置にあれば、「出隅」の納まりは簡単ですが、片方が柱心になっていたりする場合は納めるのに工夫が必要です。

　「入り隅」のほうが難しい理由ですが、たとえばグリッドラインを引いて、そのグリッドラインに合わせてパネルを割り付けていく場合、「入り隅」では隅のパネルは幅を小さくしなければいけません。そうしたときに、「入り隅」のパネルは窓の大きさが変わるとか、いろいろ厄介な問題が絡むのです。既製のパ

ソニー・ビル（設計／芦原義信、撮影：右とも彰国社写真部）

三愛ドリームセンター（設計／日建設計工務）

ネルでは納まらないということは、最初に考えておかなければいけません (p.109参照)。

コンクリートの現場打ちのように、壁内部が一様な材料の場合の隅はどうにでも納まりますが、壁構造が複層化すると簡単に納まらないです。始点と終点と曲がり角、壁の納まりは、まずは形を考えておかなければいけない、というのが原則です。

埼玉県立博物館
(設計／前川國男)

東京2.5タンデム市外電話局
(設計／日本電信電話公社建築局)

文藝春秋本社ビル
(設計／竹中工務店)

鹿島本社ビル
(設計／鹿島建設、2008年解体)

紀伊國屋ビル
(設計／前川國男)

静岡県庁東館
(設計／日建設計)

出隅の納まりの型 (『ディテール』31号特集「コーナー」より抜粋)

一方、湿式工法のときは、左官屋さえいれば設計者は細かいことを考えなくてもよい。それが左官工事のすばらしいところでしょう。

　それに比べて、カーテンウォールのような複層材で構成する場合は、コーナーの納まりがとても大事で、そこがきれいに納まると、建物全体がきれいに見えます。が、そこの手を抜くと、建物全体が野暮ったく見えるわけです。

　平面で見てX軸とY軸の壁が違う構成の場合と、同じ場合とで考え方が違います。同じ場合は角で柱をよけて外をぐるっと回るのがよくある納まりです。少し外側へ出して、角だけ役物をつくるのが流行っていたこともあります。私の若い時代は、カーテンウォールのような外壁は「名古屋第二西電話局」（1954年）ぐらいでした。当時は工場でつくるプレコンがありませんでしたから、この場合は、現場でつくったプレコンです。

　木造の竪羽目張りでも同じようなことが言えます。合いじゃくりでも、本実（ほんざね）でも、板の右側と左側とで形が違う。角は特殊な部材をつくらなくてはいけないのです。そういうものも昔は材木屋さんが気楽につくってくれました。

　いずれにしても「入り隅」「出隅」の納まりは難しいです。たとえば一生懸命雨仕舞いを考えたとしても、角があるとないとでは納まりが変わります。ですから、初めに角が納まるようなディテールを考えておかなくてはいけません。他方、湿式工法ならば、角の納まりをあまり考えなくてもいいというわけです。

　谷口吉郎さん好みの「東京国立近代美術館」（1969年）のように、一方の壁を勝たせて留めてしまうというやり方、和風で言うならば「うだつ」や「袖壁」とでも言いましょうか。谷口さんは好んでよく使われています。

名古屋第二西電話局。外壁は現場でつくったガラスブロック入りのプレコン

東京国立近代美術館（基本設計／谷口吉郎）。妻側を袖壁状に勝たせる納まり（撮影：大橋富夫）

袖壁で納めるデザインは、規模が大きい場合、全体のプロポーションを整えるのに苦労します。

コーナーの建具

開口部で回す和室のコーナーは吉田五十八さんが得意にしていたディテールですし、吉村順三さんも好んで使っていました。

小さな和風の建物の場合、気を遣うのが戸袋の幅です。建具の幅が微妙に違うときもあるので、異なる幅の建具を仕舞うときの戸袋の納まりを考えなければなりません。

宴会場の可動間仕切りでも、コーナーを曲がるものがありますが、既製品だけでは間に合わないことが多いと思います。カーテンでも角をきちっと回そうとすると、既製品だけでは無理です。

回り込む木製建具を、出隅で納める場合に、内側から見た竪框の見付けが同じ幅に見えるほうがいいか、外側から見たときに同じ幅に見えるほうがいいか？　これは両立できないので、悩むところです。片方の竪框の幅を広くしておくのも一つの方法です。両立させるために"留め"で納める人もいます。その建具を開けたときにどうなるのか、なども考える必要があるかと思いますが、先ほども言いましたように、こういうことに熱中していたのは、昔は吉田五十八さんや吉村順三さん、そしておそらくA.レーモンドでしょう。

建具は隅から考えなければならないわけですが、和風の場合、隅の柱が少し太いことが多いので、建具の割付け方も隅で違ってきます。今はそんな細かいことを言っても無理と思いますが、おそらく「京都迎賓館」では、そういうことも配慮されていると思います。

私が逓信省の頃に設計した「中央電気通信学園講堂」の両開き戸はスチール建具ですが、中央の竪框が2本合わさって太くなるので見付け寸法を調整して、細くしました（p.84参照）。

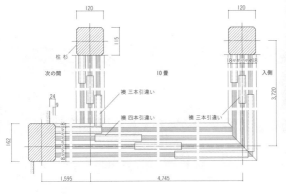

上：鈴木邸2階客間（設計／吉田五十八、撮影：平山忠治）
左：同建具平断面詳細。小壁・欄間をなくした開放的な和室。3mmの天井目地を切って建具を納める。10畳出隅部は面取り部同士の留め、次の間の襖とは突付け

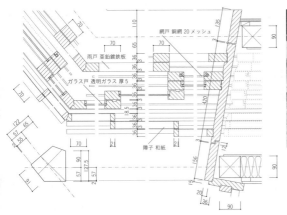

上：脇田山荘（設計／吉村順三、撮影：彰国社写真部）左：同建具平断面詳細。入り隅部の建具の召し合せ部を留めとし、戸袋は額縁と一体化させた納まりとしている

　また4枚引きの引違い戸をつくる場合も、中央の竪框は合わさるので、框の幅が倍になります。同じ框の幅で戸をすべてつくってしまいますと、4枚が並んだときに、中央だけ幅が広くなるのが気になるというのです。テクニックとしては中央の框の幅を微妙に細くすることもあるのです。

　こういった作法は一般の建具ではなかったでしょうが、目に近いところの寸法は大切であるといって、当時の大家たちは、皆さん気にしていたようです。その点、現代の設計者は工業製品に支配されているために、神経を行きわたらせにくいと思います。

コーナーの形

　最近は角のないたこやくらげのような形の建物が流行の先端になっているのか、角のディテールはどちらかというと時代遅れの話に聞こえるかもしれません。

　非構造部材をみんな柔らかくして、骨（構

造体）から逃げをとるのは一つの解決策です。ただし、雨仕舞いはどちらにしろしなければいけません。

角の納まりを解決するには、どうしてもそこが太くなったり、寸法が変わったりします。それで、外から見たときに同じように見えるようにすることは、なかなか難しいことです。

こうした難問も、左官仕上げならすべて解決します。それから「金沢海みらい図書館」（設計／シーラカンスK&H、2011年）のように、壁面に小さな丸窓をたくさん設けて建物全体を一様にするのもこの問題の解決策の一つです。庭の手法に似ていると思います。

建物の角を特別神経質に考えて、苦労されたのは吉田鉄郎さんです。吉田さんが設計された「大阪中央郵便局」（1939年）は、角の隅切りが嫌で嫌で、できてからも悩んでおら

金沢海みらい図書館（設計／シーラカンスK&H、撮影：彰国社写真部）

れました。「東京中央郵便局」（1931年）では角を丸くされていますが、直角でないことを気にされたのでしょう。山田守さんは角を丸くするのが好きでした。

建築をつくっている人の多くは、角のディテールをいろいろ工夫します。そこで角をきれいに納めた建物は、印象に残るのです。

3|2 ポツ窓から柱間装置への60年

初学者向けのスライド講義（東大・明大）

　今日は、私が大学在職中にした講義の話をしたいと思います。

　明治大学と東京大学では、初めて建築を学ぶ学生に向けたオリエンテーションのような位置づけの授業として、スライドを使ったある時代の建築作品の紹介を講義にしていました。それは教養課程への出張講義というかたちで、内容は日本や海外の近代から現代にかけての建築を竣工順に紹介するものです。スライドは、建築雑誌から私が選んだものをもとに、大学院生たちに手伝ってもらいつくっていました。

　日本と海外の建築を見比べてみますと、同じ時代でもやはり違いがあります。日本の建築にはエンジニアリングの要素がかなり大きく影響しています。一方、ヨーロッパの建築は外観、つまり姿の設計が主流だといえます。日本は、何よりも地震や風といった自然災害が厳しいので、技術的内容が多く、また気候の変化による老朽化の問題などが建築の寿命を決める要因だからです。

「窓」という聖域

　日本の近代建築を振り返ってみますと、1930年代頃の建物というのは、ポツポツと独立した窓をあけた、いわゆる"ポツ窓"のファサードが一般的で、もっぱらその窓のプロポーションを議論していたように思います。

　昔のデザイン系の先生方は、森五ビルや住友本社ビルのような建物の窓を見て感心し、じっくり考えこんで「プロポーションが……」とか、おっしゃっていた。当時は窓のプロポーションと壁の部分との対比、それから奥行きが建物の表情の決め手でした。

　当時、先輩の建築家の中で評判がよかったのは、住友系のビルです。東京の住友ビルもよいですし、関西のものもよい。日建設計の前身である長谷部竹腰事務所の長谷部鋭吉さんがプロポーションを吟味しながら設計をしていたという評判でした。

　一方、官庁の設計で有名なのは逓信省（当時）の建築です。逓信省では窓のプロポーションを決めるに当たって、吉田鉄郎さんや山田守さんは、いろいろと悩み、苦労されていました。私が逓信省に勤めていた頃でも、若いドラフトマンが窓の設計を任されるなんてことはありえなくて、窓の形や割付けを決めるのは、チーフアーキテクトでした。窓が建物の意匠を決定していた時代でした。

　1960年代になりますと、カーテンウォールという言葉が日本でも流行り始め、窓まわりにお金をかけるようになります。お金がかかると言いましても、アメリカと日本では実情が違っていました。アメリカではコストを安く仕上げるためのカーテンウォールですが、日本では逆に、お金をかけた仕上げにするためのカーテンウォールでした。当時の日本ではカーテンウォールは高級感をもった高価な

森五ビル（現 近三ビル、1931年、設計／村野藤吾、撮影：烏畑英太郎）

東京中央郵便局（1931年、設計／吉田鉄郎、撮影：彰国社写真部）

住友ビルディング（1930年、設計／長谷部鋭吉、撮影：彰国社写真部）

東京通信病院（1937年、設計／山田守、提供：通信総合博物館）

外装のことでした。

塞ぐか、開けるか

　日本と海外の窓のつくりには根本的に違う点があります。日本建築は木造であり、日本の木造は柱梁構造です。そこで柱梁以外の部分は、何もしなければ、すべてが開口部になるわけです。

　「柱間装置」という言葉がいつ頃できたのかわかりませんが、文化財など古建築の図面ではよく目にします。文字通り、柱の間に装置を付けるというもので、「柱間装置」には窓や壁があって、その配置とバランスをどうするか。つまり、柱梁に囲まれた部分をどう塞ぐかが、日本の木造建築の基本なのです。

　一方、ヨーロッパは組積造の体質を受け継

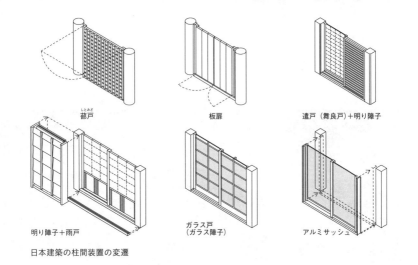

日本建築の柱間装置の変遷

いでいる部分が多く、何もしなければ壁で囲まれています。ヨーロッパの建築技術は、壁に、どう穴をあけるかということが長い歴史の中で研究されてきたということもできます。その結果、アーチや迫持ができたというわけです。日本と海外の建築には、塞ぐことを考える技術とあけることを考える技術という、大きな違いがあるわけです。

トルコから南の国には、日本のような柱梁構造があります。トルコよりも北の国、たとえば中欧・北欧に行きますと、「木造」のほとんどがログハウスです。ログハウスは木を積んで壁にしますから木造の壁構造で、柱を建てるという考えはまれです。

柱梁構造は気候の話とも密接に関係していて、おそらく日本の建築づくりは南方の国から伝わってきたのだろうと思います。インドネシアやフィリピンあたりを見てみますと、柱を立て、植物で簾をつくって壁にしたり、藁を被せたりしています。つまり柱間を塞ぐという発想です。南方系と北方系のそういった違いに着目すると、日本建築は南方系、すなわち夏向きの建築です。

ガラスが配給だった時代

日本で、ガラスを建築の開口部に使うようになったのは、明治になってからでしょう。旭硝子ができたのは明治40年ですから、明治の初め頃はガラスを輸入していたのでしょう。

ヨーロッパには採光のために吹きガラスを使った窓が昔からありますが、日本の採光装置は紙障子でした。ガラスそのものは正倉院の宝物にもありますが、窓ガラスはありませんでした。明治以降、ガラスが住宅の窓に使われるようになりますが、われわれの家には、すでに子どもの頃からガラスがありました。ただ、今のように平らな板ガラスではなく、表面はでこぼこしていて、大きな板ガラスがなかった時代です。

戦争中や戦後すぐの頃は、ガラスは配給で

した。配給というのは誰もが買えるわけではなく、国として、必要と認められた建物にだけ切符と引き替えで買えたのです。たとえば、進駐軍の施設のためには切符がもらえました。おそらく、当時あったガラスのストックは限られていましたし、ガラスをつくるための燃料が不足していたので、ガラスが配給制だったのだと思います。一般の住宅用には、もらえない時代でした。小坂さんのデザインは、こうした時代の作品です。

実は戦闘機用のアルミだった

戦後すぐの頃、比較的出回っていた貴重な窓枠材料にアルミニウムがありました。戦闘機をつくるための材料のストックだろうと思います。

実は、世界的に見ても戦争中の日本のアルミの技術は進んでいたようです。そのことをわれわれ日本人は知りませんでしたが、ずっとあとになってから聞いた話によりますと、敗戦直後にマッカーサーと一緒に日本の厚木に来たアメリカの技術者が「戦争中の日本のアルミ研究者は誰だ？」と探していたそうです。日本の戦闘機のアルミの技術に注目していたからです。

戦争後、アルミニウムは「やかん」や弁当箱に加工されていましたから、梅干しでアルミの弁当箱に穴があいた話は、よく聞きました。最初にアルミが建築に使われたのは、前川國男さんが設計した「日本相互銀行本店ビル」（1952年）です。前川さんがこの建築にアルミサッシを採り入れたのを、うらやましいと思ったことは言うまでもありません。でも、間もなくそのアルミが急速に腐食し、さまざまな問題を起こしたのです。

日本相互銀行本店ビル（設計／前川國男）
アルミニウムがサッシに使われた最初の例
（撮影：渡辺義雄）

実は当時のアルミニウムは戦闘機用の材料であって、強度があれば腐食してもよかったのです。建築用には、強度よりも錆びないことが重要ですが、当時は建築用と戦闘機用のアルミニウムが違うということを、誰も知らなかったのです。

われわれの学生時代、大学での建築構造材料の講義にアルミはなく、鉄とコンクリートと木材が主でした。鉄についてもサッシに使う話はほとんどありませんでしたし、木材も主に柱梁、つまり構造材としての材料の使い方でした。東大でアルミニウムの講義を始めたのは星野昌一先生で、かなりあとになってからだと思います。

結局、「日本相互銀行本店ビル」での問題をきっかけに、アルミの評判が極端に悪くなり、建築にはアルミは使えないという話が建築界に浸み込んでしまいました。それ以降、何人かの人がアルミサッシを試しますが、結局アルミはよくないと言われ続け、外国と

日本相互銀行本店ビル
のアルミサッシュ部分
(撮影：渡辺義雄)

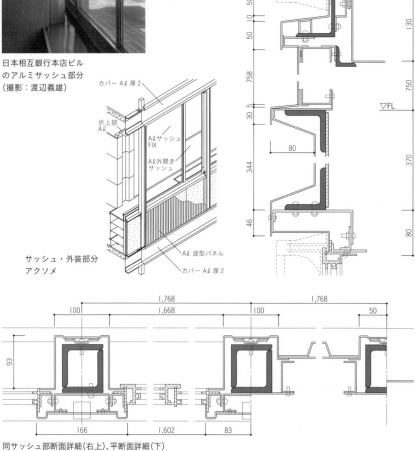

サッシュ・外装部分
アクソメ

同サッシュ部断面詳細(右上)、平断面詳細(下)

比較して、日本のアルミの技術は一歩遅れてしまったのです。

既製サッシュの誕生

アルミサッシュの評判を復活させたのは、カーテンウォールと既製サッシュです。しかし、その前に鉄の曲げ加工によるサッシュが登場した話をしておく必要があります。

それは竹中工務店による「日活国際会館ビル」（1952年）です。この建物を見ますと、一見ガラスだけがあって、ほとんどサッシュが見えないのです。サッシュを隠し框としたのです。とても素敵なディテールなので、たちまち流行ったのです。

ところで、この鉄のサッシ、主流になるのかと思いきや、これもまた鉄が薄かったために錆びてしまいました。さらに錆がアンカーを通じてコンクリートを破壊し、サッシュまわりに雨漏りが起きるという大きな問題に発展したのです。

鉄板を曲げ加工してつくるサッシュは、いわゆる引抜きのホットロールのサッシュより圧倒的に安くできるので、三機工業の斉藤祐義さん（東京大学 昭和10年卒）が、これを使って既製サッシュを開発します。それが日本で初の既製金属建具の発売になりました（1956年）。

アルミサッシュの生産が急激に伸びたのは、さらにそのあとです。住宅生産の増加とともに、アルミ会社も住宅用アルミサッシュをつ

日活国際会館ビル（設計／竹中工務店、撮影：村沢文雄）戦後スチールサッシュを最初に使った建物

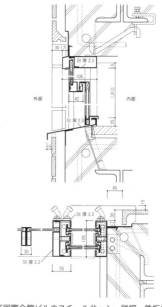

日活国際会館ビルのスチールサッシュ詳細。鉄板を曲げ加工して、枠の中に埋め込んだ「隠し框」のディテール

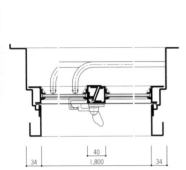
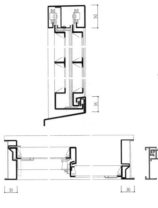
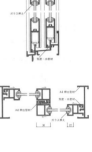

引抜きのホットロール（鍛鉄）のサッシ　　スチールの曲げ板の既製サッシ　　アルミの押出しの既製サッシ

くるようになり、アルミサッシュの生産が伸び始めました。当時の住宅生産の主流は、1970年代の鉄筋コンクリート造のアパートです。

　私が自宅を設計していた1958年頃はアルミサッシュがまだ高価だった時代でしたから、使ったのは木製建具ばかりです。もしアルミサッシュがもう少し安ければ、使ってみたかったです。でも失敗していたかもしれませんが……。

ガラス屋にサッシュを売らせる

　日本で既製サッシュを初めて発売したのは三機工業ですが、アルミの既製サッシュを普及させたのは不二サッシュです。不二サッシュは、アルミサッシュをノックダウン（未組立品）で売ることを考案し、爆発的に普及させたのです。

　サッシュは組み立ててから現場に運ぼうとしますと、荷姿が大きくスペースをとられ、運賃がかさみます。そのことに気づいた不二サッシュは、いわばプレカットと同じように、部材で運び、現場で組み立てるシステムを考えたのです。

　しかもそれだけではなく、そのサッシュの売り方にも知恵を絞りました。当時、まだ街にはたくさんあったガラス屋さんは、割れやすい厚さ2〜3mmのガラスの補修が仕事だったのです。物が当たったりすれば簡単に割れるので、ガラス屋さんがその都度取り替えていました。それが5mm厚のガラスが普及するとめったに割れなくなり、仕事が激減したのです。その状況に目を付けたのが不二サッシュで、サッシュをガラスと一緒に売ってもらう仕組みを考えたわけです。

　ガラス屋さんは、サッシュと一緒に売ることで仕事がつながったのです。住宅生産の伸びを追い風にしてガラス屋さんもサッシュ屋さんも大喜び、結果的にアルミサッシュが大流行することになったのです。このような例

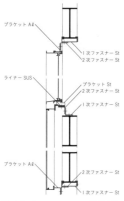

霞が関ビルのサッシ部分詳細
(設計／三井不動産・山下寿郎設計事務所)

は、たとえば宅配便がお米屋さんや炭屋さんで受け付けられたのも同じ事情だと思います。アルミサッシは、初めはコンクリートのアパート用であったのが、のちに木造住宅用も開発されました。

日本の木製建具は、それまで気密についてはあまり考えないでもよかったのですが、アルミ建具は雨戸なしでも木製建具のように防腐の心配がいらないと思われたのです。

一方、カーテンウォールは、気密・断熱、特に雨仕舞いに翻弄されていました。住宅と違ってオフィスビルのカーテンウォールは高層になると風と雨が直接当たりますから、性能もコストも住宅用サッシとはまるで違いました。

建具材の見直し

アルミサッシが普及するにつれて、木製サッシの利用が激減しました。当時は誰もがアルミサッシに憧れていたのですが、今度は逆に鉄や木のサッシを見直す人たちが出てきたのです（笑）。

日建設計が成田空港のそばに全日空ホテルを設計するとき、各室の扉をヨーロッパのホテルのように木製にしたいと考えるのですが、日本の防火規準では、木製は使えないことがわかりました。そこで、ドイツで使っている木製防火戸を輸入しようとしたのです。

日建設計は、輸入する木製扉の防火性能の実験を当時の建設省の建築研究所に依頼した結果、性能的には問題がありませんでしたので、ドイツ製の防火戸を使ったと聞いています。木製建具メーカー、キマドの木原さんも、情熱をもって木製建具に取り組んでいる一人です。私の家で使っているがっちりした建具金物の付いた気密戸は元々ドイツの製品を和製にしたものです。

今ではいろいろな人が挑戦していて、気密断熱の防火戸の試みがあります。木製建具は裏面の温度が上がらないので、火事の際に命拾いをしたという人もいます。材質が木であっても厚みがあると炭化するだけで、ガラスに問題がなければ、扉の裏面温度は上がらないのです。扉のまわりには火災時に発泡するプラスチックが使われているものがあります。それは外からの煙の侵入を防いで、有害ガスの流入を防ぐわけです。

防耐火については、建築基準法の定める性能に不満を感じている建築家は結構いて、基準法を超える性能を目標にして設計している人たちも増しているのです。

3|3 隙間を使って水と空気を追い出す

光や音の認識

建築は自然の環境を遮断したり必要なものを透過させたりする機能をもっています。今日は光、音、風、雨……などの透過・遮断のことについてお話ししたいと思います。日本の伝統的な窓には「中から外を見ることはできるが外から中は見えない」という装置があります。町家の窓に取り付けられた格子や簾がその代表例です。海外では光の取り入れ方法として大理石を天窓や外壁に使って透過光を取り入れる方法がありますが、景色を見ることはできません。

昔から、格子や簾はありましたが、外からは見えないで中からは景色を見たりできることを定量的に設計する方法はわかっていませんでした。東京の大手町につくられた「三井物産大手町本社ビル」(1976年)は、小倉善明さんが日建設計で最も活躍していた時代の作品で、西側の窓からは宮城(皇居)を見渡せ、一面に広がる緑を望むことができるのですが、午後になると西日のためにオフィスの窓を開けているわけにはいきません。そこで光を閉ざしていても景色は見たいという難しい注文が出て、簾に相当するようなものをつくることになったのです。ベネチアン・ブラ

「三井物産大手町本社ビル」(設計/日建設計)。ブラインドを下ろしたまま西側の景色が望めるブラインドが仕込まれている(撮影：佐々木卓)

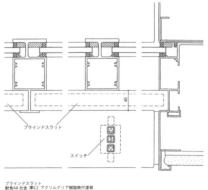

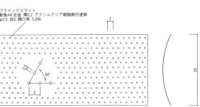

同開口部平断面(右上)、ピンホールブラインドのスラット詳細(右下)。孔の直径は0.5mm、開口率5.6%

インドに細かい孔を穿って、孔の面積が約6％であれば人には景色が透過して見えるという実験結果が得られたのです。

建築での音の伝達の仕方には2種類あります。空気伝導音と固体伝導音です。固体伝導音は免震でもしないと防ぎようがないので、普通は空気伝導音がもっぱら問題にされます。どのくらい遮音すれば音が聞こえなくなるかというと、大体30dB（デシベル）か40dBと言われています。普通の騒音は30dBが我慢できる限界値と言われます。

わかりやすくするために少し表現を変えてみますと、30dB（デシベル）は1dBの30倍ですが、dBという単位は、B（ベル）という単位の1/10ですから、3B（ベル）ということです。ところで、B（ベル）という遮音の単位は対数表示になっていて、3B（ベル）は$10^{-3}=1/10^3$のことです。簡単に言えば1/1,000という意味です。同様に40dBは4Bで、$1/10^4$つまり1/10,000です。音の透過量が透過する壁の面積に比例するとしますと、完全に音を通さない壁にその面積の1/1,000の隙間があれば透過する音の大きさは30dB、1/10,000の隙間であれば聞こえてくる音は40dBとなります。ただし、壁や音の大きさで事情が違いますが、音はこのようにちょっとした隙間からでも漏れてしまうのです。そこで、音漏れで隙間の有無を測ったりできます。施工の善し悪しを判断することも可能です。

シールの効果と漆喰の効果

ヨーロッパは日本のような雨の降り方はしません。雨に悩まされるという意味では日本は特殊な国です。建築にとって雨漏りしないことが最も重要だというのも、それは日本だから言えることであって、乾燥地域の国では、雨仕舞いが基本だということは通用しません。特に、砂漠のような地域に住む人たちにはそういう意識がほとんどありません。イラン中部やイラクあたりでは、夜になると壁でプライバシーを確保し、屋根のない屋上で寝ている地域もあります。

日本には豪雨もありますが、1回ごとの雨ではたいしたことにはならなくても、繰り返されたり降り続ける雨で建物が傷むのが問題です。雨に対する問題は、日本の建築にとって特別な問題だと言ってよいでしょう。

今日、日本では、隙間にはシールを使うのが普通です。昔はもっぱら漆喰でしたが、シールは簡便で即効的に水を止め、水を寄せつけないので、漆喰に代わって急激に広まったわけです。

しかしシールの切れ目に雨水が浸入し始めると、やっかいです。隙間が水に濡れてシールが切れると、そこをつなげようと思ってもなかなか接着しません。シール表面の水分をきれいに拭き取って、ナイフでシールの新しい肌を出さないと接着しません。でもナイフでシールの表面を切ろうとすると、表面にあ

る水が刃に付着し、切断面にも付着してしまうのです。

漆喰は水溶性です。漆喰材料に多く使われているのは布糊で、雨が降ると溶け、乾くと固まる材料です。乾燥すると漆喰に亀裂ができ、その亀裂が広がって、そこに雨が入ると水が漏れます。しかし浸入した水によって付近の漆喰が溶け、ゴミなど水には溶けないものと一緒に流れ、詰まった所で亀裂を埋めるという作用があります。つまり、水に溶ける溶剤を使って水に溶けない粒子を固めておくと、雨が降った際に溶剤が溶けてその粒子が流れ出し穴を埋めてくれる。その繰返しで漆喰は雨漏りを止めているのです。

見えない所にある亀裂を探すのは容易ではありません。雨を漏らす亀裂は雨に探してもらうのが一番いいわけで、雨の流れで隙間を塞ぐ漆喰のようなものが大変便利と言えるのではないでしょうか。

高層建築とオープンジョイント

外壁や屋根の雨漏りでは毛細管現象の話がよく出ます。ただし、いくつか誤解されていることがあります。竪の隙間が、ある一定幅より狭くなると、水は表面張力に支えられて上がってきます。下見板のように、2枚の板の重なりで隙間があるところを水が上がっていく場合です。板がなくなった途端に張力はなくなりますから、隙間より上に水が飛び出ることはありません。でもそれが、ちょっとでも後ろから風で押されると水はあふれ出てきます。するとまた水が上がってきます。水を押し出す正体は風の圧力です。つまり、出口付近まで水を運ぶのが表面張力であり、出口から先に水を放出するものは風圧なのです。風圧がなければ表面張力だけで水が漏れ出ることはないのです。それが誤解されやすい点の一つです。

ところでシールの欠陥が最初に大きく叫ばれたのは高層建築のカーテンウォールです。カーテンウォールが日本で最初に登場したのは1968年のことで、シールも戦後、高層建築と一緒に外国から日本に持ち込まれたように思います。屋根面積よりも壁面積が多い超高層ビルのような建物では、屋根の防水より外壁の防水が重要になります。どの部分のシールが切れているかは台風が来るとわかります。シールは雨も止めますが、空気も止めますから、内外に気圧の差ができています。そして、外壁面を流れる雨がシールの切れたところに流れてくると、ものすごい勢いで中に吹き込むので、一説によると、高層階では浸入した階の2階上の階にまで隙間を伝って噴き出すと言われます。

雨を漏らさないためには、シールを1カ所も切らさないといった丁寧な施工が求められます。でも、面積が大きくなればなるほどそれは困難です。しかも高層建築の場合は、検査が簡単にはできません。

そこでオープンジョイントが登場したのです。高層建築は比較的予算があるので、さまざまな実験がされています。その実験結果で、オープンジョイントをつくればシールに頼らないで雨仕舞いができることが論理的にわかったわけです。

オープンジョイントというのは、「ウィンドバリア」の後ろの風のないところに水を呼び込み落下させながら外へ誘導するという理屈です。気圧を止めない状態で、風速を止めます。シールは水と気圧の両方を止めるので、

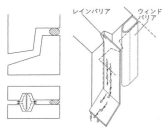

オープンジョイントの概念図。下見板風に羽重ねになった断面（左上）、後ろの風の当たらないところに水を呼び込み落下させながら外へ誘導するのがレインバリアの役割(左下)。右図はジョイント部のアクソメ

水が気圧で押し込まれるのです。その違いが、オープンジョイントが登場し始めた頃にはなかなか理解できなかったのです。

カーテンウォールの目地には普通、竪目地と横目地がありますが、横目地は下見板風に納めれば重力を使って雨仕舞いができるので、問題は竪目地です。竪目地は水道(みずみち)を重力で制御できないからです。外壁が下見板張りでも竪目地がありますから、そこから雨が漏れている事故の報告が多いようです。

結局、竪目地もオープンジョイントにするには気圧差をつくらないウィンドバリアが必要なのです。外側に当たった水が重力で下に落ちるようにします。水の落ち込まない所に孔をあけておけば、中の空気は外と行き来ができるから外から圧力で水を押し込むことはありません。風は防ぐけれど気密ではないという状態です。中に入った水は重力に従って下に落ちていきます。

水の流れをコントロールする

「佐賀県立九州陶磁文化館」（1980年）の外壁では、風圧を止めた所で雨水を誘導する試みを考えました。

お寺などで見られる鎖の樋のように雨水を誘導するものを刷毛でつくり、目地の間にウ

佐賀県立九州陶磁文化館（設計／内田祥哉＋アルセッド建築研究所）。上：外観。外壁はPC版に磁器タイルを打ち込んだもので、目地に刷毛を内蔵している（撮影：彰国社写真部）。右：外壁ジョイント部の目地内に仕込まれた刷毛

竪目地に刷毛を挿入

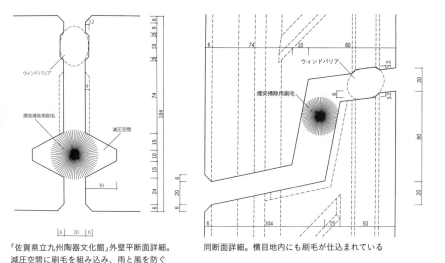

「佐賀県立九州陶器文化館」外壁平断面詳細。
減圧空間に刷毛を組み込み、雨と風を防ぐ

同断面詳細。横目地内にも刷毛が仕込まれている

上：刷毛の向きが上向きの場合と下向きの場合を比較すると、上向きのほうが心棒に向かって雨水が集まり、性能が安定することを実験で確認した
左：上向きの刷毛

ィンドバリアとしても使ったのです。組み込まれた刷毛で風を止めながら雨水を下に流し、水が完全に来ないその後ろ側でシールをしています。煙突掃除用の刷毛が安くて最適でした。本郷の洋服用のブラシやタワシを製作しているお店に注文してつくってもらいました。煙突掃除用の刷毛は一番長いもので2mでした。もっと長いものをつくってもらいたかったのですが、それ以上のものはできないつくり方でした。今もおそらくできないと思います。大会社が本気でつくれば、無限に長いものもできるはずと思っています。

刷毛は上向きにしたのと下向きにしたのを野城智也さん（現 東京大学生産技術研究所教授）が大学院生の頃実験で試したのを見たのですが、様子がまったく違いました。刷毛の心棒に向かって雨水が集まるようにしたのは、雨がやむと壁面に水がなくなります。しかし逆にしたものでは、壁面がいつまでも濡

れています。動物の毛や人間の頭髪の毛の向きはまさに水を最適な場所へ流れ落ちるようにしています。

刷毛に似た素材で、スポンジも試してみました。しかしこれは野城さんの実験でまったくだめなことがわかりました。最初は水道がランダムにできるのですが、やがて水道が1本に収束していくと水の流れはすべてその流れに引っ張られてしまいます。その水道が一度壁に当たれば、あとはそこから壁を伝って思わぬ方向に流れます。水を誘導するのにはまったく適していませんでした。この刷毛を使ったレインバリアは、その後、お茶の水の明治大学大学院校舎の外壁で、三好商会のカーテンウォールに使われています。

雨漏りと結露

オープンジョイントが使えるのは壁面で、床や屋根のように水平に近い面は重力の方向と水圧の方向が一致しますから密閉型の防水層が必要で、オープンジョイントは使えません。実は、「佐賀県立博物館」(1970年) は雨漏りで悩んだ建物です。一番ひどい時期は、丸い柱にガムテープの樋がつくってあり、下にバケツが置いてありました……。佐賀に行くたびに電話をかけて問い合わせると、残念なことに、いつも必ず雨が漏れていました。

防水層はその下に空気を含んでいたので夏期は暑さで膨れます。膨れると表面に谷や池ができ、たまった水が漏れる原因になるわけです。たとえ水が漏れなかったとしても水がたまりすぎると重さでスラブがたわみます。それを直すためにモルタルの増し塗りで勾配をつけ、水が流れるようにするわけです。それを繰り返すと荷重が増え、再びたわみが発生するという悪循環になるのです。戦後まもなくつくられた「武蔵大学図書館」の屋根は、スラブの荷重が増えたことが原因で大梁に亀裂が入っていました。

「佐賀県立博物館」では、モルタルと防水層を取り払ってステンレス防水にしました。ちょうどステンレスの薄板がつくれるようになった頃で、現場での溶接も機械でできるようになったからでした。現場では福来さんという人が付きっ切りで苦労してくれました。

ステンレスの防水層は軽くていいのですが、完全に溶接すると屋根が熱くなった際に空気が下にたまって膨れます。それを防ぐために棟の部分に孔を穿ち、そこから空気が出てくるようにしています。

また、そこに水蒸気が溜まっていると、夜間に屋根が冷えた際に結露します。水蒸気が水になると急に体積が減るので気圧が下がり、下から水蒸気を吸い上げます。その結果、雨漏りのような大量の水を吸い上げますから、棟には水のない所で気圧を抜く孔が必要です。

表面の亀裂と断面の亀裂

これまでのお話は主に隙間のことでした。亀裂は隙間とは違ってできてしまうものなので、期待した形になるものではありません。そこで亀裂による雨の浸入を防ぐのには別の技術が必要です。

戦争直後の頃、日本ではコンクリートには亀裂が入らないと信じられていたのではないかと思います。今では考えられないことですが、コンクリートだけで防水層はなくてもいいという考えがあったのです。そういう時代だったので、当時の日本住宅公団は防水層なしの安い住宅をつくったのですが、結果的に

は、次々と雨が漏れ、調査が始まりました。

防水調査は、明治大学の狩野春一先生という材料分野の先生のお手伝いをしました。仕上げモルタルだけで屋上の防水ができるという考え方でした。

狩野先生のご指導で屋根に上がって見るうちに、亀裂模様に、特徴があることを知りました。地震のときにできる雷形の亀裂は有名ですが、亀裂の模様には亀の甲形（網目形）、蜘蛛の巣形の二つが代表的です。蜘蛛の巣形はガラスや氷の板に、ものが当たって割れたときにできるもので、屋上にはほとんど見られません。建築物に見られる網目形亀裂は地震のときに壁にできる亀裂とは違います。

当時、参考にしたのは寺田寅彦全集で、それによると、「亀裂は板の端で辺に直角になる」。板の端では、辺の方向には応力がないからです。実際に亀裂を観察すると、どんな方向の亀裂でも、端では必ず直角になっています。そこで、亀裂の交点を見ると、どちらの亀裂が先に到達したかがわかるのです。一見、十字形に交差して見える亀裂も、よく見るとほとんどがT字形の亀裂が近づいたものです。それは、あとにできる亀裂が先にできている亀裂に当たると、その亀裂に直角になって、交点がT字形になるからです。

亀の甲形の亀裂は、これとはまったくでき方が違います。ものが当たるときのように、原因が1カ所にあるのでもなく、応力解消のための亀裂が全面に同時に発生するので、あちこちから始まるのです。最初は、小さな孔ができ、それが裂け目になり、3方向に裂けるとそこの応力は解放され、4本目はできません。そういう三つ割れの亀裂があちこちにでき、それらが手をつなぐと亀の甲形ができるのです。このような亀裂は、応力の発生が平均的でゆっくりであることが条件です。早い亀裂が独走すると、ほかの亀裂が伸びなくなって、亀裂同士が手をつなぐ前に一方が消えてしまうからです。代表的なのは、泥沼が乾燥するときにできる亀裂で、左官材料の表面亀裂も、壁面にできる亀裂の幅は、1mmくらいだとよく目立ちますが、0.05mmくらいになると気にならなくなります。そして亀裂は表面よりは、奥のほうが狭いのが普通です。それは亀裂のある層の下面が拘束されていて、下面に近いほど表面より亀裂の数が多いからです。

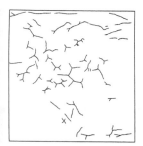

1．亀の甲形亀裂のでき始め

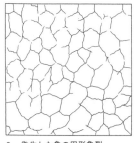

2．発生した亀の甲形亀裂

3．蜘蛛の巣形亀裂

亀裂の表面模様

1．亀裂の表面

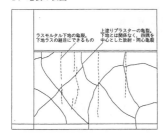

ラスモルタル下地、プラスター塗りの壁面に入った亀裂の例。先にできている亀裂に新しい亀裂が当たるときは直角になる。端部でも同じ

2．亀裂の断面

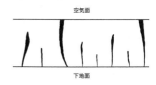

モルタル塗りの亀裂の断面。多くの場合、亀裂は表面より奥のほうが狭い。
表面には拘束がないが、奥のほうは下地に拘束されているため、表面より亀裂の数が多くなるから

　公団住宅を調査して、亀裂と雨漏りの関係がわかりました。まずは家の外側から大きな亀裂を見つけて中に入ってみると、不思議と雨が漏れていなかったりするのです。それとは反対に「このぐらいの亀裂なら大丈夫だろう」と思って入った家で雨が漏れていたりしているのです。

　亀裂が大きくても雨が漏れないという場合は、大体が古い亀裂です。以前は雨が漏れたこともあるけれど、そのうちに漏れなくなったというケースが多いのです。年月が経つにつれてゴミが詰まって漏れなくなるわけです。それから幅は狭いがはっきりとした割れは、新しい亀裂だから雨が漏れているのです。それも細いものは、しばらく経つと亀裂の中でゴミが堆積して漏れなくなるかもしれません。

　亀裂対策の第一は外皮をもう一枚被せれば防げると思います。日本のように気候風土の厳しいところではシールは完璧にはできないわけですから、層を重ねるのがよいと思っています。

3│4　雨仕舞い先進国の屋根構法

日本は雨仕舞いの先進国

　雨がよく降る地域は世界中にいくつかあります。その中でも日本は、最も雨対策を考えるべき地域の一つです。周囲を海に囲まれ、陸地には多くの山脈が連なっているという地形がそれに関係しています。

　雨の降る仕組みは、よく知られているように、海面から蒸発した水蒸気が上空に持ち上げられると、上空で冷やされて水になり、地上に落ちてきます。水蒸気を上空に持ち上げる力は風ですが、持ち上げるためには山が必要です。

　山があるのとないのとでは、雨量がまるで違います。その顕著な例を挙げますと、九州の種子島と屋久島です。種子島は雨も少なくロケットを打ち上げるための基地がありますが、すぐ隣にある屋久島にはたくさんの雨が降ります。365日、島のどこかで雨が降っているといわれるくらいです。

　その違いは、種子島は真っ平らな島で、風を遮るものがないため、風が吹いても島を通り過ぎてしまいます。それに対して屋久島には標高2,000m近い山があり、風は山に当たって上空へと向かいます。東から風が吹けば東側に、南から風が吹けば南側に雨が降る。どの方向から風が吹いても、島のどこかに雨が降るのです。

　日本は南国のスコールのような雨は多くありませんでしたが、ある時期、長時間雨が降り続けることもありますし、雨期になると、1カ月もしとしと雨が降っている所がたくさんあります。しかも夏は気温が高いので、建築部材は腐ったり、錆びたりしやすく、とてもやっかいです。このような地域は世界中にいくつもないので、「雨がよく降る」という特徴が日本建築の屋根を特徴づけていると思います。

　雨仕舞いで注意しなければならないことは、まず第一に、強い雨が降る場合です。普通の雨なら雨漏りしない屋根でも、強い雨で漏れることがあります。しかし、しとしと雨が1カ月も降っている場合は、さらに厳しいのです。

　世界中を見渡してみて、日本建築の雨仕舞いに対する配慮はトップレベルです。しかも高い建築技術がある国の中で見ても、日本ほど雨仕舞いを真剣に考えている国や地域はないのではないか。ヨーロッパは雨があまり降りませんから、そういう意味では雨仕舞いの先進国ではありませんし、東南アジアも豪雨をしのげればいい。オーストラリアやニュージーランドにはあるかもしれませんが、人の多く住んでいる場所は限られます。日本は住民密度の高い雨仕舞い先進国と思います。

　日本では、豊富な木材を使った技術が、奈良時代から始まって江戸時代まで、続いています。その間に、木材を使ったさまざまな屋根葺き構法が登場しました。

　また、近代になると金属屋根が登場し、安

価な鉄板が登場して、それですべてが解決してしまったかというと、恐らく普通の鉄板では100年はもちません。日本のような国では雨仕舞いができるかどうか、その判定をするには、やはり100年の時間が必要な気がします。

空気で温度差を解消する

日本では、夏の暑さも大きな課題です。しかも夏は湿気が多いので、それをどうやってしのぐかということについても、いろいろな工夫がされています。その点でも、日本は先進国だったと思います。

冷房は、温度を下げて暑さをしのごうという発想ですが、日本の場合、湿度を下げたほうが快適です。そのことはすでに明治時代でもわかっていたのですが、戦後、アメリカの腕力的空調方式に害され、ずっと忘れられていました。この頃、ようやく昔の考え方に戻ってきたように思います。

日本で冷房を考えると、冷やそうとする室内の空気に湿気が多いので、冷房機器の周辺に結露が起きるのが悩みの種です。空気を交換する場合でも、運び出す空気の水分は排出が容易ですが、送り込む冷たい空気の出口の器具に結露が起こります。輻射冷房は、床暖房のような快適さを実現できる近代冷房ですが、天井冷房なら天井に、壁面冷房ならその壁に結露するのが難点です。ですから、冷房より先に、まず除湿という考えがあるわけで、

その昔、国会議事堂は、井戸水を使った除湿で冷房をしていたようですが、こうした考えは最近また復活しています。他方、吸水性の大きな壁があって、水分を大量に蓄えたりしてくれれば、新しい輻射冷房が実現できるわけで、新しい構法が実現するのかもしれません。

戸建て住宅の場合、夏の暑さをしのぎやすくするためには、まずは屋根から入ってくる熱を減らす工夫が第一です。太陽が照っているときの屋根面の温度は、日本では80℃くらいになると言われています。それにより、天井が熱せられると部屋の中まで暑くなります。これは実際にあった話ですが、軽量鉄骨の住宅ができた当初（1960年代）、日本は貧しかったので、天井高の低い住宅がつくられました。その住宅では「座っている人が、立ち上がると、頭が急に熱くなってふらふらする」ということもあったくらいです（笑）。鉄板1枚の屋根で、まったく断熱もなかったからというわけです。

日本の昔の民家の蔵の屋根には、置き屋根というつくり方がありました。屋根面は金属板だと80℃近い高温になりますが、気温はどんなに高くても40℃以下です。置き屋根にして、屋根の下に空気がよく抜けるようにしてあれば、たとえ屋根面が80℃になったとしても、天井面は40℃以上に上がりません。

屋根を二重にすることは、江戸時代すでに行われていました。時代が進むにつれて忘れ

られ、最近また思い出されてきたのです。最近はそこで余った熱を地下に蓄熱して、夜、寒くなったときに使っています。

繰り返しますが「二重にすること」が原則です。そうすれば雨も熱も防げます。

最近では、植物も熱吸収に使われ始めました。この場合は、太陽熱を植物が吸収して、植物の葉っぱから出る水蒸気で熱を放出させ、蒸発熱で温度を下げているわけです。植物が生きているのが条件で、水の供給をする必要があります。理想的なのは、根を地面に下ろさせ自ら給水させることですが、2階以上の場合には、植物の成長に時間がかかります。最近は、野球場の芝のような人工植物・造花でも、散水すると水を吸収して蒸発させる機能をもったものが登場しているそうです。

屋根と農業

屋根に使われている材料は、大きく分けて、茅や柿（こけら）、板などの繊維材と、瓦等の焼物類、そして金属とシート類が代表的なところです。

茅葺きは、最も手近な材料として"ススキ"があったことから屋根に使われるようになったのだろうと思いますが、竹類でも細くて節の間の長いものが使われているようです。中心が空洞になっていて空気が含まれていますから、束ねて使うことで断熱効果があります。

私が不思議に思うのは、茅のような工業製品がないことです。板の代わりになるような工業製品はいくらでもありますし、柿も瓦もそれに代わる工業製品はありますが、茅に代わるものがないのは恐らく葺き手間がかかるからだろうと思います。長いストローを何重にも並べれば、空気は通るし熱は伝わらないし、と思います。

安藤邦廣さんによると、日本の茅葺き屋根は、雨仕舞いや断熱だけの役割ではないようです。屋根に使った茅は傷みとともにやがて腐ります。農家は腐った茅を肥やしとして利用するのです。

茅葺き屋根の葺替えは、10年や20年ごとに大々的に行われる所もありますが、そのペースだと10年か、20年に一度しか肥料がとれません。そこで、差茅（さしがや）という方法が考えられています。つまり、傷みのひどい部分だけ、毎年少しずつ茅を差して補修するのです。この方法だと毎年必要な分だけ茅を取り替えることができるのです。工業製品のストローでは、使い捨てになってしまうでしょう。

茅の葺き方は、国や地域によって違いがあるようです。日本は軸の太いほうを下にするのが普通です。でも、韓国では逆向きです。日本に最も近い済州島でも、日本とは逆向きです。穂先が下側にくると全体の姿がふわっとした印象になり、屋根勾配も変わります。

日本で最も古い形と考えられている伊勢神宮を見ても、日本に伝わってきたときにどうして向きが決ったのか、わかりません。もちろん日本にも逆さ葺きの例がないわけではありません。ヨーロッパでは麦を使いますが、やはり日本から見て逆さ葺きが多いようです。

茅は、束ねると軸のほうが太く、穂先のほうが細くなります。だから、重ねて積み上げると、穂先のほうが低くなり、茅の穂先を上にして葺く場合は、重ねて積むほど勾配が緩くなります。大きな合掌造りの屋根では、棟のあたりでは、茅はほとんど平らに近くなっています。逆にいえば、積み上げた茅が、平らになる前に棟に達しなければならないのです。そのために、茅葺きの場合は、屋根に、

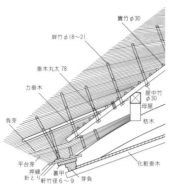

茅葺き詳細。茅（ススキ）などの草を用いて、身近な材料で葺かれていた

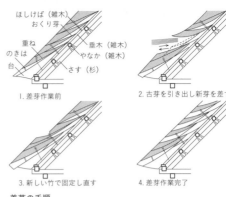

差芽の手順

葺替えの様子。共同作業を通じて技術習得や修理が伝承されやすかった（提供：上図2点とも安藤邦廣）

済州島の逆さ葺き屋根。全体的に丸く柔らかい屋根形となる

ある程度以上の勾配が必要になるのです。

茅は刈らないと生えてこなくなってしまいます。昔、私の家にはススキがたくさん生えていて、引っ越してきた当初は毎週のようにススキを刈っていました。でも、刈っても刈っても減らず、さすがにくたびれて刈ることを止めたら、ススキが生えてこなくなりました。

日本の茅葺き屋根について詳しいのは安藤邦廣さんです。実物では、山形県鶴岡の町に保存されている田麦俣の合掌造りの重要文化財の民家は、各部を詳しく見学することができます。

「柿」とシングル

屋根葺き材に小幅板を使う例は、世界中に多くあって、日本では、「檜皮葺き」「杉皮葺き」「栃葺き」「柿葺き」「土居葺き」「とんとん葺き」「板葺き」などと呼ばれ、いずれも木材を加工したものですが、檜皮は、檜の皮を剥いだもの、杉皮葺きは、杉の皮を剥いだものです。

檜皮葺きと杉皮葺きの大きな違いは、檜皮葺きは生きた檜から取ることができますが、杉皮は生きた杉の木から取ることはできません。檜皮は自然に蘇生するので、何年かに一

度、同じ木の同じ所から取ることができます。それに対して、杉皮は生木から剥がすと枯れてしまうので、製材の前に取るのが常識です。昔は杉皮仕上げが町家の外壁や、塀によく見られましたが、最近、木材加工ルートが変わったせいか、ほとんど見られなくなりました。檜皮は現在でも文化財の修理に需要があって、品不足です。元気な檜を檜皮の提供木にする持ち主が少ないためといわれており、境内のご神木や、国有林からの採取が許されれば、という声も聞かれています。

「栃葺き」「柿葺き」は、いずれも割った小幅板を釘打ちで重ね、防水効果を期待するもので、割った表面に凹凸が残ることで、毛細管現象を防いでいるのです。「栃葺き」は「柿葺き」の厚いものと理解してよいでしょう。「柿葺き」の軒先は、薄板では耐久性がないので「栃葺き」にするのが普通で、「栃葺き」と「柿葺き」は兄弟のようなものです。しかし、屋根全体を「栃葺き」にした例は珍しくて、比叡山延暦寺の根本中堂が有名です。

「土居葺き」「とんとん葺き」は瓦下地が主で、昭和初期には薄板を製材する技術が進み、鉋のような道具でつくられたため、重ねたときに隙間がないので毛細管現象で水分を蓄え、腐りが早かった。「とんとん葺き」の名称は、たくさんの釘を口の中に含み、舌で一本ずつ唇に移し、金槌で打つ調子が「とん

檜皮葺きの屋根（春日大社摂社若宮神宮本殿、撮影：彰国社写真部）

栃葺きの屋根（比叡山延暦寺根本中堂）

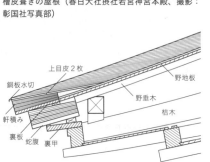

檜皮葺き詳細。30〜60年という優れた耐久性をもち、屋根や軒の反りの曲面を美しく表現できる

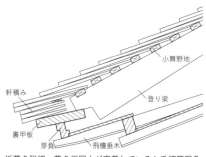

栃葺き詳細。葺き板同士が密着していると毛細管現象が起きるので、尻の厚さを薄くした割板を用いる

とん」というリズミカルな音で表現されたのです。

日本の屋根葺き仕上げには、位階があるようで、最も高貴なものとされるのが「檜皮葺き」で、これは庶民のものではなく、御所あるいは皇室に関係する宮殿とそれに近い社寺・仏閣に限られています。「栩葺き」「柿葺き」がそれに次ぎ、瓦葺きはその下になります。そのことをはっきりと示している例が桂離宮で、御殿の屋根は「柿葺き」、下々の使う部屋の屋根は「瓦葺き」にし、それを棟で分けているのです（p.324参照）。

日本の「柿葺き」に相当する英語は「シングル（shingle）葺き」と呼ばれていますが、ヨーロッパで「シングル葺き」というと、木材のほかに瓦材を使うものも多い。形の上で、強いて違いを言えばヨーロッパの「シングル」には、卒塔婆の先のような模様を切り込んだものがあり、これが軒先などで美しい模様をつくっています。日本の「柿葺き」の場合には軒先は腐りやすいので、先端をそろえ、厚く、栩葺き風に丈夫にしているのです。

長尺板を使った「板葺き」は飛鳥時代からあって、板葺きの宮と言われたものがあります。法隆寺の裳階は板葺きで、下板と上板を交互に並べた大和葺きです。法隆寺では、塔と金堂で下板の形が異なっているのですが、理由はわかりません。中尊寺にも板葺き屋根

柿葺きの屋根（桂離宮古書院、撮影：彰国社写真部）

杉皮葺きの屋根（撮影：安藤邦廣）

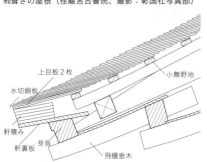

柿葺き詳細。薄板の軒先は耐久性がないため、軒積み部分は栩葺きとする

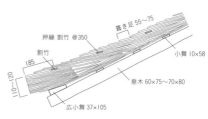

杉皮葺き詳細。檜皮と違い伐採した木から皮を剥ぐ。一般に虫の付きにくい秋皮がよいとされる

モスクワ・赤の広場に面して建っているシングル葺きの屋根（板の先端を加工して飾る）

日本の最も古い本瓦葺き（元興寺極楽坊）

上層から滴が落ちる部分は瓦を二重、三重にして割れるのを防いでいる（法隆寺五重塔）

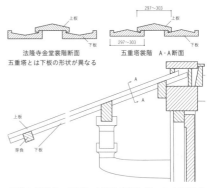
裳階の板葺き。下板と上板を交互に並べた大和葺き（法隆寺）

があります。屋根葺き材料には、住んでいる人の地位・身分を表す習慣があるのです。

日本の瓦

瓦にはたくさんの種類がありますが、大きく分けると日本に古くからある本瓦葺きと桟瓦葺き、それにスレートのような平板を使ったものです。平板を使ったものは、シングルに近い納まりとなります。いずれにしても、時代ごとに、また建物ごとに多種多様で、集め始めると限りがありません。

日本で最も古い本瓦葺き形式の瓦は、奈良の元興寺の屋根の一部に保存されています。当時の瓦は強度が弱いので、破損が激しく、あまり残っていないのです。法隆寺では、上層から落ちる滴で下層の瓦が割れるので、滴の垂れるところは、二重、あるいは三重にしています。

古典的瓦については、古社寺の修理に長くかかわってきた奈良の「瓦宇」さんの膨大なコレクションがあり、学者をはじめ、文化財の修理に携わる人が参考にさせてもらってい

ました。

　日本の屋根瓦の特徴の中で、特筆すべきものを挙げるとすれば、江戸時代に発達した桟瓦と、鬼瓦ではないかと思います。鬼瓦は地域、建物作者によってその数に限りがありません。桟瓦については、日本以外には、オランダでしか見られないようなので、これが日本独特か、渡来ものか、いまだ結論が出ていません。これについては、研究者がいるので、詳しくは、別の機会に譲りたいと思います。

元に戻すよりも、現代の技術で

　奈良時代に創建された正倉院は、久しぶりに大々的な屋根の改修工事を行っていました（2014年終了）。1913年（大正2年）の解体修理から約100年が経過し、傷みが進行し雨漏りが懸念される状態になったからです。

　正倉院ができた1,200年くらい前の瓦はもろくて、壊れやすいのです。ですから元のものよりも、耐久性のある現代の、しかし正倉院らしい瓦をつくって交換しようと探求していたようです。

　修理の場合、昔のものと同じものはできるわけがなく、また壊れやすいものに戻すことに意味があるかどうか？　もちろん、原形を保ち、製作の方法の伝統を守るという意味はありますが、やはり保存のために現代の優れた技術を注ぎ込むことは必要です。それは建築に限らず、伝統工芸の保存の場合でも同じです。同じことをやっていてよいかどうか、難しい問題なのです。

　伊勢神宮の遷宮をはじめ、日本建築の修理に携わる人たちは、労力を惜しまず、とにかく前よりは優れたものをつくろうとします。だからどんどん変わっているのです。実は変えたことをきちんと記録しておくべきですが、その記録があまり残っていないのが残念です。

　文化財の修理では、変えた場合には正確な記録を残す、というのが原則です。

「錆びない、漏れない」究極の材料

　古くから建築材料として使われている金属材料は、銅です。銅は板状になるし、現場での加工も楽なので、社寺などの屋根によく使われています。しかし最近は、昔のようにきれいな緑青が出ないという話をよく聞きます。

　その理由は、正確にはわからないようですが、よく聞かれる話としては、昔とは銅の材質が違うというのです。昔の銅は「やかん」「洗面器」のような身の回りの容器か、通貨の原料で、江戸時代に大量に生産し、海外へも輸出していました。しかし、昭和の後半になると、大量需要の対象はもっぱら電線で、加工のしやすさより伝導率のよさが重要視され、建築用の銅も、電線用の銅が流用されるようになったと聞いています。その結果、昔のような緑青が出にくいというのですが、詳しく聞けば聞くほどに、市場に出ている銅の材質はさまざまで、われわれ素人には、どれが建築用によいか、わかりにくいのが実情です。その上、緑青を発生させる自然環境も刻々と変化しているでしょうから、思い通りの変色は保証の限りでないでしょう。

　近世になってから、屋根に使われている金属材料としては、銅のほかに鉛があります。明治時代に洋風建築に使われた例があったのですが、鉛害が言われるようになってからは、ほとんど使われなくなったようです。ヨーロッパでは、宮殿や大きな民家などで普通に使われていたようです。板状のもののほかに、

柔らかさが買われて、樋などの難しい形の部分に、便利なコーキング材として使われています。明治の洋風建築の場合も同様で、銅板などでは始末のつかない複雑な形のところには、鉛がかけがえのない材料であったわけです。最近では、コーキング剤は豊富な種類があり、価格も手頃なウレタンフォームのようなものがあるのですが、耐久性ということになると、いまだに鉛にはかなわないとも言われています。

現在、金属屋根で最も高級とされているのは、チタンだと思います。かつてチタンは金銀プラチナと同じ貴金属でした。もともと硬いため細工が難しく、薄い板状の材をとることができなかったのです。それが1985年(昭和60年)頃になって液状のチタンが登場して、容易に薄板がつくれるようになったと聞いています。

チタンは貴金属なので錆びませんから、薄くても耐久力があります。薄板ができることで値段が下がり、建材として次第に建築で使われるようになったわけです。

チタンの屋根を建築に使った第1号は、東京電力のエネルギー館（設計／第一工房、1984年、東京都渋谷区）です。当時、東京電力はチタンを原発内部の屋根に使いたかったのだろうと思います。

チタンを実用化した最初の屋根（旧東京電力エネルギー館、設計／第一工房、撮影：彰国社写真部）

3｜5　詰まらないのが樋

やっかいな日本の気候

繰り返し述べているように、日本の気候は、地域によっては相当な負担です。建築に対して格別な配慮が必要なので、設計者は頭を悩ますところです。すでに述べたように、日本ほど建築が雨に対して厳しい影響を受ける国はほかにないというくらい、日本の雨は建築にとってきついものです。

日本は雪の影響も厳しい国だと思います。北半球・南半球のどちらにも雪が降る地域は多くありますが、ほとんどの地域は寒くなって気温がいったん零下になると、冬の間はさらに気温が下がって、春になるまで上がらない。つまり雪が降り始めると春になるまで溶けない地域が多いのです。日本では、気温が零度の上下を行ったり来たりする地域が多いのです。またそれが1日のうちに、零度を上下する地域もあります。それはおそらく北緯あるいは南緯35〜40°くらいの地域です。しかし、その地域の大部分は、日本ほど雨が多くないと思います。なぜかと言いますと、北半球の場合は北側に海が、南半球の場合は南側に海がなくてはなりません。南半球ではオーストラリア大陸は南に海がありますが、日本のように都市が密集していませんから、問題が顕在化しにくいのでしょう。

日本の場合は日本海が北側にあり、冬になるとそこから寒気が降りてきて、雪を降らせます。一般に、雪の問題は北のほうに行けば行くほど厳しくなると思いがちですが、そうではなくて、北海道あたりに行くと逆に問題が少なく楽になるはずです。たとえば北海道の雪は積もったあとに溶けません。アラスカや南極も、降った雪は凍らない、溶けないので、風でも飛ばし、重くなることもなく、春になるまで雪をためておけるのです。そこで、無落雪という屋根が成立するのです。

溶けない雪は建物を傷めることがないのです。降った雪が溶けて、再び凍る。その一連の現象が起きる地域が困るのです。特に1日の中で繰り返されると、溶けた雪が再び凍るときに膨張して建物を破壊するのです。また表面に氷の土手をつくって雨漏りを誘発するわけで、建物が傷みます。信州の南の海抜の高い地域では、まだ暖かくならないうちでも昼間の日射が強くなり、逆に夜になると気温が零下まで下がります。零度を境に気温が上がったり下がったりするので、雨が少しでも入ると建物の傷みが急激に進むわけです。恐らくインドネシアの高原地帯でも、同様の現象が起きているだろうと思います。そういう地域は、建築にとってはとても厳しいのです。

日本で雨水の処理が建物の維持管理にとって重要なのはそのことです。ここでは、雨水の処理について、樋のお話を中心にしようと思います。

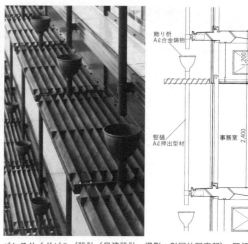

名古屋第二西電話局。ベランダのある多層建築の例（1954年、撮影：平山忠治）

パレスサイドビル（設計／日建設計、撮影：彰国社写真部）。竪樋の下部に雨を受ける「サラダボウル」。右は同断面（1966年）

竪樋の継ぎ目

樋というのは、ゴミが詰まったときにそれを取り除くことができなければなりません。そのことで最初に工夫したのが、1954年に竣工した「名古屋第二西電話局」です。3階建てで、途中にベランダがある建物でした。

当時はまだベランダのある多層建築は珍しかったので、樋をどうしようかと悩みました。各階で接合しなければならないので、そこでゴミ掃除ができるように工夫したのです。銅板の、手づくりの樋はいつ壊れるかわからないと思い、錆びてもいい鋳鉄管を使い、樋の下部に漏斗をつけたものをつくったのです。その方式で有名なのは、日建設計の林昌二さんが毎日新聞社の建物「パレスサイドビル」（1966年）でつくられた樋、通称「サラダボウル」です。

1980年に完成した「佐賀県立九州陶磁文化館」では、オープン竪樋をつくってみました。長い竪樋は途中で掃除、点検ができないためです。円筒形の断面を切断して口の開いた断面にして、中のゴミを取り出すことができるようにしたのです。樋の内部では、水は空中を落下するのではなくて、周囲の壁に沿って渦を巻いて落ちているのです。そこで樋を口の開いた断面にしても、その両端に水の「返し」をつけておけば、水は中に返されて外へ出ないはずです。

その1年後の1981年に完成した「武蔵大学教授研究棟」でも建物の外側の入り隅にオープン竪樋を設けています。

実は、村野藤吾さんから「チャンネルを使ったオープン竪樋をつくってみた」という手紙をいただいたことがあります。村野さんが言われるように、樋の長さが短い場合は、少し勾配があればチャンネルでも可能です。「武蔵大学教授研究棟」のような高層の建物

佐賀県立九州陶磁文化館（設計／内田祥哉＋アルセッド建築研究所、撮影：彰国社写真部）。コーナー部にオープン竪樋を仕込んでいる

武蔵大学教授研究棟。10階建てのバルコニーのない高層建築（撮影：彰国社写真部）　右：ジョイント部分。樋を壁に固定する部分に鋲があると、流れてきた水がそれに当たって外へ飛び出す

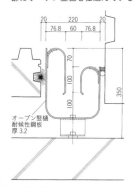
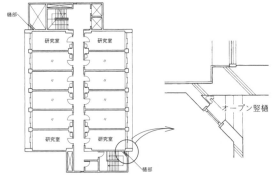

同平断面詳細　　　同平面。2カ所にオープン竪樋を設けている　　　樋部平面詳細

の場合はチャンネルでは水が外へ飛び出します。水の量が少なければ鎖の樋でも可能で、それもオープン樋の一つです。

ちなみに、オープン竪樋の雨の流れ方は実は台風と同じで、北半球・南半球で水が渦を巻く方向は決まっているそうです。

注意すべきこととしては、樋を壁に留めると、内部に鋲が露出し、鋲に水が当たって樋の外に飛沫が飛び出します。実際の現場で経験したことです。

大口径の樋

「佐賀県立博物館」（1970年）では、大きな樋をつくりました。樋の流量は、小さいのをたくさんつくっても、大きいのが一つでも計算上は同じです。しかし、ゴミが詰まることを考えると、大きな樋のほうがゴミがたまらないので安心で、手の届く所までゴミを運ぶのが便利だろうと考えたのです。

「佐賀県立博物館」は面積もかなりあり、

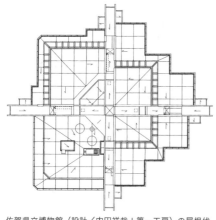

佐賀県立博物館（設計／内田祥哉＋第一工房）の屋根伏

佐賀県立博物館の屋根にある煙突のような樋

ステンレス防水に葺き替えた屋根

軒先に水を集めることが難しいので、鳥瞰で見てはっきりわかるほどの大きさの穴があります。それが、この建物の樋です。直径は60〜70cmあります。人間も落ちるほどの大きな穴ですから、人は落ちないよう、ただし大きなゴミは落ちるようにし、目の粗い大きな格子をはめています。

その発想は、松下清夫先生の講義で聴いたアイデアです。そのくらい大きなものであれば竪樋の掃除は考えなくても大丈夫です。

ところでこの建物、実はそれ以外のところから水が漏れてきました……。そのため、アスファルト防水でしたが、日本で初のステンレス防水に改修しました。

軒先の内樋

1978年に完成した「有田町歴史民俗資料館」は軒先の樋を内樋にし、樋の勾配には屋根の勾配を使っています。屋根勾配を利用した内樋は、内井昭蔵さん（「身延山久遠寺」1976年）か、林雅子さん（「日本女子大学軽井沢寮」1979年）が早いと思います。内井さんも林さんも、裸の外樋は軒先がだらしなくなることを嫌っていたのです。

普通、軒先が箱樋の場合は、箱の底に勾配をつけて、外から見たときには平行に見えるのですが、勾配を隠す分だけ厚くなります。ですから屋根面の勾配を使って内樋全体を斜めにするのは名案です。内井さんが手がけた「身延山久遠寺」では入り口のところだけに屋根勾配を利用した内樋が付けてあります。

「有田町歴史民俗資料館」も、入り口の内樋は屋根面の勾配を利用しています。一見、庇の先に樋がないように見えるのです。この建物は平屋なので、竪樋にゴミが詰まることがあってもメンテナンスはなんとかなります。

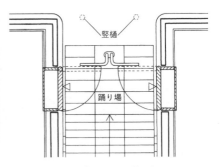

身延山久遠寺宝蔵（設計／内井昭蔵）。入り口の上だけに取り付けられた内樋（撮影：村井修）。右：同平面

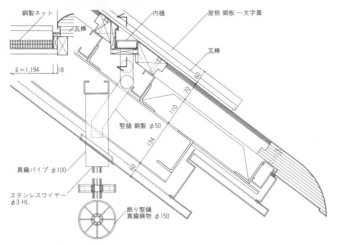

身延山久遠寺宝蔵の軒先断面詳細。3本のステンレスワイヤーで止め輪だけを浮かせて見せている

屋根勾配を利用した軒先の内樋。有田町歴史民俗資料館（設計／内田祥哉＋アルセッド建築研究所、撮影：彰国社写真部）

武蔵大学中講堂棟（設計／内田祥哉＋集工舎）折版の谷に穴をあけて金網を載せ、その下に樋を仕込む

「武蔵大学中講堂棟」(1980年)の軒先の内樋は、折版の谷部に穴をあけて金網を載せ、その下に屋根勾配を使った内樋を仕込んでいます。

大型屋根の樋受け枡

東京・代々木に建つ明治神宮の「神楽殿」(1993年)の軒先も内樋です。銅板の柿葺きになっていて、柿の間に銅網を挟んで、その下に内樋を仕込んでいます。屋根が大きな建物ですから、かなり大きな樋です。

樋は、基本的に屋根の面積から水量を計算します。「神楽殿」では軒の中間点に竪樋を付けることができなかったので、四隅の樋で雨水を処理しています。鎖状の樋だけではさばききれないほどの水量です。ただこれは、営繕を担当していた井上秋夫さんが細かい木の実が溜るのを大変心配していました。

明治神宮は樹木が多く、ケヤキの芽や非常に細かい種がたくさん飛んできます。そういうものが樋の中に落ちないように、細かい目の金網をかけていますが、細かい種を完全に防ぐような金網は水も通しにくいので、樋の幅を広くして、水が流れ落ちるのを実験で確かめました。樋の上にたまった種で水が落ちなくなると、そのたまった水が種を軒先に流してしまうのです。

吉村順三さんが基本設計をされた皇居の「新宮殿」の屋根も大きいので、四隅の先端

明治神宮神楽殿(設計／内田祥哉＋アルセッド建築研究所、撮影：彰国社写真部)

新宮殿(設計／吉村順三、撮影：彰国社写真部)。四隅に鎖状の大きな樋を設けている

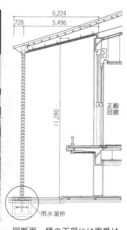

同断面。樋の下部には雨受けの枡がある

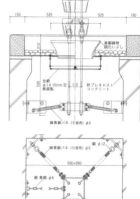

樋断面詳細。枡の中には屋根の吹上げ荷重を防止するため、燐青銅のバネが仕込んである

に鎖状の大きな樋を設けています。それが風で振り回されると建物を傷つけるというので、地面に結んであります。ところがそれに風圧がかかると、今度は屋根が引っ張られ、大きく出た軒先が危ないそうです。それを防ぐために、地上との結び目にバネを仕込んで力を逃がしているのですが、バネが錆びては効力がなくなるので、燐青銅のバネになっています。

「神楽殿」はそこまではやっていません。

メンテナンスのための屋上装置

これまでお話ししてきましたように、雨水に対処するということはとても難しいことです。たとえば「佐賀県立博物館」の屋根は、人が普段は上がらないようになっています。ですから、そういうところでは、定期的にメンテナンスをしない限り、ゴミや水がたまったりしていてもわからない。建物にとって危険です。

ルーフドレーンは、丈が低いとすぐゴミで詰まるので、高くすればするほどいいのですが、屋上利用の点からすると、足に引っかかるので低くされています。すると、木の葉ばかりでなく、暑さで溶けたアスファルトが流れてきて穴を塞いでしまいます。それがたとえば研究室専用ベランダで起きてしまいますと、いつまでも気づかれず、たまった水が部屋に入ってきて初めて気づくわけです。ですから逆に、水がたまったら、危険を早く知らせるようにオーバーフローが見えるようにしておくことのほうが好ましいのです。つまり、オーバーフローの水は、できるだけ目につきやすいところに落とす。そうすると、それが警報になって掃除と修繕を促すわけです。修埋といっても早ければゴミを取り除くだけですから。ベランダの立上がりを一部切って、目につきやすい所にオーバーフローさえつけておけば、早めに気がつきます。

そういう意味では樋も同じです。オープン樋の発想の発端も、樋が詰まったらすぐわかるようにしておくという考えもあるのです。

樋の問題はいつも、設計の一番最後の段階で、ほかを変更できない状態で考えさせられる問題です。振り返ってみて思うのですが、「武蔵大学中講堂棟」の樋は、折版を重ねたかたちにすればもっとよくできたかと思います。まだ開発の余地のある部分です。

どのような樋にするかは、建物の用途・規模や高さによって、フレキシブルに考える必

アスファルトが夏の太陽熱で溶け、ドレーンに栓をする。その結果、屋上に水たまりができる

要があります。樋の話は、講義には出てこないと思うのですが、試してみたいことがまだまだあるという気持ちです。

　建築の話の最後は、いつもメンテナンスに行き着きます。それがうまく解決できるものを提案してもらえたら、耐久性のある建物ができると思います。

3|6 目地と隙間

本郷の煉瓦塀

まだ大学生だった1940年代半ば頃、授業で使っていた教科書には、さまざまな形の煉瓦目地が載っていました。凸型凹型、傾斜形、目地が盛り上がって断面が丸く膨らんだ覆輪(ふくりん)目地などです。当時は、目地にはいろいろな種類があると思っていました。

東大で講義をするようになってから、実際ある目地の写真を講義に使いたいと思って、キャンパス周辺を歩いてみたところ、東大の煉瓦塀に覆輪目地が見つかりました。また驚いたのは、大学の正門を出て突き当たったところにあった交番も煉瓦造で覆輪目地でした。そして、周辺を歩いてみたところ、そのあたりの煉瓦塀はどれも覆輪目地であることがわかりました。ですから、東大の校舎ができた明治時代には、少なくとも覆輪目地が普通であったのではないかと思いました。しかし、教科書にあったその他の目地は、東京駅(当時空襲で焼けただれていた)のホームをつなぐ地下通路の壁に傾斜目地を見つけた以外に、見つかりませんでした。

その後、海外の建物を見られるようになってから、イギリスやフランス、ドイツ等の宮殿の目地を注意して見ると、ほとんどが引込み目地か、もしくは、はみ出し目地ばかりで、覆輪目地は見つからなかったのです。

学生時代は、ヨーロッパの高級な建物はすべて覆輪目地だろうと思っていたので、意外な思いでした。

ちなみに、2012年に復元された東京駅でも覆輪目地が使われているようです。先進国の優れた技術を日本が導入していた明治の頃は、日本の技術よりも何もかもすべて一段上なのがヨーロッパだと日本人は信じ込んで、覆輪目地をつくっていたのでしょうか。明治時代の日本では、ヨーロッパ以上に手間をか

東大構内にある煉瓦塀の覆輪目地

はみ出し目地の例

復元された東京駅の覆輪目地（撮影：彰国社写真部）

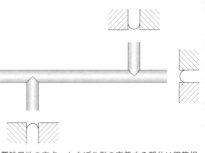
覆輪目地の交点。かまぼこ形の交差する部分は円筒相貫体となる

けた高級な仕事が実現していたのかもしれません。

今でも東大の煉瓦塀を見てみますと、目地の交点が相貫体になっています。木の加工をする大工が専用の鉋（かんな）をつくるのと同じように、この丸く膨らんだ目地をつくるために、左官職は専用の鏝（こて）をつくって仕事をしたのです。この目地の交点の処理は左官の見せ所です。そういう意味では、覆輪目地は見た目以上に手の込んだ目地なのです。覆輪目地に似ているものをあげるとすれば、漆喰でつくるなまこ壁でしょうが、覆輪目地のオリジナルかどうかはまったくわかりません。しかし、明治時代に発行された『建築辞彙』によると、「煉瓦目地の仕上塗の一つにて断面半円形をなすもの」とあるので、明治の頃は煉瓦専用に使われていたもののようです。

研出（とぎだ）し目地

昔あったが、今はあまり見られなくなった目地の一つが研出し目地です。

丸の内の三菱煉瓦街の中の山下寿郎建築事務所の入り口は、床タイルの目地が研出しだったのを覚えています。研出しは、今では手間のかかる仕事なので、使われません。もしかしたら村野藤吾さんが設計した近三ビル（1931年）にあるかもしれません。

われわれが若い頃あったのは床の研出しで、目地に真鍮の棒を入れていました。大面積を研出しの床にするときは、あとで亀裂が入りますから、その亀裂を目立たなくするために真鍮の棒を埋めて、それを定規にして床を仕上げるわけです。真鍮目地の代わりにガラス板の目地も使っていました。

昔は研出しがテラゾーより安かったので、研出しを使った床はたくさんありました。

東京駅前の三菱煉瓦街にあった山下寿郎建築事務所の床の研出し目地

日本の大工仕事

古い建物の中には日本の職人の技術の高さを知ることができる継ぎ手があります。2013年まで修理を行っていた護国寺「月光殿」の天井の竿縁には、いすか継ぎが使われていました。いすか継ぎはそれほど多くありませんが、古くは桂離宮の天井竿縁にもあります。

いすか継ぎは「いすか」という鳥のくちばしに似た形をしていて、継ぎ目の木目の食い違いがわかりにくくなるのが特徴です。日本の木造継ぎ手は「隙間を見せない」というのが大工の見栄ではないかと私は思っています。

日本の大工は、強度よりも見えがかりの美しさを優先してきたように思います。書院造りの床棚まわりはもちろん、数寄屋では長押と面皮丸太等の継ぎ手仕口も「光付け」といって、自然木の肌に合わせて密着させます。どんなところでも隙間を見せるのは恥とされていたのです。そのためには、見えないところに手をかけるのが日本の大工の見栄です。

ログと校倉

北欧の木造では、寒さが厳しいので隙間はとにかく埋めるというのが普通です。たとえば正倉院や、私の家の増築したログハウスは隙間を詰めていません。ヨーロッパのログハウスの木材相互の間は突付けで、空気が漏れるところは詰めればいいという発想のようです。日本の校倉は隙間ができにくいように切り欠きを複雑にしていますが、隙間をなくす

護国寺・月光殿の天井竿縁。いすか継ぎ。継ぎ目が木目にまぎれてわかりにくくなっている

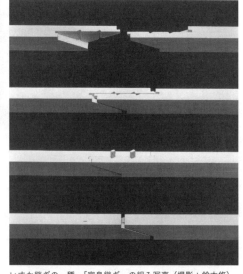

いすか継ぎの一種、「宮島継ぎ」の組み写真（撮影：鈴木悠）

目地を埋めない日本の校倉造り（左・中央）と目地を埋めるヨーロッパのログハウス（右）

ことは論理的にできないので、わずかな通風があります。結局ヨーロッパのログとは、隙間に対する考え方がまったく違うのです。

実は難しいコーキング

工業材料が主流になった現代では、木構造技術も打って変わって突付けが多くなり、突付けの隙間に目地を打ちます。

外国の場合は雨があまり降らないため、それが普通です。その理由の一つは、乾燥した地域では、目地棒だけで水が入らなくなるからです。ヨーロッパの場合は、雨も風も少ないため、万が一、水が染み込んだとしても、次の雨までに乾けば漏らないことになるのです。それと比べて日本のような多雨多湿地域では、目地棒があるとそこに雨水がたまって腐る原因にもなります。

最近は、日本でも目地にコーキングを打つことが多くなっていて、カーテンウォールでもコーキングで済ませるものが増えてきましたが、コーキングが日本の気候条件に適しているのかいないのかは、もう少し時間をかけて観察しないとわかりません。

江戸城の石垣

過日、たまたま修理工事中の江戸城（皇居）の石垣を見る機会がありました。それを見て改めて思ったのですが、日本の場合は原則として、目地は空目地です。

日本の石垣の石積みの断面は表面から見て、大体3層くらいに分かれています。表面に最も大きな石、その後ろには中くらい程度の石が詰めてあり、さらにその背後には砂利（栗石）があり、排水の役割を担っています。目地をモルタルなどで詰めず、裏側の水が排水されるようにしています。だから空目地にするのです。石積みの目地は、日本の石垣積みの特徴的な目地の一つと言えるでしょう。

日本では、作庭でも目地に物を詰めませんし、詰め物をしないのが日本らしい庭づくりの考えです。たとえば、石畳をつくる場合でも、石と石の間に隙間ができます。日本の庭づくりでは、石と石との間に土や苔などを入れたりしますが、それは、隙間ではなくて土

修復中の江戸城の石垣

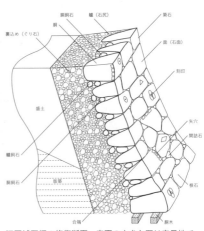
江戸城石垣の修復断面。表面の大きな石は空目地で、背後に詰め物をせず、たまった水は排水される

や苔などのための場所なのです。つまり、日本の庭づくりには目地というものはないように思います。目地か、隙間か、目地と隙間は陰と陽の関係にも見えますが、空目地の隙間は詰め物ではなくて背景という感じです。もし、石畳にモルタル等で目地を打ったらみっともない姿になります。

日本の古い電車はやたらと目地棒がたくさんあります。ドアのまわりにも窓まわりにも額縁があり、それらを表からビスで留めています。

最近の飛行機や新幹線、自動車の内装は、大工仕事や庭のセンスに近いつくられ方をしているように思います。たとえば岡部憲明さんのデザインした小田急ロマンスカーの車両にはほとんどビスが見られません。飛行機の影響もあってか、隙間をなくして納めるというスタイルに変わってきたように思います。

50000形の小田急ロマンスカー。外部、内部とも目地材が少なく、飛行機に近くなっている（写真提供：2点とも小田急電鉄株式会社）

3|7 直線階段づくりの焦点

木造幅広階段

　戦争直後の木造は伝統的な木造とも違い、現代の木構造とも違うものでした。もちろん、ヨーロッパの木造とも違う日本独特のものだったように思います。逓信省、国鉄、建設省……すべての官庁が、今はほとんどなくなっている木造の事務所建築をつくっていた時代です。今は、戦争直後の木造のことを知っている人はほとんどいなくなったと思います。

　当時の木造の図面は鉄筋コンクリート造と違い、仕上げ図と構造図が一緒に描き込まれるのです。つまり、構造がわかっていないと意匠図が描けないのです。今は鉄筋の詳細が決まっていなくても、配筋がわからなくても、また計算ができていなくても、鉄筋コンクリートの躯体の図面が描けます。でも、木造の場合は内部の構造がわかっていないと仕上げの図面が描けません。構造部材の大きさにあらかじめ見当をつけておいて、外側に仕上げ

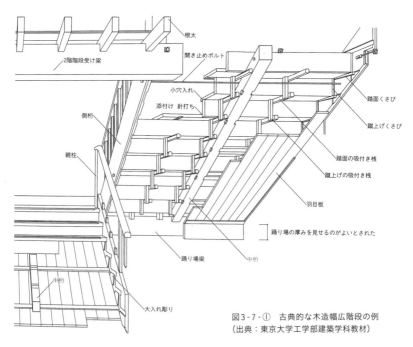

図3-7-① 古典的な木造幅広階段の例
（出典：東京大学工学部建築学科教材）

材を張るのです。外側はすべて覆ってしまう大壁造りですが、構造部材がはみ出さないかどうか、仕上りがきれいな形になるかどうかは、構造部材の位置がわかっていないと描けないのです。

そういう意味で、木造幅広階段は最も難しい部分でした（図3-7-①）。

階段で最初に気になるのは、折返し階段の手摺の高さです。踊り場との取合い部分で、昇る側の階段の踏面を図3-7-②dのように1段ずらすと、手摺の折返しがすっきり納まることはよく知られています。

手摺の高さは蹴上げの鼻面から測りますから、折返し部分の手摺が紙を折ったように折り返されるのです。直線階段を折り返す実際のパターンは4種類あります。直線階段の設計でよく話題になるのは、昇る段鼻と降りる段鼻が同一線上で始まると、折返し部分で手摺の高さに違いが生じ、図3-7-②bのように手摺の折返し部分に水平部分が残ります。無理に手摺をきれいに折り曲げると、図3-7-②cのように蹴上げ寸法の半分の寸法だけ手摺の折返し地点で高くなります。手摺をうまく納めるためには、図3-7-②dのように階段をずらすのが正解です。

ところが、階段の裏側の形を見ると、折り返される位置は、やはり下りの段鼻の線の直下ですから、斜めの部分で必要な厚さをとると、踊り場の部分の厚さは斜めの部分よりかなり厚くなります。鉄筋コンクリート造のように薄いスラブ厚さで済む場合には厚すぎることになります。手摺がすっきり納まったと思っていても、そのへんまできちんと考えないと階段室の空間がすっきりできないのです。当時の上司だった国方秀男さんは、踊り場の天井（＝階段の裏）に段をつけ、踊り場に厚みをつくるのを好まれていました（図3-7-①）。これらは実際に模型をつくってみるとわかりやすいです。もちろん図面で見てもわかります（図3-7-③、④）。

初めて設計した木造階段

何も知らない大学卒業後に就職した通信省営繕部では、最初、電話局、電話中継所など

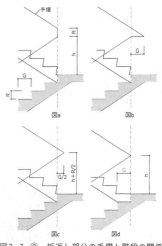

図3-7-② 折返し部分の手摺と階段の関係。
G: 踏面寸法、R: 蹴上げ寸法、h: 手摺高さ

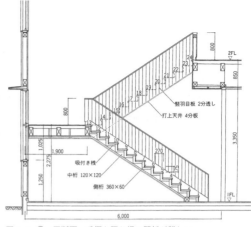

図3-7-③　津島電話局の木造折返し階段　　図3-7-④　同断面。手摺と踊り場の関係が難しい

の設計で、仕事は実務に通じた先輩に教えてもらいました。

　私が設計を担当した建物で木造階段があった最初の建物は、1949年に竣工した2階建ての盛岡電報電話局です。木造の折返し型で、建築基準法に従った幅1m30cmの階段です。

　ところで木造階段が難しいのは、各部材の存在意味を理解するのに苦労することです。たとえば幅の広い階段には中桁があるのですが、これがなぜ側桁と同じ背丈でなくてよいのか、背の低い桁が何の役に立つのか、長い間私にはわかりませんでした。

　中桁は、踏面や蹴上げの吸付き桟に固定され、ぶら下がっているのです。人の載っているところの段の蹴上げ板に荷重がかかるとそれが中桁に伝わり、中桁の剛性で人の載っていない段の蹴上げ板に荷重を伝えるのです。これを知るのに私は何年かかりました。つまり集中荷重を分散させる役割なのです。だから中桁は細くてもいいのです（図3-7-①）。

木造階段の構造に関する知恵は、江戸時代から育まれた知恵なのです。

　鉄筋コンクリート造も段裏をきれいに見せることがデザインの大きなポイントになります。「武蔵高等学校」のプレキャストの階段は金属型枠でつくったので、現場でつくる木製の型枠よりは、はるかに精度の高い精密なものができたのです。それが実現したのは、型枠の繰返し利用ができたこと、その製作期間に余裕があったことなどです。まず、階高が統一されていたこと、全体がPC構造で、部材製作の打合せが十分早くからできて、階段に必要な製作期間がとれたこと、それに現場を担当した集工舎の島田さんの並々ならぬ熱意があったことです（図3-7-⑤）。

片持ち避難階段

　「津島電話局」（1951年）の片持ち避難階段（図3-7-⑥）は、RC階段としてはきわめて珍しい試みです。若い人は知らないかもし

図3-7-⑤ 武蔵高等学校（設計／内田祥哉＋集工舎建築都市デザイン研究所、撮影：エスエス東京支店）。プレキャスト・コンクリート造の階段で段裏の造形を見せる

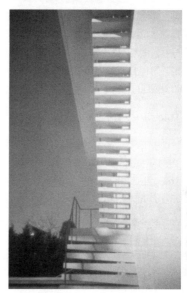

図3-7-⑥ 現場打ちコンクリートのキャンティレバーで張り出した津島電話局の避難階段

れませんが、昔は市内電話でも女性交換手が接続していましたから、どの電話局にも交換手の部屋がありました。

特に津島電話局は、洪水の被害を受けるかもしれないというので、重要な施設を2階に納めています。事実、伊勢湾台風のときには、町が洪水の中で電話局周辺が島になっていました。そして、島の端にあった電話局は、洪水の間も健全に働いていたと言われました。

避難階段は普通鉄骨造ですがここでは現場打ちRCのキャンティレバーで張り出したもので、2階から階段を降りきったところを浅い防火水槽としました。水を張って池にしてあり、火事のときは水の中を歩けばいいわけですし、外部からの侵入者に対しても一定の

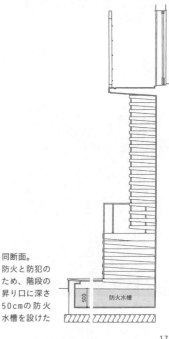

同断面。防火と防犯のため、階段の昇り口に深さ50cmの防火水槽を設けた

抑止効果はあると思ったのです。ちなみに津島電話局は木造部分も鉄筋コンクリートの部分も、すでに建て替えられて残っていませんが、同じように洪水を予想してつくった江戸川電話局は、今も働いているそうです。

マルセル・ブロイヤーの階段

「中央電気通信学園宿舎」の階段（1期工事、1951年、図3-7-⑦）は、手摺子が水平な、鉄骨側桁の階段です。マルセル・ブロイヤーがこのデザインをよく使っているのをアメリカの雑誌で見ていたので、機会があればつくってみたいと考えていました。

マルセル・ブロイヤーの階段は、何としても単純明快な形が魅力です。実際につくると、たわみが心配でした。最初につくった階段は、強度的には確信がもてませんでしたから、パイプの太さはかなりたっぷりしています（図3-7-⑦）。

「中央電気通信学園宿舎」の3期工事（1955年）のとき、ようやく実験で強度を確かめることができました。実験は、セメント袋を木の段板に載せて、たわみを計測しました（図3-7-⑧a）。実験は構造設計を担当していた後藤寛治さんにお願いしました。そこでわかったことは、この階段は両側の手摺が手摺子と一体で、フィーレンデールの側桁になっているということです（図3-7-⑧b）。手摺がフランジで手摺子がウェブと考えてよいということもわかりました。ですから、手摺子は

図3-7-⑦　中央電気通信学園宿舎（設計／内田祥哉）1期工事。初めて設計した鉄骨階段（撮影：平山忠治）

図3-7-⑧　a　同実験風景。セメント袋を段板に載せてたわみを計測した

図3-7-⑧　b　手摺と手摺子が一体となって側桁の役割をしている

水平のフランジをつなぐウェブで、手摺がフランジで、断面は、面外座屈を防ぐ意味で、幅もあるほうがよい。他方手摺子はウェブの役割を果たす意味と段板を支える意味で、背丈のあるほうがいいし、面外座屈を避ける幅が必要とわかったのです。実験を担当してくれた後藤さんは、手摺は手摺らしく、根太は根太らしくつくると、全体が桁梁として有効になると言っていました。

パイプより、手摺子を板材にしたほうが見た目にシャープで、それがマルセル・ブロイヤーの階段なのです。踏面板は木材ならば6cmくらいで十分です（図3-7-⑨）。

段板にプレキャスト・コンクリート（以下、PCと略記）も使えると考えました。段板にPCが使えれば、屋外でも使えます。

この実験で、極限の部材量によるスレンダーな屋外階段に到達できたと思います。ちなみにそれ以降は、「名古屋第二西電話局」（1954年）や「霞ヶ関電話局」（1956年）でも使っています。

階段にはいろいろな種類がありますが、日本では直線階段が多く、煉瓦造や石造の建物でも、直線階段は木造か鉄骨造が一般的です。煉瓦造や石造で直線階段をつくる場合は、土かアーチで階段を支えます。直線の壁に沿って壁から出した片持ち梁の段板を出す方法もありますが、折返しのある直線階段をつくるには、対向する2枚の壁が必要です。煉瓦造や石造では、古来、高く昇るため階段には丸

図3-7-⑨　中央電気通信学園宿舎3期工事の階段。実験で確かめたスレンダーな屋外階段（撮影：平山忠治）

い煙突のような壁をつくり、内側の壁から出した片持ち梁の段板で回り階段をつくるのが普通です。

珍しい直線階段

世界中にはさまざまな階段があります。その中で珍しいと思うものを紹介しましょう。

まずはじめに、原始的な階段です。伊勢神宮の中で最も古い形式と言われている外宮の御饌殿には木を削り出してつくった原始形の階段があります（図3-7-⑩）。

海外には、1本の材を山型に切り抜いてできた二つの部材を互い違いにずらしてつくった階段もあります（図3-7-⑪）。これを集成材でつくったものもあります。右足と左足を交互に段板に載せて昇り降りするわけです。普通の階段では水平距離が足りない、そんなところで使われています。ずらさなければ普通の階段になりますから、さまざまな幅の階段のための部材にもなります。

そんな部品をPCでつくったものもあります（図3-7-⑫）。一つの型枠で、ある一定の幅のコンクリート部材をつくり、それを複数並べて階段とする方法です。階段の幅は、並べる部材数で自由に変えられます。

図3-7-⑬はイギリスの建築雑誌に掲載されていた小さな階段ですが、手摺子がないのが単純明快です。折返しの踊り場までを1本

図3-7-⑩ 伊勢神宮外宮御饌殿の削り出した原始形の階段（撮影：渡辺義雄）

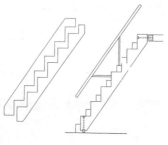

図3-7-⑪ 1本の材を二つに切り抜いて互い違いにずらして左右の足に振り分ける階段。狭いスペースを有効に使える

図3-7-⑫ PCでつくった階段なら、幅を変えられる

図3-7-⑬ 小柄で手摺子のない階段

の手摺でつくっています。

プラハの民家には、ぴったりたたんで壁に収納される階段があります。あるときは廊下に、あるときは階段スペースに共有させようという考えを実現できる傑作です（図3-7-⑭）。

図3-7-⑮はイギリスの雑誌に掲載されていたものです。説明文には「ミニマム・ステアケース、ミニマム・スペース」と書いてありました。踏切のようなバーとそこから紐で吊った段板で構成したものです。半階分の踊り場に到着したら、段板を吊っているバーを踏切のように上に持ち上げるわけです。すると、さらに上半階分を昇れる階段になる仕掛けです。ただ、段板が吊られているので足が載ると不安定なように思います。ハンモックで揺られるような感覚で、当然乗り心地はよ

図3-7-⑭
プラハの民家にある階段。壁にぴったりたたんで収納される（上）が、使うときは左右振り分け階段になる（下は模型、模型作製：平井ゆか、撮影：彰国社写真部）

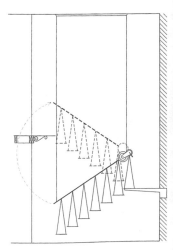

図3-7-⑮ 「ミニマム・ステアケース、ミニマム・スペース」。半階分昇ってから踊り場で降り、バーを上に持ち上げ、さらに上半階分を昇る

図3-7-⑯ 煙突階段。足を左右の棚に交互に載せながら昇り、降りるときはポールを使ってするすると降りる

図3-7-⑰ トロント旧市庁舎の階段。蹴上げ面には美しい石の模様が現れる

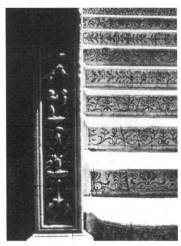

図3-7-⑱ サンマルコ寺院の階段。蹴上げ部分に模様が彫ってある

くないでしょうし、バーがたわむことも考えられます。本当に昇れるのかどうかちょっと不安です。バーを2本にして、角度が変わっても段板がいつも水平になる機構にするのがよいかもしれません。

図3-7-⑯の福岡のビルの煙突階段は、煙突の一方の側面をくりぬいた、メンテナンス用の階段です。中央には1本のポールが立っていて、両側に段板がついています。足を交互に段板に載せながら昇っていくわけです。降りるときはポールを使って忍者のようにするすると降りてこられるという階段です。

トロントの旧市庁舎にある階段は、蹴上げ面の模様が見事です（図3-7-⑰）。蹴上げ面に模様が施された階段はヨーロッパにはよくあります。

石造の階段にも、蹴上げに彫刻のあるものがあります。ベネチアのサンマルコ広場に面して建っているサンマルコ寺院の入り口の階段（図3-7-⑱）は、美しい模様が蹴上げ部分に彫ってあります。伝統がある国だからこ

そできたのでしょう。ほかにも探せば似たようなものがあると思います。日本では奈良東大寺の二月堂にありますが、階段に模様をつけるのは、かなり稀です（p.231参照）

　木造の直線階段でも勾配が一定でないものが三渓園の聴秋閣にあります（図3-7-⑲）。階段下が出入口であるだけなら階段を寄せればいいのですが、上の出入口にも位置を合わせたいがために、曲線階段にしたのでしょう。単純ですが洒落ています。

　こういうものがヨーロッパにあるのかわかりませんが、たとえ同じような階段があったとしても、日本とはつくり方が異なるだろうと思います。土地の狭い日本では階段下のスペースの使い方を緻密に考えています。

図3-7-⑲　三渓園聴秋閣の木造の曲がり階段

3|8 さまざまな曲線階段

回り階段は組積造の壁片持ち階段が原点

階段には直線階段と曲線階段がありますが、直線階段をつくるなら木造か鉄骨造が普通で、曲線階段は組積造が原点です。

煉瓦造でも直線階段はつくれますが、地上にある石段のようなつくり方では、階段が長くなるほど、高いところに昇るほど、土盛りやアーチで土台をつくることになります。また壁から段板を持ち出してつくる階段でも、2階程度の高さまでなら壁の長さも問題ありませんが、3階、4階、あるいは塔のような高さまで昇るためには延々と長い壁がないとできません。ローデンブルグの長い城壁の直線階段（図3-8①）のように、とんでもない長く高い壁がなければ、高いところへも昇ることができません。

では、限られたスペースで上へ昇るためには、どうするのでしょうか。答えは、円筒状の壁の中に螺旋状に上昇するような階段にすればいいのです。高いところに垂直に昇るためにはそれが最善の手段で、物見櫓や見張り塔がまさにそうです。それが組積造の場合の階段の考え方の原点です。そう考えてみますと、組積造に曲線の回り階段ができるのは当然だったことがわかります。

ヨーロッパとは対照的に、日本の古建築には回り階段はありませんでした。日本は木材が豊富で、組積造で回り階段をつくる必要がなかったのです。組積造がなかった日本で、回り階段を見た人は文明開化の産物に見えたのでしょう。そして、似たものを木造でつくってみたのではないでしょうか。そういう歴史的な背景があって、木を使った曲がり階段や回り階段が明治以降日本にできたのだと思います。

一方、明治以後も日本には、組積造の回り階段はほとんどないようです。その理由は、煉瓦造や組積造の多くが、明治24年（1891年）に起こった濃尾地震で崩れたためで、組積造の回り階段が日本に根付かなかったのもそのためだろうと思います。

鉄骨造の回り階段は、かたちとしては組積造の回り階段に似ていますが、構造的にはま

図3-8 ① ローデンブルグの長い城壁。長く高い壁が延々と続き、段板は壁から持ち出される

ったく違います。木造とも違います。鉄骨造の回り階段は18世紀以後にできた階段です。

鉄筋コンクリート造現場打ち階段の難しさ

鉄筋コンクリート造の階段は、現代では見慣れたものでしょう。学校では教えないと思いますが、現場で必ず教えられるのが鉄筋コンクリート造の階段の施工の難しさです。

現場の主任さんは階段のコンクリートの打設には、つきっきりです。たとえば壁と階段を一気に打設するには壁の横に階段のための穴をあけておく必要があります。そこからコンクリートが流れ出てくるのですが、階段の幅が広いとコンクリートが十分階段全体に行き渡りません。そこでコンクリートを掻き出すと、階段を支持する壁の部分がジャンカだらけになってしまうのです。ですから、現場の初心者には階段のコンクリートは絶対に掻き出してはいけない、と教えるのです。コンクリートの階段を打設するときは、段板用のコンクリートは別のところから持ってこなければいけないのです。

この面倒な施工をもう少し簡単にしようと考えたのが、段板の後付け方式です。コンクリートの壁にあらかじめ穴をあけておき、壁が硬化した後に、プレキャスト・コンクリート（以下、PC）の段板を差し込む方法です。

私も後付け方式の階段はいくつかつくりましたが、わかりやすいのが「大阪ガス実験集合住宅 NEXT21」の直線階段で（図3-8 ②）、エントランスの脇の壁が階段を支えています。つくるときに壁にあらかじめ穴をあけてお

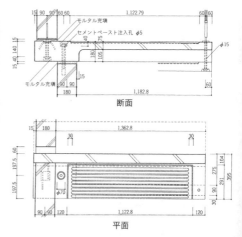

上：図3-8 ② 「NEXT21」の直線階段。壁を現場打ち、段板をPCでつくった（撮影：彰国社写真部）　右：図3-8 ③ 同断面・平面。吊り壁と自立壁の間に段状スリットを設け、脱型後、2枚の壁の前後のずれを利用し、てこの要領でPCの段板を差し込み、垂れにくい片持ち階段とした

て、PCの段板をはめ込み、モルタルでグラウトしたものです（図3-8 ③）。

日本では、この方法はほとんどなじみがありません。壁の穴を段板の大きさに合わせることが大変なのかもしれませんが、最後はモルタルでグラウティングするわけですから、正確さはそれほど必要でないのです。段板もPCなので、仕上げモルタルを塗らずに済みます。壁から持ち出すコンクリートの階段は、この方法がつくりやすいはずと思います。

組積造回り階段のさまざま

外国の古典的回り階段には、狭い空間の中を内方向に螺旋状に回るだけではなく、外方向にも回りながら螺旋状に回る珍しいかたちをした階段があります（図3-8 ④）。円筒形の中の回り階段で、段板の長さが中心にまで達しないと、中央の軸がスパイラルになるのです（図3-8 ⑤）。それ以外にもさまざまなタイプの回り階段があります。

ローマのヴァチカンには中央に大きな空間のある階段があり（図3-8 ⑥）、この階段をF.L.ライトが設計したグッゲンハイム美術館の原型ではないかと言う人もいます。組積造で、たしか幅は2m以上ありますので、キャンティレバーで張り出しているのでしょう。丸い大きなドームから庇のような長いベランダが出ているイメージです。驚くのは、柱もなく、中心部にかなり大きな空洞があることで、鉄筋コンクリート造ならば2mぐらいのキャンティレバーは問題ありませんが、組積造でこういう階段をつくることはとても難しく、根元のほうは相当厚くなっていると思います。当時は名物の階段だったのではないでしょうか。

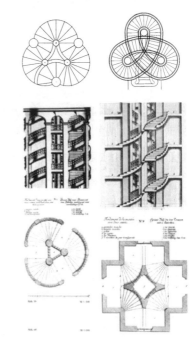

図3-8 ④ さまざまな幾何学でできる複雑な古典的回り階段（東京帝国大学建築学科教材用プリントより）

図3-8 ⑤ 中央の軸がスパイラルな曲線を描く螺旋階段

PCの階段では、ヨーロッパのプレハブ住宅のように、1層分1型枠で積み重ねていくのもあります（図3-8 ⑦）。近代ではオーギュスト・ペレの作品でフランスのル・アーブ

図3-8 ⑦ ヨーロッパのプレハブ住宅「A-BETON」のPCの回り階段。1層分の階段を積み重ねる

図3-8 ⑥ ヴァチカンにある組積造の大きな回り階段。中心部には大きな空洞があり、壁から段板を2m以上持ち出している

左:図3-8 ⑧ オーギュスト・ペレ設計の「サン・ジョセフ教会」。大空間にアクセントを添える見事な回り階段(提供:内田祥士) 右:図3-8 ⑨ 大阪芸術大学塚本英世記念館(設計/第一工房)。アートホールに浮かんだ美しい回り階段(撮影:大橋富夫)

ル市にある「サン・ジョセフ教会」にはシャフト状の見事な回り階段があります(図3-8⑧)。高橋靗一さん設計の「大阪芸術大学塚本英世記念館」の階段(図3-8⑨)も似ていますが、こちらは現場打ちです。

同じ高橋靗一さんが設計した「大阪芸術大学11号館」前にある屋外階段(図3-8⑩)は、PCによる片持ちの回り階段で、1枚の段板

図3-8 ⑩ 大阪芸術大学11号館(設計／第一工房)の屋外回り階段(撮影:大橋富夫)。
右:同断面・平面。壁と段板を一体のピースでつくり、床から片持ちで連続させている

をそれ用の壁と一体化したピースが連続して階段をつくっています。つくり方は、最長の脚のピースの型枠をつくり、それぞれの長さのピースをつくるわけです。出来上がりもきれいです。この階段は、高いところまで昇るのには向きませんが、公園などの屋外階段といった用途に向いていると思います。組積造の階段に近い発想でしょう。

初めてつくった鉄骨の回り階段

日本は鉄骨造の技術がヨーロッパに比べて遅れていて、戦前は倉庫や工場といった建物に鉄骨が使われていました。鉄骨でつくる階段も、直線階段のほうが一般的でした。

私が初めて設計した鉄骨の回り階段は、「中央電気通信学園」の木造宿舎の避難階段(図3-8⑪)です(1期工事、1951年)。戦後間もない頃でしたので鉄材はない時代でしたが、電電公社の建物では、いち早く鉄骨を使うことができました。

この宿舎の本体は木造2階建てで、2方向避難のために2カ所の避難階段が必要でした。当時の日本人の誰もが、鉄骨造は不燃だから火災に強いと信じていて、避難階段をRCにするということは考えていないし、戦前のビルの避難階段は大部分が鉄骨造でした。

避難階段のタイプとして、直線階段と回り階段があるので、その各々を鉄骨でつくってみました。当時の日本に回り階段がなかったわけではありませんが、われわれは知識も乏しく、鉄骨造の設計経験もありませんでした。

「鉄骨なら溶接」と決め込んで、鉄骨の芯棒となるパイプに段板のピースを直接溶接すればできると思ったのが、失敗でした。段板を一つ溶接するごとに芯棒が歪んでしまい、「歪み直しが大変だ」と現場に来た工作所の人にさんざん愚痴を言われました。工作所の人も鉄骨の回り階段をつくったことがなかっ

図3-8 ⑪ 「中央電気通信学園宿舎」の鉄骨回り階段。段板を芯棒に直接溶接としたため、制作者は歪み直しが大変だった

図3-8 ⑫ 「津島電話局」の鉄骨回り階段。芯棒に段板を落とし込んでビス留めしてつくった

たようでした。

「中央電気通信学園宿舎」とほぼ同時期に設計した「津島電話局」でも、回り階段をつくりました（図3-8 ⑫）。場所は、窓口がある客だまり空間の中央です。

当時の電話局には郵便局や銀行にあるような窓口が並んでいて、電話加入の申込みをしたり、料金を払ったりしたのです。

「中央電気通信学園宿舎」の階段づくりで苦労した経験があったので、段板ピースの根元の部分に軸がすっぽり入る輪を設けておいて、その穴に芯棒を通し、段板の位置に合った場所でビス留めにしたのです。今なら誰もがする方法です。実はこの階段、スカート姿の女子職員が上階へ行きにくいといってさんざん叱られました。

珍しい回り階段

鉄骨造のすばらしい回り階段は、北海道の

図3-8 ⑬ サッポロビール園。わが国でつくられた鉄骨回り階段の例

サッポロビール園（1889年）にある煉瓦造の建物の中にあります（図3-8 ⑬）。それから、国会議事堂の塔屋の階段（図3-8 ⑭）も立派です。戦前につくられた鉄骨造の回り階段は

数も少なくほかに思い浮かばないのですが、明治・大正期のもので、今は貴重です。

戦後の回り階段は戦前のものに比べると、格段に繊細でシャープになりました。その代表的なものが、徳川博物館の階段（図3-8 ⑮、設計／谷口吉生）です。村野藤吾さんの千代田生命本社ビル（現 目黒区総合庁舎）の回り階段（図3-8 ⑯）は艶やかなものとして印象的です。

木造の回り階段では、A.レーモンドが設計した軽井沢にある「聖ポール教会」の階段（図3-8 ㉒）が見事です。それは細かい部材を組み合わせて、中央の柱から段板を持ち出すつくり方で、家具的な発想の美しい階段で

左：図3-8 ⑭ 国会議事堂塔屋の回り階段　右：図3-8 ⑮ 水戸の徳川博物館の回り階段。華奢でスレンダーな階段

左：図3-8 ⑯ 千代田生命本社ビル（現 目黒区総合庁舎、設計／村野藤吾）の優雅で美しい螺旋階段（撮影：彰国社写真部）　中：図3-8 ⑰ 中心の軸がない回り階段（設計／Hons P. Koellmann）　右：図3-8 ⑱ ミラノの吊り構造回り階段

す。山形市の旧済生館病院には木造の曲がり階段があります（図3-8 ⑲）。旧済生館病院は1878年にできた七角形の建物で、七角形の各辺に病室がある珍しい建物です。階段は下のほうが直線階段で、途中から曲線になる回り階段です。木造の回り階段では古いものの一つだと思います。日本で木造の階段をつくった人たちは、恐らくヨーロッパから伝わってきた鉄骨階段を見て、軸となる芯があることを知ったと思います。ケヤキを使って階段の軸部分をつくっています。当時は回り階段についての知識がない時代ですから、木造階段は大工さんの腕の見せ所だったはずです。

上左：図3-8 ⑲ 山形市の旧済生館病院の回り階段　上右：図3-8 ⑳ ドイツ・マイセンで見つけた回り階段　下左：図3-8 ㉑ 煉瓦造の中の木造螺旋階段　下中：図3-8 ㉒ 軽井沢にある聖ポール教会（設計／アントニン・レーモンド）の細かな部材を組み合わせた家具のような階段（"ANTONiN RAYMOND ARCHiTECTURAL DETAiLS"より）　下右：図3-8 ㉓ 木造曲線階段の例、喜多方甲斐本店。どれも、大工さんの腕の見せ所

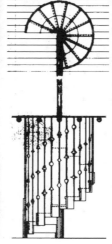

4章 つくる愉しみ

4│1 見て、真似て、発想の糧にする

建物を見る講義

　私が東京大学で教えていた1970年代に、すでに述べたように、日本と世界の興味のある新築建物をスライドで解説するという講義を始めました。時代は20世紀初めから取り上げたかったのですが、その時代に詳しくなかったので、当時の建築史の先生であった太田博太郎先生や藤島亥治郎先生の講義に出てこない1930年代以降の事例を取り上げました。東京大学では教養学部の2年後期の学生に、明治大学では学部3年生を対象にした授業です。

　明治大学での講義も東大の講義を引き継いでいましたので、明大の最終講義の頃にようやくその年まで追いついたように覚えていますから、1996年頃まで続けたことになります。

　大学が都心に近ければ、学生は実際の建物を銀座などに見に行くことができます。でも、遠いと、なかなか建物を見に行けません。ほかの授業への影響もあったので、明大では学生と一緒に見に行くことは残念ながらありませんでした。週1回、1年間で30回ほどの講義です。建築関係の雑誌すべてに目を通して、その中からめぼしい建築のスライドをつくって解説しました。

　今回は、その講義の延長に近いかたちで、私がおもしろいと思った建物についてディテールのお話をしたいと思います。

林雅子さんの「海のギャラリー」

　最初に紹介するのは、林雅子さんが設計した「海のギャラリー」(1966年、高知県)です。講義では林雅子さんの建築を度々紹介しましたが、今の若い人は建物の名前を知っていても、ディテールには気づいたことがないかもしれません。この建物で私が驚いたのは、棟の端から端までを貫いている1本のトップライトです。そのトップライトから自然光が2階の展示室のガラスケースを透過して、1階の展示室にまで届いています。一般の人には何気ないことのように見えるわけですが、実は大変難しいことができているのです。

　私も前々から、このようなトップライトをつくりたいと思ったことがあるのですが、梁などの影を出さないものをどうしたらつくれるか考えていたのです。

　林雅子さんは、あとからトップライトを開

海のギャラリー(設計／林雅子、撮影:村井修)

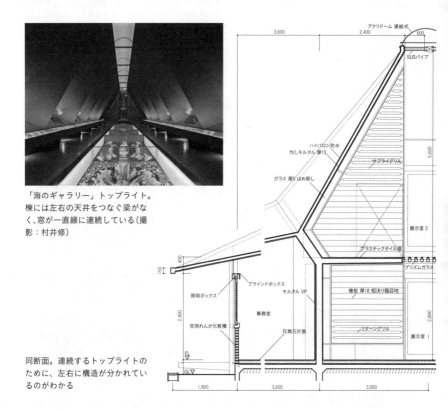

「海のギャラリー」トップライト。棟には左右の天井をつなぐ梁がなく、窓が一直線に連続している（撮影：村井修）

同断面。連続するトップライトのために、左右に構造が分かれているのがわかる

けるのではなく、トップライトのために建物の構造を考えているのです。

つまり、屋根を鉄筋コンクリート造の独立した折版構造にすることで、建物を二つに分けています。梁がない隙間を実現しているのです。林雅子さんの言葉を借りれば、それは空間の骨格です。双方の躯体は地中梁でつながっています。

実は、この建物は大変不便な場所に建っています。規模はそれほど大きくはないので、こんなことをするのは容易ではなかっただろうと思います。

林雅子さんの「海のギャラリー」には、もう一つ感心したディテールがあります。それは照明です。

当時の光源は、白熱灯か蛍光灯が主流でしたから、光源が大きく、シャープな光束はなかなか得られませんでした。そこで、展示ケース内いっぱいの照明を得るために、シャープな光源を工夫しています。

円形のテーブルを半球型のアクリルドームでカバーしていますが、光源が見あたりません。テーブル中央の支柱の足にビームランプを埋め込んで、光源を隠しているので、一見、光源が見えないのです。そして、半球形のショーケースの頂点に上から吊した金属の反射

「海のギャラリー」天井の採光には切れ目がなく、直下にあるアクリルドームの展示台は、脚の中に照明を仕込み、光源の存在を消している(撮影:村井修)

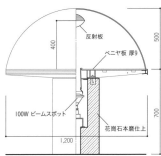

展示台断面。支柱の足にビームランプを埋め込み、上部の反射板で光を拡散させ、内部を照らす仕組み

板があって、下からくるシャープな光束を受けて拡散させ、内部を照らしているのです。

これは永原浄さん(ライティングデザインを多く手がけたインダストリアル・デザイナー)のアイデアで、デザインと製作は多田美波さん(彫刻家)の協力もあったと聞いています。当時としては画期的で、難しい照明条件を、何事もなく、こなしている点に感心したのです。

「海のギャラリー」については、聞くところによると、林昌二さんも発想を手伝ったといいます。そう言われれば、それらしいところもあり、この建築は林夫妻の合作による傑作かもしれません。

ディテールを考える演習

ディテールの勉強はたくさんの建物を見ることから始めて、建物の仕組みを隅々まで理解するようになっていくことが大切、と私は思っています。

そういった理由もあって、大学院でのディテールの授業では、A3用紙にディテールを描くのを「構法演習」としていました。

たとえば、多くの建築家は打放しコンクリートにサッシュ枠を埋め込んで、枠を目立たせないようにします。あるいはガラスの枠が見えないようなディテールにしたい。そういった"格好いい"と言われる部分の写真を与えてディテールを考えさせるという授業です。

課題の例を一つお話ししましょう。伊東豊雄さんが設計した「斜里HOTEL P」(1992年、北海道)は、直方体の客室棟の廊下の北側全面にガラスブロックを使っています。その部分の外観写真を見せて、「外壁のガラスブロックとコンクリートの納まりを1/5の詳細図で示せ」という課題をつくりました。正解を示すために、事前に伊東さんの事務所からガラスブロックの取付け部分のディテールをもらっておきます。学生は、実務の経験がまったくないですから、課題を発表したその場で描かせるのではなく、翌週の講義時間を提出日として1週間調べたり考えたりしてもらうのです。実は、それが勉強になるのです。

講評は提出当日です。優秀な図面を三つくらい、平均的作品も三つくらい事前に選んでおき、みんなの前で採点します。A評価は確か一人だけ、提出したらC評価は与えるということだったと思います。そしてA、B、Cがいくつなら優、良、可に相当するかを事前に学生たちには伝えておきました。そうすると、学生は、あといくつ提出すれば合格するか、またあとA、Bをいくつ取れば優になるかが自分でわかることになり、努力する人もいるし、安心してクラブ活動をする人もいるわけです。

提出図面を見て、時には「これじゃつくれないでしょう」と言い、講評でタネ明かしを

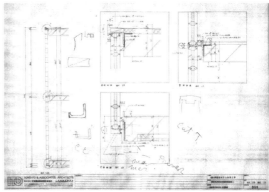

左:明治大学の講義「構法演習」課題No.105。1枚の写真から納まりを想像してディテールを描かせる授業。この回は「斜里HOTEL P」(設計/伊東豊雄)のガラスブロック・ファサードを考える問題　右:正解図。あらかじめ事務所からガラスブロックの取付け部分の図面をもらっておき、授業で納まりを解説する(資料提供/伊東豊雄建築設計事務所)

すると、学生は建築家たちの努力を理解してくれます。

授業で出した問題に通し番号を付けていたら、最終的に100題以上になりました。中には図面をもらっていて写真もあるけれど、雑誌等には発表されていないような建物のディテールも課題として出しました。槇文彦さんや池原義郎さんにも何回も図面をいただき、協力していただきましたし、建物によっては「写真の部分を図面化せよ。仕上げだけでなく、下地および構造体も想像できる範囲で描け」と、かなり突っ込んで描かせる問題もありました。問題はほとんど保存してありますし、優秀な答案もいくつかは保存してあります。昨今でしたら、隈研吾さんの設計した「根津美術館」がよい題材でした。庇は勾配がついていて、寄棟の隅は曲げてなんとかできるけれど、切妻のけらばが難しいと思いました。専門家たちが、ディテールに苦労していることを理解させるのが目的でした。

1960年代のカーテンウォール

図面を描かせる授業では、オフィスビルのカーテンウォールも題材にしました。

事例を一つ紹介すると、すでに50年以上経っているので、今も建物があるのかどうかわかりませんが、大林組のショックベトンを使った「住友商事ビル」(1966年、東京都)は、プレキャスト・コンクリート(以下、PC)のカーテンウォールです。当時の流行で、カーテンウォールはユニットパネルになっており、オープンジョイントで、全体としてもシャープな外観です。

この建物の注目すべきところは、庇に相当する日除け機能として、熱線吸収ガラスをサッシュの前に取り付けていることです。それはサングラスのような役割を果たしており、熱線吸収ガラスの内外を流れる空気で冷やされます。サッシュはガスケットで納めています。パネルの堅目地の接合部は空気と水のバ

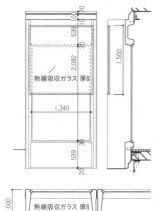

上左：住友商事ビル立面
上右：断面
下：平面
「オープンジョイント」という言葉のない頃に設計された画期的なPCカーテンウォール

リアが別々になっていて、内側に中空層があり、水が入らないようになっています。

これは、現代で言うところのパッシブな解決ですから、当時としては先進的なカーテンウォールで、もちろん「オープンジョイント」という言葉もない頃のものです。歴史的に見ると、オープンジョイントという言葉は、コーキングが登場してから使われたように記憶しています（p.146参照）。オープンジョイントで古いのはピッツバーグにあるアルコアビル（1952年）で、金属のカーテンウォールとしては完璧なオープンジョイントです。

アメリカでは日本のように木製の型枠が安くできませんから、コンクリートのカーテンウォールが高い。逆に日本はコンクリートのほうが安かった。それなら、日本ではプレキャストを使えばよいのですが、そうはなりませんでした。「住友商事ビル」はそんな時代にできた建築で、熱環境への対処を考えたカーテンウォールの名作です。

住友商事ビル（設計／大林組）。外装の前面に熱線吸収ガラスを取り付け、日射を軽減する（『ディテール』10号「今日のディテール」より）

岩田噴霧塗装機製作所ショールーム（設計／広瀬鎌二、撮影：平山忠治）

構造模型。十文字形ユニットと梁を連結して、最下端を基礎梁に固定（撮影：平山忠治）

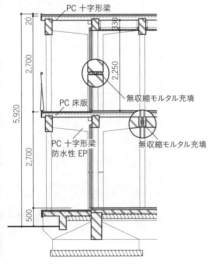

断面。ユニット同士と梁のジョイント部はモルタルを充填する

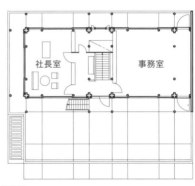

2階平面

1階平面。ピンジョイントでラーメン構造をつくる試み

広瀬鎌二さんのラーメンプレハブ

建築家の広瀬鎌二さんは、プレハブの可能性を追求した建築家です。

最初に紹介したいのは、「岩田噴霧塗装機製作所ショールーム」（1956年）です。2階建ての小さな建物で、現場結合をピンジョイントにしてラーメン構造をつくった例です。

構造部材はやじろべえのようなユニットで、ユニットとユニットの間をピンジョイントするものです。それでも最下端が基礎梁に固定され全体がラーメンになる、という理屈です。

この構法のメリットは、現場ジョイントがすべてピン接合で曲げを負担しませんから、施工が楽なのです。

ブラッセルの「ランベール銀行」や、前川國男さんの「蛇の目ビルディング」の構造も、部品の形が違いますが、現場の接合がすべてピンで全体は剛構造であることは一緒です。しかしこういうディテールは、構造は明快な反面、雨仕舞い、気密、耐蝕等まで考えると難しいことが多いのです。現場の手間が多く、それが普及しない理由です。広瀬さんがこれまで蓄積されてきたものの完成形と言っていい事例が、文化財保存計画協会と広瀬さんの共同設計による「勝山館跡ガイダンス施設」（2004年、北海道）です。

これは鋳鋼を用いた建物で、鋳鋼でつくった床梁・軒梁を、直径140mmの丸柱と接合して、ラーメンを構成するものです。

基礎は、地下にある埋蔵文化財の遺構を傷めないように、盛土した上につくっています。柱と梁の接合部分にねじ切り加工が施してあり、床梁と柱はねじ接合です。机の脚と同じような感覚で差し込んでいるのです。軒梁ははめ込み式で、タップ加工ボルト締めです。屋根は木造の合掌小屋組で、ジョイント金物を使って陸梁と接合しています。これは「岩田噴霧塗装機製作所ショールーム」の延長上の発想です。

接合部はモルタルなどでグラウトしているようですが、「GUP-6」のように、接合部に砂を入れてグラウトすることも可能だと思います。

まだ実物を見ていないのですが、"ぜひ見たい"と思っている建物で、日本の伝統木造を思わせるところもある発想です。

これらを見て、広瀬さんの、思ったことを実現する粘り強さに感心させられます。

まずは真似から

いくつかの事例を挙げましたが、優れた発想やディテールはゼロからは出てきません。「ディテールを描け」という課題は、学生もそれに取り組むことで勉強し、自分で考え、新たな発見につながると思います。調べた上で考えることで工夫や知恵があることに気づき、発想を育てていくわけです。

建築は大量生産でないので、たとえ図面が同じでも建てる施工者が異なれば同じにはなりませんし、メーカーも製作する人も違えばそっくり同じものはできません。鉋削りだってそうです。上手な大工さんの真似をして技術を磨く。ディテールも、誰かが発案したものを真似していけないということはないのです。

よい建物のディテールをたくさん見て、覚えて、それを真似して、さらに咀嚼して自分の糧にする。その姿勢をもつことが大切です。

上：勝山館跡ガイダンス施設（設計／広瀬鎌二、写真提供：広瀬研究室）
左：鋳鋼の柱・梁ジョイント部（写真提供：広瀬研究室）

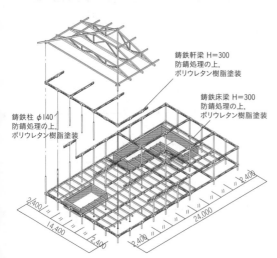

勝山館跡ガイダンス施設、全体架構アクソメ。鋳鋼の柱・梁に木造の合掌小屋組が載る構成

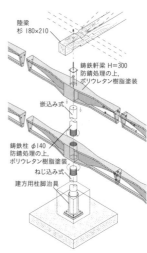

同ジョイント部アクソメ

4|2 日差しと視界

隣棟間隔の根拠

建築を設計していると、しばしば工学的な判断に頼りたくなることがあります。大学を卒業したての頃、中央電気通信学園（以下、中央学園）の宿舎の配置計画を考えたときには、吉武泰水先生の規模算定の理論や、平山嵩先生の日照グラフ等を利用させていただきました。

宿舎を建てた敷地は当時の国際電電の研究所と、その運動場として使われていた所で、敷地のほとんどは雑木林でした。そこに、GHQ（連合軍総司令部）の指導で、急遽訓練施設と宿舎をつくることになったのです。敷地の隣接地は、確かビール会社が所有していたと思います。周辺の用地を1坪300〜400円で買収(註)して、計画が始まりました。

註：山田拾録氏の『電話で暮らした半世紀』（通信評論社、1981年）を参照した。

宿舎群は全体として1本の軸線に沿ってサインカーブのようなうねりをもちながら、軸線に近い所にちょっとしたコモン広場を設けています。当時はまだ住宅公団もなく、鉄筋コンクリートのアパートは同潤会しかない時代だったので、同潤会やドイツのジードルングを参考にしたのです。敷地が広々としていましたから、隣棟間隔を特に狭めることは考えませんでした。しかし当時、どのような根拠で隣棟間隔を決めるべきかまったくわかりませんでした。

隣棟間隔については、資料が何もなかったのが当時の状況でしたが、学生時代に平山嵩先生の授業で配られた日影曲線のプリントがあったので、それを利用しました。それは平山先生がアメリカから持ち帰ったものを日本向きにつくられたものです。

このときつくった日影曲線図は、今の日影曲線図とは違います。私の関心は、隣の建物に影が落ちて日陰にならないように、という

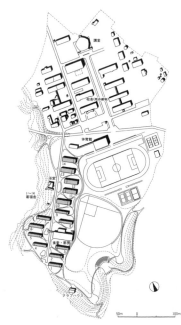

「中央電気通信学園」配置図。淡グレーの部分が寄宿舎。中央通路を中心にうねりを持って配置され、通路から離れた所にコモン広場をもつ

中央学園宿舎外観。2棟ごとに左右を反対にした構成（撮影：2点とも平山忠治）

ことのほかに、建物の北側に草木の育たないところができるのを嫌ったのです。朝日が当たれば植物は育つと聞いていたので、1年中朝日が少しでも当たるように考えたのです。具体的な敷地と建物を対象に日影図を描いたのは、おそらくこれ以前にはないでしょう。1日の中で太陽が何時間どこに当たるか、2時間当たる、3時間当たる……という図をつくり、日が当たらない場所がないことを確かめたのです。建物を西に傾けると朝日は南側に回りにくくなりますが、夕方は少し遅くまで日が当たることになるので、早く帰宅した人はたっぷり日差しが楽しめます。

宿舎の設計を始めた逓信省入省2年目ぐらいのときは、コルビュジエブームで、私は「マテの家」が好きだったし、何よりも日本の家は南側に庇があるべきだと思っていたので、

同外観。手前左側は吹放しの廊下

宿舎では南側に吹放しの廊下（縁側幅2m）を設け、庇を縁側いっぱいまで出しています。上司には、廊下が南側にあるのはどういうことかと注意されましたが、出来上がってからは、小坂秀雄さんにもすごく褒めていただきました。廊下を南側に設けることよりは、南側に大きな庇をつくりたかったのです。庇へのこだわりは、実は後年までも続きます。

そして自宅で南北軸に対して15°振ると北側にも草木が育つことを確かめました。

北緯35°近辺に位置する日本では、庇を設けることで夏は家の中に直射光が入らないようにできます。北欧では太陽が低いので、いくら庇を出しても太陽光が直接入り込んできて、効果がありません。それは日本でたとえると西日が差し込む状態で、北欧ではなるべく南側の窓は閉じたいわけです。モスクワのガラス張りの近代建築は、広い部屋の奥のほうまで直射光が入ってきて、冬は眩しくて、暑くてたまらないのです。

ヨーロッパで庇がない理由は、繰り返し述べているように、雨が日本ほど降らないことです。北欧ではアアルトの建築のようにトップライトを設けることが有効で、日差しをよけて明るさだけを取り入れられるのです。庇がなくてトップライトだけという建築は、日本では夏、暑くてたまらない。私もトップライトでは失敗しました。

日本の庇は実にうまくできているのです。日本で庇を南面の勾配に出した場合、床面に反射した光が天井に再反射して室内の奥まで光を送り、部屋が明るくなります。日本では、冬は庇が日を遮らないのです。

中央学園の宿舎を設計していた頃は、そこまでは考えていなかったと思います。当時の気持ちとしては、南面に彫りの深さを出したかったことと、当時建築家の先輩たちが上を向いた庇を設計していたことに対する反発が

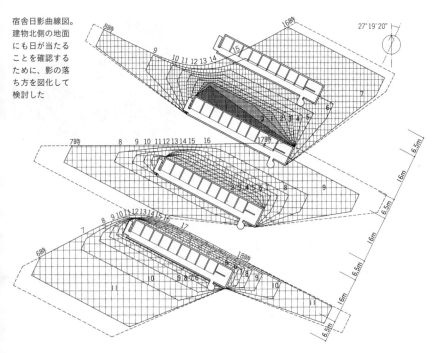

宿舎日影曲線図。建物北側の地面にも日が当たることを確認するために、影の落ち方を図化して検討した

宿舎南側廊下外観。大きな庇をもった幅2mの縁側（撮影：平山忠治）

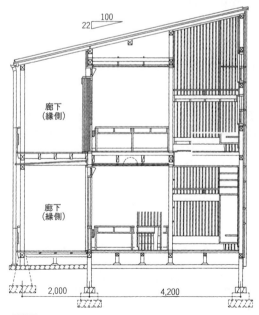

同断面

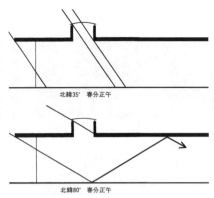

庇とトップライト（南北断面）

前川國男「旧慶應義塾大学病院」。庇を上に向けた建築がひとつの流行であった（写真提供：前川建築設計事務所）

大きかったのです。戦後につくられた木造の「紀伊國屋書店（1947年竣工）」や「旧慶應義塾大学病院（1948年竣工）」、「岸記念体育館（1941年竣工、御茶ノ水の聖橋の際にあった）」は、いずれも庇が上を向いています。多くの前衛建築家が真似をしていましたから、それに対する反発だったのです。

南向きのせがい造り

「武蔵学園」は、それまで陸屋根の雨漏りに多額の防水修繕予算を使っていたので、屋根は庇をたっぷり出した勾配屋根にしたいという前提で、改修と再開発の設計を始めました。直射光を遮るためには、ベランダも庇も同じ効果ですが、ベランダが必要でない場合、室内化した各階を南側に迫り出す断面にしました。具体的には2階を2m、3階も2m迫り出させ、さらにその上の庇が2m迫り出していますから、1階から見れば合計6m張り出しています。6mも迫り出していても、どの階にも日が当たるのです。

図書館の南側にはキャンパス内の道路があるので、結果として道路の上を建物で使っています。この道路は裏門から表門に抜けるた

「武蔵学園図書館」断面。向かって左の南面には日傘のように6mほど迫り出し、キャンパス内の道路を覆っている。向かって右の北面には大ケヤキがあり、日が当たるように図書館北面は段状にセットバックしている

図書館北側の大ケヤキ

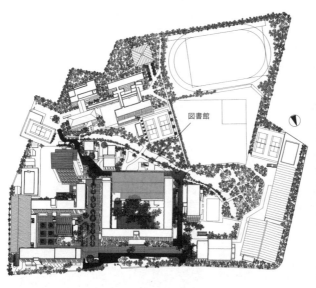

武蔵学園配置。図書館北側の中庭には学園のシンボルツリーである大ケヤキがある

上：同南側夏季。6mほどオーバーハングしているため、直射光は入らない。
下：同南側冬季。太陽が低い冬は各階床に光が差し込む

めの主要道路ですが、キャンパス内ということもあり、たくさんの車が通ることはありません。

日本では、公共道路の上に建物を迫り出すことは法律上できないのですが、ヨーロッパの市街地では道路の上に建物を迫り出す例はよくある風景です。そこで、大学のキャンパス内でそれを実現してみたかったのです。

もう一つ、図書館の北側には武蔵学園にとって大事な大ケヤキがあり、このケヤキに日が当たるようにしたかったのです。そのために建物の北面は、南面とは逆に、段状にセットバックさせています。

視界テストのアドバルーン

有田は陶芸・焼物の町としてよく知られていますが、「佐賀県立九州陶磁文化館」の計画当時（1978年頃）、人口5,000人程度の小さな町でした。幸いにも、設計した時期は有田の景気がよく、今は有田にとって千載一遇の機会だと当時の青木町長は言っていました。この機会を逃しては、今後何十年先になるかわからない、と何度も言われていました。

すでに自衛隊が整地したという丘の上の敷地が用意してあって、町のどこからでも建物が見えるようにという町長の希望もありました。ところが駅に降り立つと、駅の正面からは近くの建物に隠れて丘が見えないということがわかりました。今でも駅の正面から「陶磁文化館」は見えないと思います。当時は高速道路がまだできていないので、幹線道路のバイパスが主要な道路でした。そのバイパスのトンネルを抜けて有田の町に入ったときに、建物がパッと視界に飛び込んでくるようにしようと考えたのです。

建物がどこからも見えるためには、塔のある建物がよいと考え、その塔が駅から見えるかどうか、幹線道路のトンネルを抜け出た瞬間に見えるかどうかを確かめることになりました。地貌模型をつくることなどいろいろ考えた結果、敷地にアドバルーンをあげて、駅やバイパスから見ようということを思いつきました。アドバルーンのワイヤーに高さの目盛りを付けておいて望遠鏡で確認することにしました。さっそく福岡の広告会社に頼んで

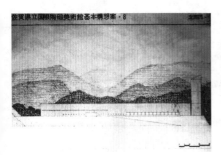

「佐賀県立九州陶磁文化館」。当初は有田の町のどこからでも見えるような塔のある案だった

塔の高さと位置を確認するため、アドバルーンをあげて実証しようとしたが、高さの目印が見えにくかった。残念！

みたわけです。アルセッド建築研究所に相談したのか、あるいは当時助手で手伝ってくれていた九州に詳しい安藤邦廣さんが交渉したのか、はっきり覚えていませんが、確か5万円くらいでできた記憶があります。

　確認は、車で幹線道路から見る班と、駅から見る班の二手に分かれてしたと思います。当時はまだ携帯電話がなかったので、トランシーバーを買い、無線でやりとりをして、アドバルーンの位置を連絡しました。アドバルーンのワイヤーの途中に10m、15m、20mの印を付けておき、あげる位置も敷地の奥と手前に移動させました。アドバルーンはよく見えたのですが、高さの目印が見えにくかったから、難しい観測でした（笑）。しかし、実は、塔を建てる計画はなくなったのです。

　今なら携帯電話とドローンで、はるかに正確な調査ができたろうと思います。

4|3 日本にないものがつくりたい

仕事を始めた頃は戦後の復興期

戦争中の高等学校や大学は、履修期間が半年短縮されていました。早く卒業して兵隊に行きなさいという時代です。でも、戦争が終わると大学は3年に戻りました。

当時の日本は、多くの都市が米軍の空襲で焼け野原になったままで、わずかに残っている戦前の建物は、焼けただれた鉄筋コンクリート造のみという状態でした。逓信省の庁舎は空襲を免れた飯倉の旧貯金局の建物で、半分はソ連（当時）大使館が使い、残りの半分を逓信省が使っていました。

入省当初は、仕事への意欲に反して、なかなか仕事をさせてもらえませんでした。仕事のできない新人のくせに一人前に「仕事はありませんか」と言って、上司に叱られたこともありますが、その後、電話網の復旧が始まると、急に忙しくなりました。当時電話の設置は復興事業としても最優先でしたが、一般家庭は申し込んでもいつ設置されるかわからない状況でした。緊急任務のある人の家だけに優先されていた時代です。携帯電話機が忘れ物になる昨今では、想像もできない事情です。鍋釜も手に入らない資材難で、新築には鋼材はまったく使えないから、すべて木造、それは「本建築」（鉄筋コンクリート建築のこと）がつくれるまでの「仮建築」と考えられていました。木造の電話局、電信局が、全国津々浦々に建設されたわけです。当時の上司は国方さん（国方秀男、1913-1993、当時第一設計係長）で、その手伝いをさせてもらえるようになり、木造庁舎の設計を覚えました。

それ以後は、まさに津波のように設計の仕事が押し寄せてきました。その図面を十数人ほどの人間が、残業に残業を重ねて、1日に何枚描けるかを競って図面を描いていたのです。私も国方さんが描いた200分の1の平面図と立面図から実施設計図を描き起こす作業をしていました。当時の木造は構造図とディテールを一緒に描いていましたから、仕事を通じて設計のあらゆる経験が自然と身についたわけです。

その後、仕事を一人で担当させてもらえるようになり、初めて担当したのが昭和24年に竣工した「盛岡電報電話局」（1949年）、「松本電話中継所」（1950年）です。どちらの仕事もすべて一人で図面を仕上げ、たびたび工事現場にも行きました。

その頃の逓信省営繕部設計課では定期的に設計会議というものがあり、その会議で上司の国方さんや、小坂さん（小坂秀雄、1912-2000、当時課長）に、図面を指導してもらうわけです。今の時代からすれば考えられないくらいの短い期間でキャリアを積んでいました。私が24歳ぐらいのときです。

日本初、ハブマイヤートラスをつくりたい

「中央電気通信学園」（以下、中央学園）

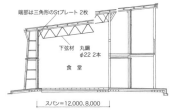

同断面

中央学園食堂（1953年）。ハブマイヤートラスは鉄筋を一山ごとの単位でつなぎ合わせ、下弦材の鉄筋2本で挟み込んで溶接している。上弦材は50×50mmのL形鋼（撮影：国際建築協会）

の一連の仕事は、大学卒業から2年後くらい、一人で仕事ができるようになってから手がけたものです。ほかの人も自分が担当する仕事で忙しく、皆黙々と図面を描いていました。ですから、設計に関してはすべてを一人でしていたのです。

まだ街には喫茶店などはなく、米軍から放出される缶コーヒーが貴重だった頃です。もちろん海外の雑誌など手に入らない時代で、有楽町の「日東紅茶のショールーム」（設計／平山嵩）が米軍に接収され、アメリカ大使館の情報文化センターとして使われていました。そこの図書室にはアメリカの最新の建築雑誌がそろっており、建築家たちは時間を見つけてはそこに通い、最新の情報を得ていました。米軍の占領下で当時はサマータイムもあり、夏は16時頃に終業時間を迎えるので、それから図書室に通ったりしました。

当時、われわれに最も魅力的だった記事は、『Art and Architecture』という雑誌の「Case Study House」で、登場するのは、チャールズ・イームズ、マルセル・ブロイヤー、マッシュー・ノヴィッキーという人たち、斬新なデザインと表現に満ちた各ページに見とれていました。今なら当然コピーをもらうところですが、もちろんコピーの機械などなく、写真もままならぬ時代で、製図の清書に使う薄美濃紙（和紙のトレーシングペーパー）を持参し、細く削った鉛筆で図を写したのです。当時の建築雑誌『Forum』は、まだそれほど広告は多くなかったのですが、その中に鉄筋でつくった軽量のトラスが「ハブマイヤートラス」という名称で紹介されていました。L形鋼で組み立てたトラス以外に鉄骨のトラ

スを知らなかったわれわれには大変目新しく、軽快だったので、さっそくそれを中央学園宿舎の食堂（1953年）や浴室（1955年）の屋根に使いました。

ハブマイヤートラスは、上弦材と下弦材に折り曲げた鉄筋を溶接したもので、今日では仮設材としてもよく見られるものですが、当時、日本では溶接がまだ一般の建築工事に使われていなかったので、まず溶接の実用化に挑戦しなければなりませんでした。そのために、すでに溶接の経験のある横河橋梁の工場に行って、設計図と仕様書の書き方、施工態勢のあり方などを教わりました。中央学園食堂のトラスは、上弦材が2本のL形鋼、下弦材が2本の鉄筋で、斜材は曲げた短い鉄筋です。

これより先に、中央学園宿舎（1期工事、1951年）の回り階段でも溶接を使いましたが（p.191参照）、これは、建築構造材として初めてでした。

講堂のドームトラス

中央学園講堂（1956年）のトラスも軽快なハブマイヤートラスを使ったシェルにしようと考えたのです。

最近聞いた話ですが、日本で建築における溶接の初めは満州で、そこでは溶接で鉄骨造の工場などをたくさんつくっていたそうです。敗戦で、満州での経験は断絶しましたが、橋梁の世界には溶接技術が継続していたわけです。横河橋梁のことはおそらく学会の雑誌で知ったと思います。

ところで中央学園の講堂は、初め鉄筋コンクリート造のシェルでつくることも考えたのですが、坪井善勝と丹下さんがすでに松山で実現していたのでやめました。

鉄骨の立体トラスに思い至ったのは、私も編集委員に加わっていた『建築年鑑』の第1回の賞を受賞した、「八戸火力発電所貯炭場」の屋根がすばらしい出来だったからです。巴組の松下さんが実験と計算で確かめていたのです。まだ日本に鉄骨はほとんどない時代でしたが、発電所は戦後復興の基幹産業です。国策として特別に予算があったからできたのかもしれません。その技術を使えば講堂のドームはできる。そう思って、巴組へ相談に行きました。松下さんは鉄骨トラスに関してはすでに経験と自信をもっていて、巴組として複数の小・中・高校の体育館を手がけていました。

中央学園講堂の鉄骨トラスは溶接ですが、巴組が万事心得ていましたから特に心配はありませんでしたが、寸法誤差でひずみが集積して最後の部材が入らなくなる心配をしたことはすでに述べた通りです。PC三次元トラスは自己修復で自ら安定した形を保とうとするので、万が一寸法がうまくいってなくても全体の形は保たれるわけです。

画期的なものへの衝動

「MIT講堂」の記事では、天井が球面なのは音響的には問題があり、それを浮雲のような反射板で解決しているという記述がありました。「愛媛県民館」も屋根をシェルにしたことで、同じように音が中央に集中して苦労していました。それで中央学園の講堂にも浮雲をつけ、エコーを気にしながら浮雲の位置を定めました。

当時はまだ、音楽ホールでは残響時間を長くし、講堂では短くするということも一般に

中央学園講堂(1956年)正面全景(*『建築学大系40 鉄骨造設計例』より)

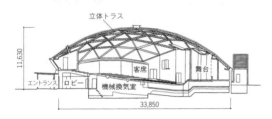

同断面 　　　　　　　　　　　　　　　　　同平面

八戸火力発電所貯炭場(設計/巴組鉄工所、大林組)。鉄骨トラスによる三連のシェル構造(写真提供:巴コーポレーション)

MIT講堂。コンクリートによるシェル構造

同断面

中央学園講堂内観。鉄骨トラスによるシェル構造*

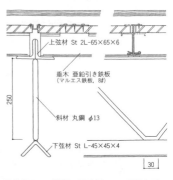

同鉄骨トラス詳細。下弦材にはL形鋼を用い、エッジをシャープに見せている

わかっていなかった時代でした。

しかし、私は吉田鉄郎さんから第二次大戦末期にコペンハーゲンにつくられた放送局のスタジオの話を聞いていました。低音の、ある周波数の残響を取り除くためには、それに合った体積と口の大きさをもつ壺を室内に取り付けると、その周波数の残響がなくなることが発見されたというのです。それが近代レゾネーター（共鳴体）の最初のようです。コペンハーゲンのスタジオでは天井の4隅に設置しただけで、吸い取られるように低音が吸収できたというのです。

それまでは波形に合わせた波形の壁をつくって低音を吸収していましたから、低音になるほど大きな波形の壁をつくらなければならないし、さまざまな音を消すにはさまざまな波形の壁が必要でした。レゾネーターを使えばさまざまな音を吸収できて、工夫すれば高音は反射させ、低音は吸収することもでき

るようになったわけです。

ちょうど講堂の設計を始めた頃、先に述べた、「中央学園宿舎」の記事をイギリスの雑誌『Architectural Design』に載せたいという話が、編集者のモニカ・ピジョンさんからありました（1951年8月）。その手紙に、雑誌の見本が2冊同封されていて、それがロンドンのロイヤルフェスティバル・ホールの特集号だったのです。そこには、ロイヤルフ

ェスティバル・ホールのことと、ドーム・オブ・ディスカバリーの紹介があり、中央学園講堂の屋根と音響設計に大変役立ったのです。ロイヤルフェスティバル・ホールのレゾネーターは表面の壁に小穴をたくさん開けたもので、その背面に厚みのある空間を設け、それをさまざまに仕切ったり吸音材を入れたりすることによって、思いのままの周波数の音が吸収できるというのです。今日では、すでに常識になっていますが、当時は日本ではまだ見たこともないものだったのです。

その記事を読んで、新しい方法なら挑戦してみようと思ったわけです。

が、われわれには設計の経験がありませんし、電電公社にも建築音響がわかる人がいないため、世田谷のNHKの研究所に勤めていた友人の永田穂のところまで聞きに行きました。彼は都立高校の卒業生で、学年も同じくらいで、当時東京には建築学科のある大学が少なかったので、学科を超えた学生同士のつきあいがあったのです。ところが、部屋にはNHKの上役らしい人が居て、追い払われてしまったことを覚えています。

残響時間とエコーについては、建物ができてから何度か測定をしました。

極薄PSPC版

中央学園講堂の正面入口の屋根材には、プレテンションのプレストレスト・プレキャスト・コンクリート（以下、PSPC）版を初めて使っています。それについては「薄くできる」ということがわかったからです。当時鉄道の枕木が木材からPSPCに替わりつつある（p.277参照）という情報と、板は4cmぐらいの厚みでできるという話をメーカーから聞いて、使ったのです。当時の電電公社の建築単価は、他の省庁に比べて予算があったようで、メーカーからさまざまな情報が集まってきました。

電気通信事業は公共事業ですからコンクリ

中央学園講堂エントランス庇。屋根材は4cm厚のPSPC版*

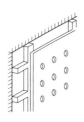

2種類のレゾネーター（共鳴体）。左は板状穿孔共鳴器、右はヘルムホルツ共鳴箱

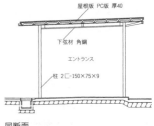

同断面

ート会社も1社ではなく、オリエンタルコンクリートと興和コンクリートの2社を指名しました。施工は入札で勝村建設です。屋根の耐久性については当時はあまり考えませんでした。PSPC版を並べるだけですから、壊れたらまた替えればいいし、木の板より長持ちすればいいくらいに思っていました。コンクリートとしては驚くような薄いものができたわけです。

設計に取り組む環境について、電電公社の営繕が民間の設計事務所と決定的に違うところは、自分たちが施主であるということです。通信省の営繕部は予算をもっている本体で、自分で設計しているのです。電話局や電信局の建設については数も多いので標準設計があり、あまり変わったことは難しかったのですが、保育所、住宅、病院のような厚生施設と学園といった特殊建築は、かなり自由でした。

仕事と図面

戦後の日本は、先進国に比べると20年遅れていると言われていました。ですから、新しいものに対しては何であっても、誰もが好奇心旺盛でした。今と違ってあらゆることが珍しい時代で、どうすれば新しいことができるのだろうといつも考えていました。新しい技術に挑戦してみたいという時代が経験できたことは本当に幸せでした。

建物の耐久性については考慮している余裕もありませんでしたが、それでもこの時代につくった建物はどれも意外と耐久性があります。その一つは、「講堂」の外壁のコンクリートです。これは打放しで、第10回（2000年[平成12年]）のBELCA賞を受賞していますが、そのときの審査員の意見でも、補修が必要な大きな亀裂はいまだにないようでした。もう一つは、屋根の垂木に使った薄い亜鉛引き鉄板で（マルエス鉄板8#）、設計のときには、薄く、軽くすることだけを考えていたのですが、半世紀を経てもまったく変化がないと言っていいでしょう。これは、屋内で雨に当たらないこと、結露してもすぐ乾燥することなどがあるでしょうが、亜鉛引き鉄板の亜鉛の厚さが、今のものより厚いらしいのです。その後、自宅の屋根に葺いた亜鉛引き鉄板は、同じ厚さでも経年変化で孔があいてしまい、チタンに替えました。結局材料にも仕事にも、真面目さと、誠実さが残っていたのではないかと考えています。もう一つは、通信省がつくる建物の現場監理はとても厳しかったのです。監督が駄目と言えば金槌で壊されるほどで、施工者に文句を言わせなかったのです。また、現場監理のスタッフ、職人の数も多く、コンクリートを打つときには大勢の職人と一緒に、私たち設計者も竹の棒で突いてコンクリートを打っていました。そういうことで、今と比べて格段に品質がよいものをつくることができたのだろうと思います。吉田鉄郎さんは、自分が現場に行けないときは写真を撮らせて、その写真に定規をあてて軒先の直線を確認していました。

当時、新しいことをするときは、現寸図に近い図面まで自分で描いていました。設計者が描かないとわからない場合が多かったからです。サブコンや専門職が技術をもっている場合は、建築家の仕事は施工図面を確認するだけですが、新しい技術を使う仕事の場合は違うわけです。しかし、設計者があまり細かく描きすぎると、現場の裁量に任せる部分が少なくなりますから、コストが上がるともよ

く言われています。発注するための指示を出す場合、発注者と受注者に、そこに描かれていることの意図が通じるバックグラウンドがあるかないかで違うわけです。つまり、相互に理解がある場合は「指図」だけでよいと思っています。江戸時代の「指図」というのには、天井伏せに屋根の架構や照明の位置まで指示が描き込んであって、1枚の図面に多くの情報が入っています。馴れた仕事ならば指図も簡略化され、たとえば"隣の家と同じでいい"だけで「指図」になるわけです。本来、建築家の仕事は最小限の指示を出すのがいいと私も思っています。

4｜4　世にないディテールを考えたい

屏風型の手摺

　本格的プレハブ住宅会社ができ始め、各社が試行錯誤をしていた頃の話です。できたものを現場に運ぶ時、「空気を運ぶ」か、「職人を運ぶ」かが議論されたのです。手摺は工場でつくって運ぶと嵩張るので、たたんで運べる屏風型の手摺を考えたのです。屏風は取付けのときの長さの調整が格段に簡単なことにも注目したのです。

　「佐賀県立青年の家」（1967年）は、佐賀市の山あいに建てられた青年のための研修施設です。屏風型の手摺は、吹抜けを見下ろす宿泊室へとつながる廊下にあります。玄関ホールから研修で宿泊する青年たちを迎える空間として、手摺には何か目立つ模様が欲しいと思っていました。

　屏風は、衝立と違って脚がありませんが、ある程度の奥行きをもたせてジグザグ状に広げれば長さの調整が極めて楽な上、立体感もあり自立できます。「たたんで運べて」「現場の取付けが簡単」というイメージに、ぴったりだったわけです。

　屏風型の仕様は、ベニヤ下地にメラミン化粧板・模様張りで、取付けは奥行き200mm、継ぎ手に蝶番を使っています。メラミン化粧板はリッチな漆の象嵌風の模様になります。

ずらせて詰める

　第二次大戦前のベルリンオリンピックでは、狭いスペースに自転車をたくさん駐輪できる自転車置き場が登場しました。

佐賀県立青年の家（設計／内田祥哉＋第一工房）の、玄関ホールを見下ろす吹抜け上に設けられた屏風型手摺

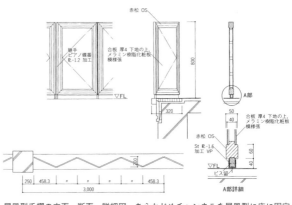

屏風型手摺の立面・断面・詳細図。あらかじめチャンネルを屏風型に床に固定しておけば、現場での取付けは、はめ込んでビスで留めるだけ

自転車のハンドルの幅は約60cm、なのでそれを上下、あるいは前後にずらせると間隔を半分にすることができます。しかしサドルの幅が約30cmなので、これを向かい合わせに組むと間隔は車輪の厚みまで圧縮できます。つまり、向かい合わせれば15cm間隔ぐらいとなります。しかし実際は、さまざまな型式の自転車があるので、それほどうまくはいかないものなのですが……。「名古屋第二西電話局」では、それをつくってみました。実例はそれ以外にないと思っていたのですが、先日訪ねた田園都市線のすずかけ台駅の自転車置き場はそうなっていたので、びっくりしました。

　スーパーマーケットのカートなども重ねて収納できます。「コンパクトに収納でき」「使うときに違和感なく移動できる」ように考えられたものはたくさんあります。

　その一つとして「佐賀県立青年の家」でスリッパ掛けをつくってみました。スリッパが玄関ホールの床に散らかっているのは珍しくありません。ここでは、片手で持てて、スリッパの裏を見せないで収納でき、できれば壁の装飾にもなるような、壁掛けスリッパ置き場をつくってみました。スリッパのつま先側とかかと側の厚さの違いをかわして間隔を詰め、向かい合わせにして間隔を圧縮しました。金具の形は第一工房の高橋靗一さんのデザインです。

　スリッパ掛けは40年経った今でも使われ

名古屋第二西電話局駐輪場。1台おきに高さを変えてハンドルをずらせる。これを向かい合わせに組むことで、型式が同じ自転車なら15cm間隔に置くことができる。自転車を載せるレールが屋根を支えるフレームにもなっている

すずかけ台駅の自転車置き場

ていて、たくさん置かれるほどに整然とし、色違いも壁の装飾になり、欠けている所があるのも模様になっています。

屋根の色は瓦色

　私は40代になる頃まで、瓦の色は素焼きの色だと思っていました。しかし、瓦工場で材料の土が茶色なのを見て、素焼きの色ではなく、酸化や還元で色をつけていることを知

左：佐賀県立青年の家の玄関ホールのスリッパ掛け。裏面を見せないで、掛けやすく、取りやすく、手を汚さず、たくさん掛けられる。壁面を飾ることにもなる（撮影：彰国社写真部）　中：スリッパが使われている時には、残っているスリッパで模様ができる　右：スリッパ掛けアクソメ。掛け金物は鉄棒を曲げ、少しばかりばねを利かせて、チャンネルの胴縁にあけた穴に差し込んであるだけ

ったのです。そこで、色をつけるなら、なぜ黒や銀色、つまり木炭色が圧倒的に多いのかを不思議に思うようになりました。それは、日本人の多くが木炭色を好むのか、あるいは木炭色が日本の気候風土に合っているのか、と考えるようになったのです。そんな考えだったので、「佐賀県立青年の家」の屋根も木炭色にするのが自然だと思っていたのです。ところが、カラー鉄板というものが登場してての頃で、色の種類もせいぜい1色か2色、しかもメーカー側が決めた色に限られていました。規模の小さい工事では新しい色をつくるなど、まったく相手にしてもらえません。

「日本の瓦の銀色」は、実はさまざまに異なった色の瓦が集まった総体としての色で、品質管理の下でつくられた瓦屋根の色とは違います。一方、工業製品はばらつきがあれば欠陥商品と見なされるので、カラー鉄板には目当てとする色がない、もちろん瓦のように色のばらつきもできない……そういった条件の中で、木炭色を実現したいというのは、難題でした。亜鉛鍍鉄板が瓦のように30cmぐらいのピースであれば色を混ぜてモザイク模様ができますが、カラー鉄板は長尺ですから無理、やむを得ず屋根を縞状に葺き分け、遠くから見ると銀色に見えるかもしれないという、試みに挑戦したわけです。結果としては、屋根が縞模様であることに気づく人がいなかったことから、まあ、うまくできたと思っています。

外壁のバルコニーの仕上げは、型枠で凹凸のある縞をつくっておき、型枠を取り外してから全体を黒く塗り、出目地の先端部分をはつったものです。こちらは縞が細いにもかかわらず、はつり部分を少なくしたために、予想外に派手な縞模様になってしまいました。

派手と思うくらいでちょうどいい

先ほどお話ししたように、建築の仕上げは、屋根も外壁もさまざまな色が混ざっているのがいいと考えています。東京大学の建物の外壁のスクラッチタイルは最初、色を指定した

佐賀県立青年の家の屋根は、縞状に葺き分けられ、遠くから見ると木炭色に見えるよう工夫してある
（撮影：3点とも彰国社写真部）

そうですが、窯変するタイルの中から一定の色だけを選び出すことは大変高価になるということをメーカーに教えられ、できたタイルを選ばずに混ぜて張ることにしたそうです。それが、全体として趣のある表情に見えることで評判になったと聞いています。

織物の世界では、多様な色を混ぜるのは当然の手法です。日本の伝統的な織物の絣（かすり）や紬（つむぎ）は、紺と白というかなりはっきりしたコントラストの糸を細かく混ぜて、全体として品のよい色調を創出しています。混ぜ織りは、色のコントラストが強いほど、年月が経っても汚れが目立ちにくいようです。

建物の外壁でも同じことがいえるのです。大阪ガス実験集合住宅NEXT21（1993年、以下NEXT21）の外壁に使ったパネルは、5色のカラーステンレスを用いて、かなり派手なコントラストをつけました。完成した当時は派手で、初めての人は驚いたのですが、今

同外壁バルコニー。型枠で凹凸のある縞をつくっておき、全体を黒く塗り、出目地の先端部をはつった仕上げ

同内部天井。ここも同じく縞模様としている

左：NEXT21（設計統括／内田祥哉＋集工舎建築都市デザイン研究所）。かなり派手なコントラストをつけた外壁（2点とも撮影：彰国社写真部）
右：同外壁詳細。0.5mm厚のカラーステンレスを5色用いたパネル

武蔵学園守衛所（設計／内田祥哉＋集工舎建築都市デザイン研究所）。カラーステンレス板を使ったカラフルな屋根（撮影：彰国社写真部）

は落ち着いて、色使いが派手だという人はいなくなったように思います。

屋根や外壁に限らず、ふぞろいな仕事を職人さんに頼むのが難しくなっています。左官の仕事でも、鏝むらをつくってもらうには格別な単価の職人さんに、芸術作品としてつくってもらわねばならない時代になっています。「NEXT21」の場合でも、外壁をつくった1990年代前半ではすでに工場の製作精度が向上し、一定の、同じ精度の製品をつくることが当たり前となり、「ランダムに」「適当に」といった指示は受け入れられず、結局、模様は複数のパターンを提示し、張る順番を指定したようなわけでした。

「武蔵学園守衛所」（1995年）でも屋根の金属板に色を混ぜています。この建物は、専務理事から、目白通りを歩いてきて目につくようなものを頼む、と言われ守衛所をつくったのですが、それは形の話で、色はどちらかと言えば地味にしたつもりです。完成したときは学生も驚いていたようですが、今ではなじんでいます。実施設計を担当した集工舎の近角真一さんも「NEXT21」での経験がありましたから、色についてはあまり疑問がなかったと思います。

そののち門が移動されたそうで、この建物は使われていないのかもしれません。

建築以外から得たディテールのヒント

言うまでもないことですが、建築のディテールに役立つアイデアには飛行機、電車、船、土木等の他分野に宝の山があります。

飛行機の客室インテリアは、ABS樹脂を使ってすっきりとまとめています。何とかして建築にも使ってみたいと考えていました。ABS樹脂は真空成形が容易で、型枠は雌型だけです。脱型できる形であれば少量でも型がつくれます。雌型の上にABS樹脂を載せ、全体を温め、樹脂を軟らかくして雌型にあけた微細な穴で下から空気を抜くと、樹脂が雌

武蔵大学8号館(設計/内田祥哉+集工舎建築都市デザイン研究所)。ABS樹脂でつくられた天井ダクトカバー(撮影:堀内広治)

型に吸着するのです。それを冷却して脱型すれば完成です。

しかし、ABS樹脂の型枠づくりには時間がかかります。まず、ABS樹脂にも性質の違うさまざまな種類があるので、強度や伸び方によって型のつくり方の検討が必要です。また、メーカーのもっている真空成形台の大きさにも関係があり、それらの制約の中で型を決める必要があります。強度は円筒形のような形であれば簡単ですが、段ボールのように面状の強度を出そうとすると工夫が必要で、設計に時間がかかります。

それと、大事なのは現場の工程に理解を得ることです。普通、天井の取付け工事は建設工程の最後に打ち合わせれば十分と思われているわけですが、ABS樹脂を使う場合は、打合せを半年以上前倒しする必要があります。一つの型枠では製作に時間を要しますし、型を増やす場合は左右の型を分けるかどうかも考えて、設計と生産の間のフィードバックが何度も必要になるわけです。

とにかく普通の現場では「まだ」という時期に天井の打合せをするのが大変でした。「武蔵大学8号館」(2002年)の天井ダクトカバーは、そういう苦労の集積で実現しました。現場の工事は現場づくりのダクトに比べれば簡単で早くできたようですし、出来上がりも予想通りの満足度があり、何といってもメンテナンスのときの取外し、取付けが簡単だろうと思っています。

専門家の協力を力に

最後に工業製品とは縁の遠い部品について、伝統的な様式の建物は、その道の専門家に協力を仰ぐことが必要です。お寺の屋根は切妻屋根よりも寄棟造りのほうが落ち着くと思い、「顕本寺本堂」(2003年) の瓦屋根を寄棟造りにしました。寄棟の瓦屋根の両端には鴟尾、お城でご存じの金の鯱(しゃちほこ)などを取り付けて棟を納めます。

ところで最近のお寺は矩形の短辺のほうが正面になるものが増えています。昔は、多くの仏像を並べるので間口の広いほうから中に入る「平入り」が普通でしたが、最近は大勢の宗徒の参加を取り込むので奥行きが深くなり、「妻入り」が多くなってきたためと思われます。「平入り」の場合は、屋根を正面から見ると鴟尾の姿を横から見ることになるのですが、「顕本寺本堂」は「妻入り」になるので鴟尾が後ろ向きになってしまいます。鯱ならばお尻を見ることになるわけです。それがどうにも気になっていたのです。しかし寄棟の一方の端に宝珠を載せたとして、もう一方が鴟尾ではバランスが悪いし、宝珠にすると、宝珠が二つ棟に並ぶのも不自然です。それを考えあぐねて、顕本寺の場合は、正面から見れば宝珠に見えるが、側面から見ると鴟尾のようなものができないだろうかと考えたのです。しかし、寺社建築に経験の少ないわれわれにとって、それをつくるのはなんとも自信のないことでした。

そのとき助けてくださったのは、奈良のお寺の瓦を長年焼いていた瓦宇の小林章男さんです。私のアイデアを説明すると即座に「やってみましょう」と前向きな返事をくださったのです。

小林さんは、私のスケッチをもとに1/5の粘土模型をつくってくれました。それを修整、加工して、どうやら前から見れば宝珠、横から見れば鴟尾というような感じのものができました。実物はかなり大きいもので、粘土瓦で焼くのも大変そうでした。完成した鴟尾というか宝珠は、これまでにない革新的なものだったのです。われわれは、これを甍賞(いらか)(三州瓦を産する愛知県の陶器瓦工業組合が粘土瓦を使った優れた実施作を顕彰する賞)に応

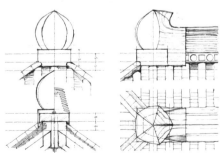

顕本寺本堂(設計/内田祥哉+こうだ建築設計事務所)の棟飾りのスケッチ。正面から見れば宝珠に見えるが、側面から見れば鴟尾、という難しい課題にチャレンジした

工場で製作した棟飾りの実物。瓦宇の小林章男さんに助けられ、どうにか完成

棟の両端に納められた姿。側面からだと鴟尾に見え、正面からだと宝珠に見える（撮影：彰国社写真部）

募することにしました。入賞したのですが、残念ながら革新性に対する評価ではありませんでした（笑）。ただ、妻入りのお寺は増えていますから、参考にしていただけるだろうと思っています。

「顕本寺本堂」の天井の間接照明は、折上げ部分を切断してずらしたもので、「明治神宮神楽殿」（1993年）の折上げ格天井の間接照明と同じです。これも「明治神宮」のときに、神社建築のベテランである川村昭二さんに判断を仰いで、「いいでしょう」と言ってもらえたので、できたものです。

顕本寺本堂内部。天井の折上げ部分を切断して、奥には間接照明を仕込んでいる（撮影：彰国社写真部）

共同設計の醍醐味

私は、設計はいつも共同でやってきました。大学を卒業後、まず最初にコンペをいくつかしたのですが、それがすべて共同設計でした。そのときの経験から共同設計の良さと面倒さを知り、それが共同設計をする自信にもつながっています。

「共同設計は面倒ではありませんか？」と聞かれれば、そう思うことはしばしばですから（笑）、「大変面倒」と答えます。でも、私の場合は、おもしろいと思うことのほうが「面倒」を上回っているような気がします。たとえば、武蔵大学のキャンパス計画のときは一部分をアルセッド建築研究所と一緒にやりましたし、近角真一さんや綜建築研究所とも一緒にやりました。コラボレーターが違うと、統一しようとしても無理です。それがキャンパスに変化と街並みのおもしろさのようなものをつくり出していると考えています。

建築設計事務所を共同で立ち上げる人をたくさん見てきましたが、皆、やがて必ず分裂します。そう考えますと、私はしょっちゅう分裂しているわけです（笑）。ただ、分裂を楽しみながらこれまで続けてこられた理由は、相手によって基本的な考え方が別な方向に育っていく。その成り行きにおもしろさがあるからだと思います。

4|5 模様の魅力、配列の決まり

模様への憧れ

　床に模様をつけることは、今では珍しくないことだと思います。私が初めて取り組んだのは、「中央電気通信学園講堂」（1956年）のロビーの床模様でした。当時は日本全体がとても貧乏な時代でしたから、床に模様をつけること自体、贅沢なことでした。電電公社の予算も限られていましたし、その頃使える床仕上げといえば人造石研出し仕上げで、亀裂防止のエキスパンションジョイントの真鍮の目地棒を使って模様をつくる程度です。当時三菱の煉瓦街がまだ残っていて、その建物を見ますと、見事な人造石研出し仕上げ模様や、モザイク模様がありました（p.171参照）。それらは、今やろうとするとコストは高いはずです。

　当時の日本電電公社は、旧通信省営繕の習慣に従っていて、設計者が現寸図を描いていましたが、この頃私はモデュロールに凝っていたので、模様は黄金比に基づいています。モザイクに近い細かい模様は予算が無理だし、格子模様は当たり前でしたから、カーブを使ったのです。曲線模様は、その当時、ほとんどありませんでした。当時新築されたコペンハーゲン空港には、黒いモルタルの中に真っ白な小粒の玉石を入れた床があり、それが評判で、芦原義信さんが設計された「中央公論ビル」（2000年に解体）に使われていました。

東ヨーロッパの街路

　それから7年後の1963年になって、初めて海外に行ける機会を得ました。ソ連（現ロシア）を経由して東ヨーロッパ諸国を訪れ、プレハブ建築を見るのが目的でした。当時は米ソの対立が厳しい時代で、ソ連に行った人にはアメリカへの入国が許可されないという噂もありました。横浜からオルジョニキーゼという船で2日かけてナホトカまで行き、ナホトカからシベリア鉄道でハバロフスクへ。ハバロフスクから飛行機でモスクワに行き、モスクワに1週間ほど滞在した後、サンクトペテルブルグ、ウクライナ（1991年にソ連から独立）、そして東ヨーロッパに移動してチェコ、ハンガリー、ポーランド、そこから西ヨーロッパに出てロンドンやパリも訪れ、北上してスウェーデン、フィンランドに渡り、最後はデンマークから日本へ帰国するというルートでした。まさに一生に一度の海外旅行というつもりだったのです（笑）。一緒に旅行した人には、後に横浜で活躍する都市計画

「中央電気通信学園講堂」の床。格子模様を基調とした曲線模様

左：プラハの敷石　中：フライブルグの街路。入り口の前にある敷石模様　右：フライブルグの敷石

の田村明さん、京都の建築家・三輪泰司さん、それからソ連建築に詳しい川上玄さんや建設省（当時）の北畠さんがいて、ソ連国内は30人ぐらいのツアーでした。

私は初めての外国旅行でしたから、見るものすべてが驚きで、新鮮でした。ソ連から東ヨーロッパに移動するときは、国境一つで隣同士の国がこんなにも違うところがあるのかと驚いたのを覚えています。東ヨーロッパは、ソ連とはまるで違う西ヨーロッパ風の近代国家だったのです。

中でも、チェコの首都プラハの街並みには感動しました。たしか私たちが訪れた頃は、東ヨーロッパで最も優秀と言われていた自動車「スコダ」を生産していた時代です。プラハに入ってまず目についたことは、街路全体に敷石が敷き詰めてあり、模様が施されていたことです。石の形は正方形に近い長方形で、色は白い石と黒い石の2種類が向きを変えることで、多様なパターンを形づくっています。模様は地味なものが多いのですが、街により、通りにより違い、時に建物や店の名前が入り

ます。あとで行ったコペンハーゲンには色の見事な敷石広場があり、ドイツのフライブルグでも、街路敷石で手の込んだ美しいものを見ることができました。以来、床の敷石には関心をもって詳しく見るようになりました。

堀口捨己先生から学ぶ

日本では床の模様は、敷石等のほか、数寄屋の土間のひふみ石等が有名ですが、日本文化にとってあまり得意でない分野のようで、私の記憶の中では、奈良の東大寺二月堂の階段が印象的です。日本の屋内の床は畳と縁甲板か土間が主流ですから、おそらくモザイク

東大寺二月堂の階段。日本では珍しい床に模様が施された例

模様の発想そのものがほとんどなかったのでしょう。

他方、日本の織物にはさまざまな美しい模様があります。織は染めた糸で織るものですから、これで模様をつくるのは大変手間がかかります。そこで間道（縞模様）がよく使われるのです。緞通は丈夫な布の布目の一つずつに色糸を結び付けて、頭を切る。緞通は目の細かさでグレードが決まります。それに興味をもつようになったきっかけは、堀口捨己先生です。

堀口先生のお宅にお邪魔するようになってから、布の使い方についていろいろなことを教わりました。たとえば数寄屋建築で「高級な布地を使うときには、必ず布地の耳を使え」と。布地の耳というのは、一反に１カ所しかない部分です。耳を使うことで類似のものがない贅沢感が見せられるというのです。さらに、堀口先生は使い古した座布団の生地もすり切れ具合がおもしろいと言われていました。

先生が設計された「八勝館御幸の間」では、織物のパッチワークの使い方を教わりました。私も「原澤邸」等の住宅の襖で似たようなことをやってみたのですが、御施主さんも気に入ってくださいました。住宅設計の場合は、御施主さんの奥さんに「使っていない帯はありませんか？」と一言聞いてみます。そして、使い古した帯があればその一部分で、建物を際立たせるような使い方をする。帯の模様はそのまま建物に張ると強烈なので、使うのはあくまでもちょっとだけ。いやらしくならないように。

自宅でも布地を張っています。安い布地でも、使い古された布地でも、建材の経師用紙と比べると高級感が格段に違います。

「原澤邸」の襖。建具に張られた着物地（原澤邸改修に伴い、現在、妙寿寺猿江別院に利用）（撮影：畑亮）

あり合わせタイル暇な時張り

若い頃は、壁のタイルを床に使えば多種多様な模様ができると思っていたこともありました。恥ずかしいことに、床と壁では使うタイルが異なることを知らなかったからです。

床のタイルは人が歩いたり靴で頻繁に擦れるわけですから、釉薬は剥げ落ちてしまいます。床には、磨り減っても色の変わらない生地の色しか使えないのです。だからモザイク画をつくるときは、色に制限があるわけです。

あるとき有田のタイル工場の隅で、豆腐のように厚いタイルや青や茶色のタイル、穴のあいたタイルや菱形・星形のタイルなどが山積みされているのを見つけました。化学薬品工場で濾過機の中に入れる焼き物だというのです。工場の人に「それは使えますか？」と聞いてみたところ、捨ててあるものだから、おおいに結構と言ってくださった。それを使

ってみたのが「佐賀県立青年の家」で、白い豆腐形をした厚いタイルのみを使い、玄関入り口の飛び石にしています。

そのとき使えなかった奇妙な形のタイルを何とか使ってみたのが、「有田町歴史民俗資料館」の床です。そこで使ったタイルは、形が違うだけではなく厚さも違うので、それを床に張るには並べるだけで手間がかかる。それなら少ない面積にして暇なときにやってもらうしかない、ということになりました。仕様書には「あり合わせタイル暇な時張り」と書いたのです。厚さも、長さも異なります。製作手順は最初、モルタルを入れずにタイルのみを並べ、写真を撮る。現場ではそれを見ながらタイルの高さに合わせた床をつくり、深いものから順にモルタルで固めました。出来上がってみれば厚さの違いは見えないけれど、独特な印象を受けます。これが成功したので、同じ仕様で「佐賀県立九州陶磁文化館」の広場の床にも模様をつくりました。しかし、施工会社にとっては原価は安いが手間が合わないといって、「あれ」はやめてくださいと言われました。

「佐賀県立九州陶磁文化館」のロビーの床模様はこれとはまったく発想が違うものです。タイルを使った整然とした織物模様です。それには平面グリッドが必要で、「陶磁文化館」の場合は煉瓦積みの破れ目地を使ったのです。建物の柱はもとより壁の厚さもモデュラー・コーディネーションにのせて決めてありましたから、タイル割りはそれに従い、模様は自由自在でした。反面、パターンの可能性が多いので、その選択に苦労しました。

色は多色なほど複雑で微妙ですから、当初は10色から20色は使いたいと考えていました。

博多に、微妙な色違いを使って、外壁を博多織模様にした建物があります。近くで見てみると色の違いはほとんどわかりませんが、離れた場所から見ると、色の違いがはっきりわかるのです。微妙な色の違いで派手な模様をつくると、見た目に品がよいものができるのです。でも、共同設計者の三井所清典さんが、色の区別がつかないと間違いが増える、

「佐賀県立青年の家」玄関入り口の飛び石

「有田町歴史民俗資料館」で試みた「あり合わせタイル暇な時張り」。形も厚さも違う廃棄材料利用だが、独特な印象の仕上がり

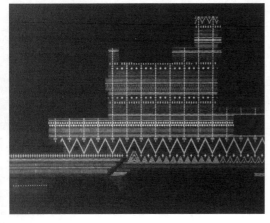

上:「佐賀県立九州陶磁文化館」ロビーの床(撮影:彰国社写真部) 左:タイルの形は2種類、青2色、茶2色、白2色の合計6色でつくられた床の模様

「佐賀県立九州陶磁文化館」広場の一部の床には、あり合わせタイルでつくられた模様を施した

と言うので「陶磁文化館」では基本色を3色に絞り、微妙に色の違うものは大きさと形で判別しやすくしました。形は2種類で、小さいものは正方形、大きいものは長方形です。そして小さいほうを少し濃い色に、大きくて長いもののほうを少し薄い色にしました。結局、青が2色、茶が2色、白が2色。違いは合計6色です。色数は少ないのですが、微妙な色の違いもあり、はっきりしたパターンもあり、深みのある床模様ができたと思っています。

壁紙の凹凸を転写した模様

武蔵学園のキャンパスを流れる濯川の蘇生計画でつくった四つのプレストレスト・プレキャスト・コンクリート(以下PSPC)版の橋の表面につけた模様は、それぞれの橋の個性を表現するためにつけたものです。PSPCにしたことで薄い版としての軽やかさと耐久性は得られましたが、それぞれの橋の個性が見えないので、壁紙を型枠にして模様をつけたのです。脱型の不安がありましたが、以前の経験もあり、うまくできました。

紙の型枠は、住宅公団(現 都市再生機構〈UR〉)による石川島播磨の社宅をつくる際に使っています。その現場は大型パネルを組み立てる試作住宅で、現場の地面にベニヤ板を敷いてコンクリートを打った。1層が硬化したところにまたベニヤ板を敷き、次のコンクリート版を打つ……。その繰り返しでの量産でした。そのとき、ベニヤ板の代わりに新聞紙を使ったところ、できた壁には新聞の記事が読めるほど見事に転写してしまったのです。

そういう経験から、濯川の橋の模様づけには、白い紙の型枠を使いました。厚さ7mmくらいの凸凹した縞模様のある白いビニール

四つの橋の表面にはそれぞれ異なった模様をつけた。すべて元は1種類の壁紙（撮影：彰国社写真部）

レザーの壁紙、1種類です。それを切り貼りして4種類の異なったパターンをつくりました。凹凸がある紙なので、糊が剥がれて動いたり、継ぎ目にモルタルがもれたりする苦労もあったようです。30年ぐらい経てば、電電公社の屋外階段のような雨研ぎ仕上げ（p.276、278参照）になって、石が表面に出てくると思っています。

珍しい模様・大きな模様

限られた予算の中でつくる建築でも、ちょっとした工夫で、表情がつくれます。

「武蔵学園」の中庭は、白と黒のタイルでつくる床のモザイク模様です。予算が極度に少なく、白いタイルは高価なので、量を少なくせざるを得ません。予算から割り出すと1割程度しか使えないというのです。その比率で縞模様をつくると10列に1列ということになって、縞模様にならないのです。そこで、白いタイルを対角線に配した模様にしました。

模様として珍しいパターンを使ったのは、「武蔵大学科学情報センター」の1階エントランスの床です。筑波大学の小川泰教授によって見つけ出されたパターンを用いています。それは結晶学等の分野で注目されている非周期的模様で、正方形とその一辺を辺とする45°の菱形との集合模様です。非周期的模様は、五角形の星形から導かれるものが1974年にオックスフォード大学のペンローズ教授によって発見されたのが始まりで、教授の名前をとってペンローズ模様と呼ばれています。

正五角形から導かれるものは、二つの同型

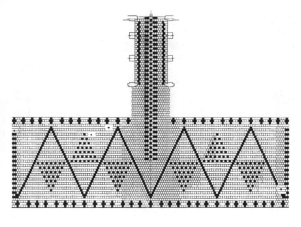

「武蔵学園」中庭第1案。白い石を対角線に配列した模様。白いタイル700枚（図3点とも、伝わりやすくするため、白いタイルを黒で表現している）

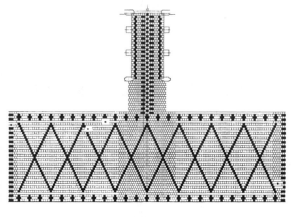

同第2案（決定案）。1割の白い石を使っていかに贅沢に見せるか。白いタイル880枚

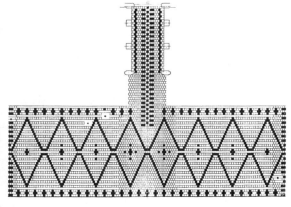

同第3案。白いタイル820枚

「武蔵大学科学情報センター」エントランスの床に用いた非周期的模様（提供：深尾精一）

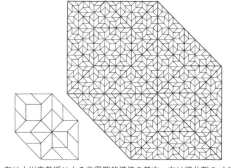

左は小川泰教授による非周期的模様の基本。右は細分割のパターン。無限に繰り返すことのない規則的模様がつくれる不思議なパターン

「武蔵学園8号館」1階廊下のタイル模様（撮影：堀内広治）

の数の比が黄金比に近づき、正方形から導かれる小川教授によって見つけ出されたパターンは、二つの図形の比が$1:\sqrt{2}$に近づきます。そのようなパターンがあるということを教えてくれたのは深尾精一さんでした。深尾さんはペンローズ模様を都立大学（現 首都大学東京）の壁面に使っており、ペンローズ教授もそれを見にきています。

「武蔵大学科学情報センター」で使った模様は、目地心で150mm角の正方形タイルと、それと同一の辺の長さをもつ45°の菱形タイルの組合せです。角度が45°、90°、135°の3種類なので四角い部屋のエッジになじみやすいのです。深尾さんが頑張って全体の配置をまとめてくれました。色の種類は4色あれば塗り分けられるという「地図の原理」があるので、菱形で2色、正方形で2色の計4色を用意し、実際に塗り分けて同色隣接のないことを確かめました。

模様づくりは無限のバリエーションを楽しむ遊びの延長のようなものかもしれません。建築に使う模様はある程度細かくないと見応えのあるものにはなりません。材料は色によってコストが違う場合が多いので、高価な材料は少量にせざるを得ないのですが、先に述べたように、コストの高い材料は対角線模様に使うと、大きな模様に見えて派手になります。

模様はいずれにしても手間のかかるもので、イスラム模様のようなものは手間を惜しまない極限かもしれません。

4｜6　私の住宅設計

初めての住宅設計

1950年代の終わり頃に、初めて住宅を設計する機会がありました。それが「山田邸離れ」(1960年)、家内の父の隠居所です。設計は1959年、仕事から帰ってきて、自宅で図面をつくりました。設計期間が少ない仕事だったと覚えています。

敷地は母屋の庭の一部分でした。取り壊されて今は残っていません。10畳の和室を中央に、それを広縁と廊下で取り囲んだプランです。3畳の控え室と水まわり、それとほんの少しの収納がありました。床の間の設計は、堀口捨己先生の「八勝館桜の間」の床を逆勝手にして拝借しました。構造は、地震と火事に備えて鉄筋コンクリート造にしました。

家内の父は九州出身で、晩年この「離れ」を愛用してくれました。格調ある「離れ」をつくりたかったようで、たとえば「小壁には長押を2段にする」といった希望がありました。一間幅の檜の縁側は、できれば吹きさらしにしたかったのですが、要望を受けて外側にガラスを取り付けたので、温室のような縁側空間になりました。

実は、十進法にのせられる「Dφモデュール」ができたのはこの「離れ」のためだったのです（p.86参照）。

雑木林のある敷地に引越し

「山田邸離れ」が竣工した2年後の1962年、自宅が現在の場所に竣工しました。当時一家は東京都住宅協会が最初につくった恵比寿のアパートの3階に住んでいました。そこから今の土地に引越すことになったのは、家族の健康上の理由です。

実は次男が喘息になって、原因はよくわか

「山田邸離れ」平面。1間幅の縁側は吹きさらしで考えたが、西面が道路に近接しており、遮音の必要から建具を二重にしている

同断面。地震や火事に備えて、鉄筋コンクリート造とした

「山田邸離れ」西面を見る（撮影：下とも平山忠治）

同和室10畳内観。床の間は「八勝館桜の間」（設計／堀口捨己）の逆勝手を拝借した

りませんでしたが、アパートが恵比寿駅の貨物駅を降りた線路沿いにあり、当時の山手線には蒸気機関車の牽引する貨物列車が走っていたので、その吐き出す煙が病気の原因ではないかと言われたのです。そこで、煙のないところに引越そうと決めたわけです。当時は狭い家が普通でしたから、家が狭いことが理由ではありませんでした。

引越し先は、クヌギと松の林でした。土地台帳にも「一部山林」と書いてあり、隣地も雑木林で、道路の向かいは松林、ほかは田んぼでした。現在、庭に銀杏の木が何本かありますが、もともとは雑木林でした（次頁参照）。松はこのあたりでは燃料に使っていましたから、太さ5cmくらいの細いのがたくさん生えていました。そのうちの1本が玄関に、もう1本が庭に残っています。引越しは長男が小学校に入る4月と決め、学校の手続きを済ませ、3輪トラック1、2台分ほどの荷物で引越しました。

引越し先の土地には、満州から引き上げてきた叔父が住んでいましたが、われわれが引越すまでは一軒家でしたから、「やっと人気（ひとけ）が増えた」と喜んでくれました。

自宅のプランを考える

敷地の建ぺい率は10％でしたから、原っぱの中に小屋を建てるような感覚でしたが、

自宅の敷地は水道も電気もない雑木林だった

学生時代の自宅のエスキス。「ケース・スタディ・ハウス」にヒントを得たもの

当時はまわりにも平家(ひらや)が建つと思っていました。

　子どもの頃、住んでいた麻布の家は3階建てで、恵比寿のアパートも3階に住んでいましたから、やはり地面に接しているのがいいと思ったのです。あの頃は現金がない時代ですから、ほとんどの戸建て住宅は平屋でした。増沢洵さんの「原邸」、清家清さんの「齊藤邸」も平屋で、平屋が珍しくない時代でした。むしろ増沢洵さんの「赤坂の家」の2階建ては、とても印象的でした。

　住宅のプランこそが建築設計の基本という考え方から、自宅のエスキスは架空の条件のもと、年に一つくらいのペースでつくっていました。電車に乗ったり、旅行をしたりするたびにプランを考えるのが楽しみだったのです。

　南側の縁側は「中央電気通信学園宿舎」以来で、その蓄積が役に立ちました。エスキスは1/200で描きますが、細かいディテールまで考えながらプランをつくっていました。参考にしたものもたくさんあり、堀口先生の「八勝館 仲見世」では、和室同士の直接続く関

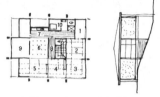

1950年頃のエスキス。これも「ケース・スタディ・ハウス #9」にヒントを得たもの

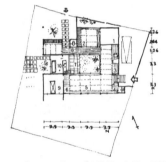

1959年のエスキス。「八勝館」を見て風呂場に庭を設けた

1960年のエスキス。敷地が決まって、実現しようとした案。実行しなかったのは狭すぎる中庭の扱いだった

郭さんの12坪の家

係の、入り組んだラビリンスのような間取りを参考にしました。ラビリンスに関しては岸田日出刀先生のお宅も参考になりました。

ロサンゼルスに建てられた「ケース・スタディ・ハウス」のプランは、どれも大変魅力的で、参考になりました。「霞ヶ関三井ビル」を設計した郭茂林さんの12坪の住宅の試案もシンプルさが魅力でした。郭さんには東大の助手として、学生時代に製図の指導をしてもらいました。

蓄積したプランは、東側か西側に玄関があるものが多かったのですが、実現した家の玄関は北側になりました。堀口先生に自宅を見に来ていただいたときに「アプローチが南にあるのに、なんでぐるっと回った北側に玄関をつくったのか？」と不思議がられたのですが、どうしても南側の開口部が足りなくなり、北側に出入り口をつくらざるを得なくなりました。敷地が広かったので「北側に玄関をつくっても大丈夫だ」と思ったわけです。

一間（いっけん）の広縁をつくる

自宅のモジュールは、南北が1mで東西が1.2mのグリッドになりました（p.105参照）。1.2mのモジュールはなかなか使いやすいですし、建具寸法や収納スペースも具合よくとれるからです。

南に面して東西に抜けた幅2mの広縁があります。「中央電気通信学園宿舎」を設計したときに、南側に一間（約2m）のベランダを兼ねた廊下をつくりましたが（p.209参照）、それ以来の贅沢です。常識では、廊下や縁側

竣工時（1962年）の自宅北面の玄関（撮影：平山忠治）

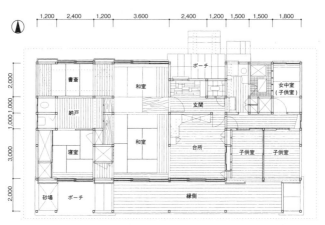

自宅平面。梁間1m×桁行1.2mのモジュール

自宅南面。夏の日差しを遮り、冬の日差しを部屋の中に入れるのにちょうどよい6尺の軒

たっぷりとした軒下空間が生活を豊かにしてくれる(撮影:2点とも平山忠治)

は3尺(約90cm)が普通でした。特に、公団の鉄筋コンクリートのアパートの場合は、そこから壁の厚さを除くと、実際の幅は80cmにも足りないくらいで、ほとんど使えないと言ってもいい状態でした。

それとは逆に、吉村順三さんの「軽井沢の山荘」には一間のベランダがあり、「やはり一間あれば伸び伸びとして、生活感もあって魅力的な空間になる」と思って、一間のベランダに憧れていたのです。

また南側の軒の長さも3尺では、夏の強い日射しが部屋の中にまで入ってきます。6尺以上あれば夏の日射しを遮ってくれます。「中央電気通信学園宿舎」の設計で、日影曲線図を描いていましたから(p.208参照)、6尺余りの軒が夏の日射しを遮り、冬の日射しを部屋の中に入れるのにちょうどよいということがわかっていたのです。

佐藤秀三さんとの出会い

自宅のエスキスをしていた頃、屋根は垂木構造かトラスを予想していました。当時の建築家のつくる住宅はほとんどがトラスか垂木構造で、和小屋はありませんでした。

自宅の実施設計になって、図面を佐藤秀工務店にお願いしたところ、佐藤秀三社長自ら工事図平面を描いて下さり、エスキスの不備な点も直して下さった上で、小屋組は和小屋に直されました。あの頃は和小屋のありがたみをまるで知らなかったから、「和小屋なんて古臭くてやぼったい」と思っていました。「和小屋は幼稚な技術、トラスは進んだ技術」と理解していました。おそらく今でもそう思っている人が多いのではないでしょうか(p.340参照)。

佐藤秀三さんと知り合ったきっかけは、私が東大で初めて教えた学生、佐藤芳夫さんの父上だったことです。佐藤さんの会社のことは知らなかったのですが、「家は工務店をやっています。今度結婚しますので仲人をしてください」と頼まれ、生まれて初めて仲人をさせていただいた。その結婚式で「住宅を建てるときはどうぞ」と言って下さったのです。ちなみに、佐藤秀三さんは、戦後の建築家と

して、作品が重要文化財に指定された数少ない一人です。村野藤吾さんや吉田五十八さんよりも早かったように思います。それは和洋折衷の住宅「旧住友家俣野別邸」です（1939年竣工、1994年7月重文指定、木造2階建て一部地下。残念ながら完全焼失したが、その後原設計で2017年に再建復元）。

自宅の話に戻しますが、佐藤さんが提案された和小屋をなぜ拒否しなかったか。それには理由がありました。

逓信省にいた頃、先輩の山田守さんや吉田鉄郎さんは、きめの細かいディテールを描いておられましたが、図面は描きすぎないこと、描きすぎるとコストが上がるということを、痛いほど経験したからです。

身にしみた経験は「中央電気通信学園宿舎」の設計のときです。矩計図や現寸図、あらゆる図面をきめ細かく描きすぎて、コストがすごく高くなってしまったのです。逓信省内部からも大変叱られましたが、建設会社も大きな痛手を負ってしまったらしく、現場で一生懸命やってくれた方が転勤してしまったのです。そのことは、いまだに申し訳ないという気持ちでいっぱいです。そういう経験がありましたから、予算のない自宅の建設では、大抵のことはおまかせすることにしたのです。

実は、当時新建材だったプラスターボードも使ってみたかったのですが、佐藤さんは予算のことも考えて図面を修正してくださったのです。「屋根は和小屋で、プラスターボードはやめましょう。壁は漆喰。漆喰の下地は竹小舞にしましょう」と変更されました。今となってみると、このほうがはるかに高級です。

寸法については、すでにDφ数表ができていたので（p.86参照）、畳もすべて900mm

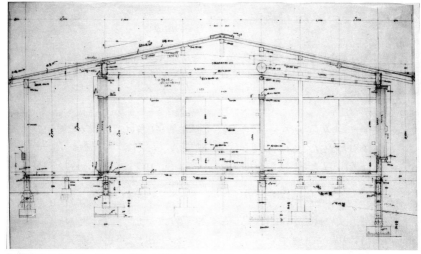

佐藤秀三社長が修正して下さった矩計。予算も考慮して、屋根は和小屋、壁は漆喰、下地は竹小舞

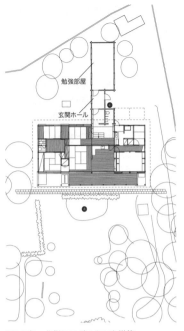

1962年、自宅竣工当時の平面　　　1972年、北側にログハウスを増築

×1,800mmのモデュール、柱間もメーター制です。

　自宅の工事は着々と進んでいたのですが、子どもが小学校に入学する4月1日には完成しませんでした。一家が引越したときは、外側の建具以外はほとんどないという状況でした。それを見にきた佐藤秀三社長が「今までにこんな家を引き渡したことは一度もない」と、大声で下請けの人たちを怒鳴りつけて帰られると、あっという間に建具が入りました（笑）。

　今考えますと、佐藤秀三さんにはいろいろお世話をかけたと思っています。

自宅の増改築

　今の自宅は二度の増改築を経た姿です。主屋ができたときはまだ自宅に書庫はなくて、ほとんどの本は勤めていた大学（東京大学）の書棚にあり、書斎として使っていた自宅の部屋に書棚を置いて、わずかな本や資料を収納していました。

　新築後、10年ほど経った1972年に、敷地の北側にログハウスを増築しました。当時ログハウスは木造プレハブ構法として北欧から輸入されていて、その影響もあって、このログハウスは田中文男さんが開発した国産材のログハウスです。子どもの勉強部屋と玄関ホ

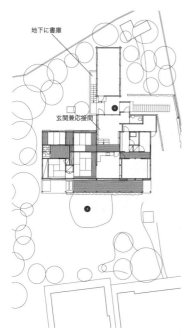

地下に書庫

玄関兼応接間

1996年、玄関兼応接間を改築しログハウスの地下を書庫とした

ール、便所、洗面を増築しました。

　明治大学を退職したときに、大学に置いてあったたくさんの本や資料を自宅に引き取らなければならなくなり、退職から1年後の1996年に、主屋の玄関まわりを玄関兼応接間に改築し、増築したログハウスの下のピロティをブロックで囲って保管スペースとし、古い雑誌と、いただいた抜刷り類のための書庫をつくりました。

住宅と作品性

　私も「山田邸離れ」や自宅を含めていくつかの住宅を設計しましたが、自宅以外は雑誌等に発表しませんでした。

　それは「住宅設計は施主のためにするもので、自分の作品づくりのためにつくってはいけない」という佐藤秀三さんの主張に感銘を受けていたからです。作品になるような家に住みたいというお施主さんの場合は別ですが、住宅を作品として発表することは基本的にはしていません。1964年に竣工した「中村邸」も、発表していない住宅のうちの一つです。これは私にとって3軒目の住宅設計で、クリニックを併設した住宅です。お施主さんは、逓信病院の院長をされていた中村先生です。

　先生とのおつきあいのきっかけは、長男が急病を起こしたときに、先生がわざわざ往診に来て下さり、その足で病院に連れて行って下さったのです。それ以来、先生のためなら何でもしようと思っていました。

　中村先生は白金の社宅に住んでおられたのですが、ある日、川崎の新団地の中心に引越す話をされました。そこは、東急による開発団地の一つで、東急は団地開発に当たり、内科、小児科、耳鼻科などのお医者さんに団地の中心部に住んでもらえる土地を用意していたのです。「家をつくりたい」という中村先生の話をうかがい、さっそく設計をすることになったわけです。

　どういう家を建てましょうかとうかがうと、私の自宅と同じような家がいいというご希望でした。奥さんもお医者さんで、将来クリニックを併設したいという要望がありました。

　これも図面その他は佐藤秀三さんにお願いしました。建てた家は私の自宅とかなり似ています。待合室の机やつくり付けの椅子も図面を描きました。家が完成したときは、先生にもたいへん喜んでいただきました。

　その後先生が亡くなられたあと、家も建て

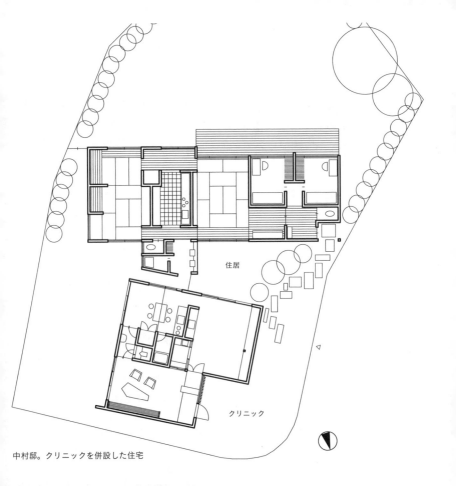

中村邸。クリニックを併設した住宅

同クリニック内観（提供：佐藤秀工務店（当時））

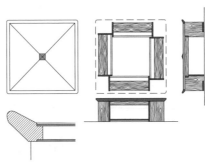

待合室に置かれた家具の図面

替えられて、お医者さんになられた息子さんが新たな家にお住まいでした。雑誌等に発表しなかったので中村邸の写真はほとんどありませんが、クリニックは大壁造り、住宅は真壁づくりです。

建築家と住宅作品の関係は、大きく二つに分かれるように思います。お施主さんを説得して自分の作品としてつくろうとするタイプと、相手の意見を聞きながら、もっぱらお施主さんの要望に応えるタイプです。たとえば前者は篠原一男さんの例が当てはまるでしょう。どちらがよいというものではありません。

趣味人の施主との出会い

私の住宅作品も、成功例ばかりではありません。住宅設計の難しさを痛感させられたのは、1973年頃に完成した「A氏邸」です。

この住宅のお施主さんは、オーディオにとてもこだわりのある方で、出版社にお勤めでした。当時のオーディオ機器は、現在のようにデジタル化されているわけでなく、アナログで真空管のアンプを使っていた時代です。ある原稿の仕事を通じて、編集者としてのAさんと知り合ったのですが、私はそれまで、オーディオ機器にはまったくの素人でした。あるとき「ラジオが壊れたのですが」とAさんに相談すると、以後「こうしなさい、ああしなさい」とアドバイスを下さるようになった。そのうちにAさんの影響を受けて、私の住んでいた恵比寿のアパートのオーディオ機器が次第に高級になっていきました。一緒に仕事をしていた鈴木成文さんも同じようでした（笑）。

そんな頃に、Aさんが家を建てたいと言われたので「じゃあお手伝いしましょう」と、引き受けることになったのです。オーディオに一家言もっておられる人ですから、音響が完璧なオーディオルームをつくればいい。最初はそう思っていました。

木造のオーディオルーム

オーディオルームというものは、演奏会場とはまったくつくりが違うと思います。演奏会場は、そこで実際に奏でた音が室内でミックスされて音がつくられる、一種の楽器です。オーディオルームは、レコードに入っている音を正確に出せればいいのですから、原則として問題は「遮音と吸音」なのです。

しかし、遮音・吸音の完璧なオーディオルームは、Aさんから提示された予算では残念ながらできそうもありませんでした。ですから、予算に納まるものをつくればいいのだろうと思ったわけですが、その考えが間違っていました。

予算が少なかったので木造としましたが、木造では完璧な遮音をすることができなかったのです。当時は今のようにドイツ製の高性能な気密建具が手に入る時代ではありませんでしたから、遮音も気密も、すべて手づくりの製品になります。本来ならば、コンクリートの壁で囲って、厚さ30～40cmの鉄の扉を取り付けるくらいのことは必要だったのです。

予算がないから普通の扉になった。その結果、Aさんにとっては、我慢のできない建物になってしまったのです。

「上手な」住宅設計者とは

小さなオーディオルームであっても、完成したあとに遮音の不具合を直すのは容易なことではありません。木造でできる限りのこと

をしようと考えましたが、無理でした。

仕事が進んでくると、お施主さんは最初の頃よりも欲が出てきます。当初の予算では、照明器具までとても手がまわらないから、設計図には既製品を入れておいたのですが、ある日、とても高価なシャンデリアが取り付けられていました。「そんなことに使うお金があったら、もっと気密性の高い扉にできたのに」、そんな後悔が湧くことが次々と出てきたのです。

その失敗話をしていたら、当時、電電公社にいた木村昌夫さんから、貴重な話を聞きました。「住宅を依頼するお施主さんは、とにかく安くつくろうとする。だけど、その予算でやってしまったら決して満足はしない。最大限のお金を引き出して、最良のものをつくってあげることが、お施主さんに対する一番の親切なんだ」と言うのです。高級住宅の設計に慣れた人は、「もっとこうしたい」「あのようにやりたい」、そういったお施主さんの要望を聞きながら、お金の使い方を上手に案内するようです。

木村さんは、お金のあるお施主さんの住宅設計を経験し、そのあたりを心得ていたのでしょう。旧通信省のようなお役所で予算の枠をはみ出さない仕事のやり方に慣れていた私は、そのあたりのことがまったくわかっていなかったわけです。

二世帯住宅の先駆け——原澤邸

1974年に竣工した「原澤邸」のお施主さんは、中学・高校の同級だった友達です。彼は医学の道に進み、結核の研究をしていました。家内が結核になったときにお世話になったお医者さんでもあります。鉄筋コンクリート造2階建てで、施工はいつものように佐藤秀三さんにお願いしました。場所は東京都北区です。

原澤邸のテーマは、原澤さんご夫婦と、そのご両親のための「二世帯住宅」でした。

この住宅の設計を考えていた1970年代前半は、ちょうど世間では二世帯住宅についての議論が始まったくらいの頃で、日本の住宅数が「1世帯1住宅」になったと言われた直後です。「1世帯1住宅」といっても、それは全国統計の平均であって、住宅が充足されたという実感はまったくなく、田舎では住宅が足りたが都会は足りない状況で、東京の住宅不足はまだまだ深刻でした。

そういう時代ですから「二世帯住宅を二世帯住宅らしくつくろう」という風潮はまだありません。一般には二世帯用の住宅は市販もされていなかったと思います。

原澤邸アプローチ。原澤さんご夫婦とそのご両親の二世帯住宅。二世帯住宅について議論が始まった頃にでき上がった（撮影：畑亮）。

「老人科」の考えを導入

原澤さんの父上は高等学校の校長先生をお務めでしたから、中級以上の家がつくれるという認識で設計に臨みました。

設計に当たって、お年寄りは1階のほうが暮らしやすいでしょうから、1階と2階での住み分けを提案しました。敷地の入り口が狭かったので玄関を別々に離すこともできず、表側と裏側から別々に入るという方法も取れませんでしたから、階による住み分けが自然だと思いました。

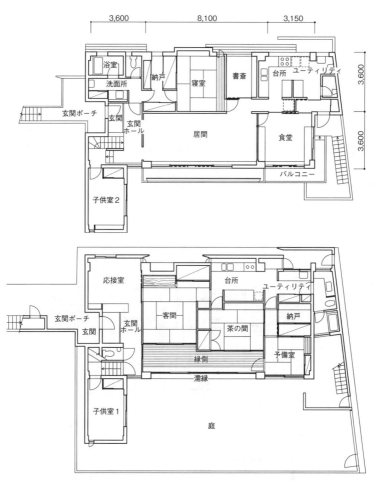

原澤邸（設計／内田祥哉＋鎌田紀彦、1974年）新築時の2階平面（上）、1階平面（下）。ご両親世帯の1階は、当時としては画期的なバリアフリーとなっている

そこで、両世帯の間は柔らかくつなぎたいと考え、階段の踊り場に子どもさんたちの部屋を設けて、それを2世帯をつなぐ鎖のように見立てました。そこを通過して上下の世帯が行き来できるようにしたのです。

原澤さんは当時東大医学部に初めてできた老人科を担当していたこともあって、ご両親の住む1階を「バリアフリーにしたい」という希望でした。今では当たり前ですが、その頃としては大変珍しかったのを覚えています。1階は台所や洗面所にも段差はありません。

甘くみていた設備設計

当時としては先進的な試みに挑戦できた原澤邸でしたが、うまくいかなかったのが空調関係です。今では住宅を設計する際には、エスキスのときから設備のことを考えるのが当たり前ですが、当時は「空調のある住宅」はあまりなく、空調はあとから取り付けるという考え方でした。

冷房についても、ヒートポンプが普及していない時代です。設備設計は当時の大学院生に手伝ってもらったのですが、いろいろ苦労したわりに故障が多く、冷房すると結露が問題になり、部品を取り替えるという考え方もまだありませんでしたから、故障の多い空調になりました。

もし設計が10年あとだったならば、配管スペースを独立させることも当然やったと思います。寿命の短い機器類のために苦労が絶えませんでした。

アルミサッシも登場し始めた頃でしたので、採り入れてみたのですが、シングルガラスの普通のアルミサッシなので、気密も断熱もうまくいかなくて……。木製建具を使ったほうがよかったのかもしれません。

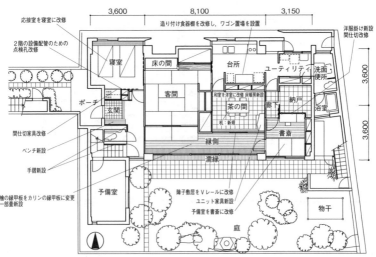

「原澤邸」1階改修（設計／内田祥哉＋こうだ建築設計事務所、1999〜2000年）

未完成な空調設計が今となっては一番残念でしたが、お施主さんは我慢して住んでくれており、大変申し訳なく思っていました。

25年後の改修工事

原澤さんのお宅は、ご両親が亡くなられた1998年頃に、2階に住んでいた夫妻が1階へ移り住むことになりました。

「1階に引越したいのだけれど」という相談があったので、こうだ建築設計事務所の三浦清史さんに手伝ってもらいました。

新築のとき、2階は若夫婦好みで洋風につくりましたが、1階は数寄屋です。襖にはご家族の着物の生地を張り（p.232の写真参照）、床、棚、本棚など、手をかけてつくり込みました。数寄屋の仕上げは、堀口捨己先生からいろいろと教わっていたので、思い通りに設計しました。

空調がうまくなかったのは1階も2階と同じで、いろいろと無理をしていたのが改めてわかりました。縁側の柱の脚元が虫害に遭い、シロアリがいることもわかりました。

1階のご主人、原澤さんの父上は、書斎について具体的な考えをお持ちでしたので、その要望に合わせた書斎をつくりましたが、新たに移り住んだ若主人は、居間の一部分に机が欲しいという考えで、移住に当たって、1階の書斎を改造しました。1999年12月に建築工事を始め、2000年6月にインテリア工事を終えています。

秋田の材木屋さんが40年考えてつくった家

数年前、小原吾朗さんという秋田の材木屋さんが建てた木造住宅を拝見しました。

小原さんとは木造建築研究フォラムを通じての知り合いです。安藤邦廣さんが設計した秋田の横手市立栄小学校に使った材木を提供

改修後の「原澤邸」（撮影：2点とも畑亮）
上：1階縁側　下：和室だった予備室を一部洋室に改修した書斎。正面の襖は古い着物の生地を張っている。

改修後の「原澤邸」（撮影：畑亮）庭より1階を見る。左側に和室、右側に和室から洋室に改修した茶の間

小原邸内観。強度と耐久性を重視した、まさに「普通の家」(撮影:財満やえ子)

した人でした。この学校が竣工した1990年代半ば頃は日本の森林資源がまだ復活していないときでしたので、4寸角の材木を手に入れることは今ほど楽ではなかった。でも、小原さんは山から材木を集め、製材から用材にするところまですべて見てくれた。おかげで、木造建築が絶えていた中で、木造の学校建築が秋田に実現できたのです。

その小原さんが、「40年来考えていた家を実現したから見に来ないか」と言われたので、「これは、ぜひ」と思ったわけです。

民家とは

見学してみて、正直驚きました。「材木屋さんだから、普通の人が手に入らないような高級な材木を使っているだろう」と思っていたら、見事に裏切られました。もちろん、プレハブやツーバイフォーではなく、いわゆる伝統的木造の民家ですが、書院とも、数寄屋とも違う普通の住宅でした。

小原さんの家のつくりは、金物を使わない和小屋を載せた伝統的な木構造でしたから、あえて言えば「普通の家」です。高級な家は、書院造か数寄屋のどちらかになるのに、そのどちらでもないのです。

書院造でない理由は柾目を選んでいないからです。強度さえあれば柾目である必要はないという考えが読み取れました。また、面皮材をほとんど使わず、節も気にしていないから、数寄屋好みでもない。上等な建築は無節

の木を選びます。でも、小原さんの家ではそんなことも気にしていないように見えました。戦後にできた木造オフィスビルの感じで、小原さんが40年考えた結果という内容は、なかなか理解できませんでした。

東京に帰ってきてから改めて考えてみると、「あぁ、そういうことだったのかなぁ」と思うところがあります。小原さんは「民家の原型はこうだ」というところから始まり、「日本の木造住宅はこうでなくてはいけない」と考えたのではないかと思います。それは田中文男さんのつくる建築にも共通していますし、安藤邦廣さんのつくる住宅にも共通です。木肌を気にせずに、強度と耐久性を考えているようです。

小原さんは、民家は書院造でもなく、数寄屋でもないということを言われたような気がします。

練馬の住宅

私が一番思う存分設計できた住宅は、1987年にできた「大木邸」です。住宅で経験してきたことをできるだけオーソドックスにつくった設計で、予算もあまり心配なく、材料も世の中に豊富になった時代でした。図面づくり等を、増沢事務所にいた大庭慶雄さんに頼みました。場所は東京都練馬区です。

この住宅のお施主さんは東京大学の化学の名誉教授で、学園紛争のときの知り合いです。海外での活躍が多く、海外の学者さんを家に招くことも多い生活をされていました。

外国人を呼んだときに「これが日本の住宅だと言えるような家にしたい」という希望がありましたので、和風の住宅をテーマとしています。

和風ならば、書院造か数寄屋がいい。もち

大木邸（設計／内田祥哉＋大庭建築設計事務所、撮影：2点とも荒井政夫）　左：「居間2」から「居間1」を見る。軸組を現し、建物の骨格をはっきりさせている。　右：玄関より「居間1」を見る。外国人でも靴の履替えが容易にできるよう、上下足兼用のスペースとなっている

ろん民家でもいいのですが、この設計をした頃は、まだ民家というものをはっきりとらえてはいませんでした。

書院、数寄屋の住宅で、応接間だけを応接間らしくつくると大正時代の和風建築になってしまう。そうではなく、全体として一つの様式に収まるような、書院造でもなく数寄屋でもない和風の住宅を目指したのがこの住宅の課題でした。

具体的には、建物の骨格（軸組）をはっきりさせています。玄関は佐藤秀三さんから教わった栗ブロック靴墨仕上げとし、上下足を気にせずに外国人でも靴の履替えができるようにしています。また、居間の地袋には帯地を、天袋には着物地を模様合わせして張っています。

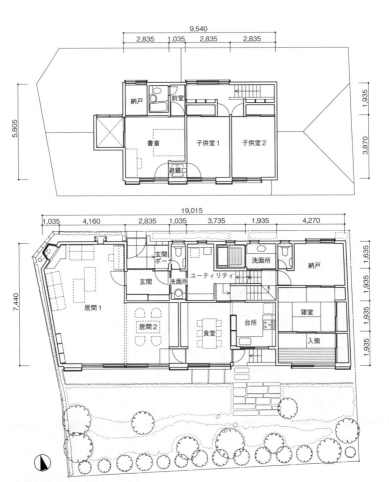

「大木邸」1階平面（下）と2階平面（上）。書院・数寄屋に近い民家を目指した

材質は、土台は青森ヒバ、和室の柱は木曽の檜、和室以外の柱は杉を使って、節のない材を選びました。建具は引戸と障子を入れ、襖地や壁紙は、できるだけ家主さんが持っていた布地を使っています。民家らしい民家ではなく、書院造や数寄屋側に近い民家だと言うのかもしれません。

　私は、日本の木造住宅の木部は塗ったほうがいいと思っています。それは佐藤秀三さんや堀口捨己先生の影響です。堀口先生の作品には塗ったものはありませんが、桂離宮も木部を塗っていることがわかっています。ですから、塗るのが普通ではないでしょうか。たとえば、異なる樹種を多く使うと、色違いが気になります。樹種を気にせず、木目を気にしないために塗るのです。

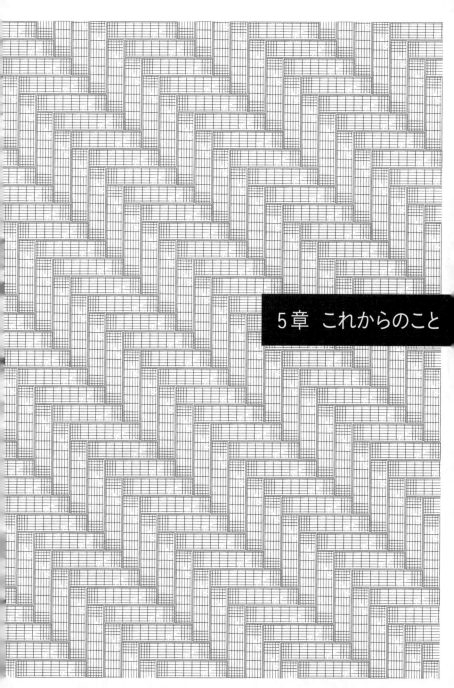

5章 これからのこと

5│1　軽量鉄骨住宅のプレハブ化

軽量鉄骨住宅の黎明期

　日本にL.G.S.（軽量鉄骨）の製造技術が輸入されるようになったのは戦後間もない頃です。そして住宅を軽量鉄骨でつくろうという動きもさっそく現れました。

　軽量鉄骨住宅の試みは広瀬鎌二さんの「SH-1」や、池辺陽さんの作品が先行するのですが、どれにも共通するのは、日本の国力のなさの中で、屋根の断熱性能などがまったく足りていなかったことです。

　天井が低く、夏の室内で立ち上がると屋根の熱気で頭がクラクラするというのです。

　「SH-1」は壁に煉瓦を使っていますが、その面外水平荷重に対する鉄骨の耐力が足りないことが当時はまだ誰にもわかっていませんでした。

プレハブ化に乗り出す

　商品化されたプレハブ住宅は、大和ハウス・積水ハウス等、軽量鉄骨が主流で、1960年（昭和35年）頃に出そろいました。大和ハウスは1959年（昭和34年）に軽量鉄骨パネルによる「ミゼットハウス」を、積水ハウスは「セキスイハウスA型」を1960年（昭和35年）に商品化させました。

　軽量鉄骨で公営住宅をつくる試みは、東京都の都営住宅が始めですが、性能はひどく貧弱なものでした。雨が漏る、隙間から風は入る、隣家の声は筒抜け。屋根は鉄板1枚、外壁はスレート1枚という時代だったから、今の仮設住宅にも遠く及ばないものでした。

　それについては、冬、暖房で室内を暖めると結露でバケツ何杯という水が天井にたまって、大騒ぎになりました。その原因は、暖房によって暖められた水蒸気が上昇し、屋根の鉄板で急激に冷やされ、水になります。水になった途端に体積が減るので、ポンプのように室内の空気をもち上げます。まさに低気圧が水蒸気を吸い上げて、雨を降らせるようなものなのです。

「ミゼットハウス」大和ハウス、1959年（昭和34年）（提供：大和ハウス）

「セキスイハウスA型」積水ハウス、1960年（昭和35年）（提供：積水ハウス）。2017年に国の登録有形文化財（建造物）に登録された

SH-1（設計／広瀬鎌二、1947年、撮影：平山忠治）

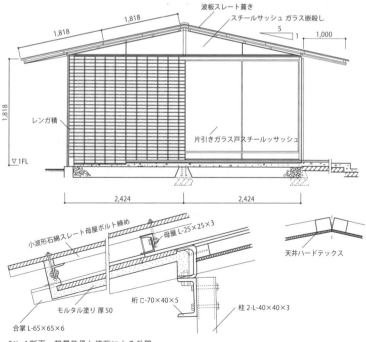

SH-1断面。軽量鉄骨と煉瓦による外壁

木造と違って鉄骨の場合は、アンカーボルトの位置出しに精度が必要です。そこで、普通は鉄板でつくった円錐形の枠をアンカーボルトの頭にはめてコンクリートを打ち、「ゆるみ」をもたせますが、当時の現場はコストがなく、手間もかかるので考えられたのが、大根の利用でした。大根にアンカーボルトを突き刺してコンクリートと一緒に打ち込むと、大根はコンクリートが固まるまでの間に乾燥収縮し、外すのが簡単というのです。もっとも、大根のとれる季節でないと使えないのですが、施工の現場で考えられたアイデアです。

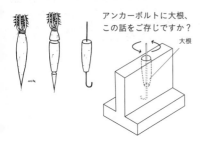

鉄骨プレハブで考えた小さな建物

　1980年代から始まった武蔵大学のキャンパス整備の中には、仮設の計画もありました。
　「武蔵大学第2学生ホール」（1988年）は鉄骨造2階建ての仮設建築で、臨時の学生食堂として建設されました。2.4m角のグリッドを単位にして、限られた部材で自由に増殖できる構法です。構造家の長谷川一美さんが長い間蓄えていたアイデアで、屋根は2.4m角の平面からなる四角錐の鉄骨ユニットの集合です。床フレームは屋根フレームを反転した形です。計画当初から組立と解体を意図していた仮設建築で、今は、ありません（右頁参照）。

　武蔵学園にはもう一つ、1992年頃に、解体できる小さな掲示板と倉庫をつくりました。木造建築のように時間をかけずに組み立てられて、なおかつ解体して移設もできるものです。それを使って倉庫もつくりました。東大の研究室で開発した「GUP-6」（1970年）を使ったものです。「GUP-6」は柱梁構造で、住宅にも、倉庫にもなる木造に似た軸組構造です。掲示板は、実際に解体と移設を経験しましたが（p.36参照）、倉庫は、もしかしたら今でも残っているかもしれません。

　「仮設」には、いずれ壊すというもののほかに、移動を前提としたものもあります。

　都市計画で道路になると決まっているところでは、鉄筋コンクリート造の建物は建てられませんが、木造はつくることができます。アメリカ大使館から新橋に抜ける通称「マッカーサー道路」はまさにそれでした（2014年に開通）。木造イコール仮設というわけではありませんが、木造は再利用できる状態で解体できる、というとらえられ方をしていることもあります。

武蔵大学第2学生ホール（設計／内田祥哉＋集工舎）
左：1階。四角錐の鉄骨ユニットが自由に増殖するシステム
上：2階。屋根は床フレームを反転させた形
（撮影：2点とも彰国社写真部）

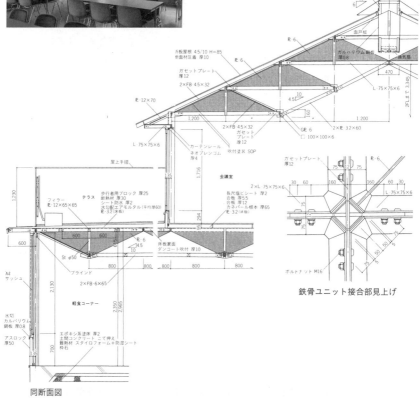

鉄骨ユニット接合部見上げ

同断面図

5|2 コンクリート系のプレハブ住宅

伊藤為吉と田辺平学

　皆さんご存じの通り、古い日本の住宅は、ほとんどが木造です。現在はそれに加えて鉄筋コンクリート造の住宅や、軽量鉄骨を使ったプレハブメーカーの住宅も、当たり前のように数多く見られます。日本における建築の工業化を振り返ってみますと、実は、このプレハブ構法にも日本独自と言えるところがあり、その発展は、日本がこれまで歩んできた歴史と深く関係しています。

　いったいいつ頃から日本はコンクリートのプレハブ住宅に取り組んできたのでしょうか。歴史をたどってみますと、大正初期にまで遡ります。1914年（大正3年）、東大の卒業生である伊藤為吉さんという人が、鉄筋コンクリートによる組立住宅を考案しました。伊藤為吉さんは、演劇界で有名な伊藤熹朔、千田是也兄弟の父親で、燃えない建築をつくることに情熱を注いだ人でした。研究費がなくて友人・知人からお金を借りながら研究を続けた、貧困の発明家です。

　伊藤為吉さんが考案した組立住宅を一言で言えば、木造住宅の部材を、当時新素材であった鉄筋コンクリートで代替したものです。1918年（大正7年）に上野の不忍池のほとりで開催された電気博覧会に、展示されたのが知られています。その壁をつくる技術は後に万年塀として、日本全国に普及しています。

　電気博から5年後の1923年（大正12年）、関東大震災が起こり、東京は火災で大被害を受けます。その後さらに第二次世界大戦でも、日本の大都市は空襲によって焼け野原と化したのです。

　それらの経験から、戦後の復興では建築の不燃化が当然のことでした。伊藤為吉さんが大正時代に考案した架構は、都市の不燃化を熱心に推進していた田辺平学さん（東京工業大学教授）、後藤一雄さんに引き継がれました。

　田辺平学さんを中心とした研究は、「耐火・耐震」「組立式」で、具体的には基礎、柱、梁、壁などの部材をすべて鉄筋コンクリートでつくりますが、部材は木材に倣い、重くても大工さんが2人で運べる重量にしました。この構法は、「プレコン」（PRECON：Precast Rein forced Concrete Truss Construction）と名づけられました（1948年［昭和23年］）。

　柱の太さは150mm角です。これは木造5寸角柱の太さです。柱には細かい凹凸が付いていて、どの位置にも梁を取り付けることができる工夫があります。接合はボルト締め、屋根はトラスというシステムです。軽くするために柱は中空で、電信柱のように回転しながらコンクリートを打ったと聞いています。壁も同様にコンクリート製のパネルで、厚さ40mmのものを柱の間に落とし込んでいました。

　ちなみに、田辺平学さんの夫人は代議士で政治力があり、さまざまな協力を惜しまな

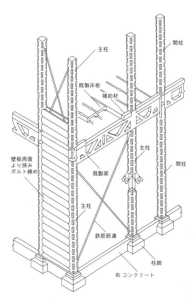

田辺平学と後藤一雄による「プレコン」。木造柱梁構造をコンクリートに置き換える発想

トヨタT&S建設本社に展示されていた「プレコン」の一部(撮影:江口亨)

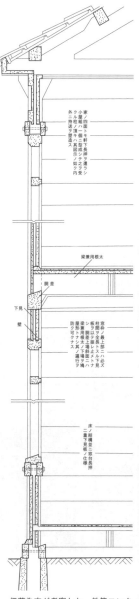

伊藤為吉が考案した、鉄筋コンクリートによる組立住宅矩計図(伊藤為吉『組立混擬石建築ニ就イテ』より)

かったと聞いています。

プレコンの実物は今でも田辺さんのお宅として残っていて、ぜひ保存すべきものと思っています。プレコンは、今でも新鮮な発想です。

田辺さんは、プレコンを特定の会社につくらせようという意思はなく、当時は2社が研究開発に参加し、生産していたようです。そのうちの一つがトヨタ自動車工業（現 トヨタ自動車）より分離したユタカプレコン（現 トヨタホーム）です。

「同軸中間中継所」の建設ラッシュ

プレコンは第二次大戦以前に国鉄（現JR）で使われ、信号所等の小屋として数多く実現していました。当時のポイント操作は手動が多かったので、引込み線の分岐点近くに建てられていました。もしかしたらまだどこかに残っているかもしれませんが、新宿や品川など引込み線のある操車場ではよく見られたものです。

戦後、これに注目したのが電電公社（現NTT）でした。昭和20年代後半、当時、激

電電公社の「同軸中間中継所」。火事や水害から守られるよう、プレコンでつくられた

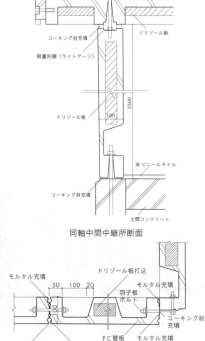

増する通信網を支えるために都市間を結ぶ市外電話線網の充実が必要となっていました。そこで、同軸ケーブル（コアケーブル）と呼ばれる通信網を全国に張り巡らせます。「同軸」というのは、高周波を送ることができる電線の種類のことです。距離が延びると途中でロスした信号を増幅して次の電線に伝える、無人の「同軸中間中継所」（以下、「同軸中中」）と呼ぶ小屋を建てなければならなかったのです。私が通信省を辞めてから後の話になるため、設計には参加しませんでしたが、小さいものの場合は15坪くらいのこぢんまりした建物です。今は光ケーブルなどの登場によりその役目を終えているかもしれませんが、もしかしたら建物自体は今でもどこかに残っているかもしれません。

中継所の建物は不燃である必要があったので、「同軸中中」にとって、「ユタカプレコン」は格好の建物だったわけです。「無人であるため窓がないパネルだけで十分」、種々の条件がうまく合わさり、昭和35年から昭和40年の5年間で500棟に及んだという記録が残っています。

「同軸中中」の大量発注がユタカプレコンを活気づかせたことは言うまでもありません。つくり方もブラッシュアップされ、コストダウンも進みました。ユタカプレコンは「同軸中中」の壁パネルのコストダウンに成功し、新たな仕様をまとめ、1957年（昭和32年）、PC版住宅「トヨライトハウスA型」を開発します。

他方、田辺平学さんのプレコンは、部品の種類が多かったために、現場での組立に手間がかかることが課題でした。そして、残念ながら、この壁式プレハブに取って代わられ、生産がほとんど止まってしまいました。

ところで、建設省（当時）の住宅生産課も、合理化とコストダウンが進んだこのシステム

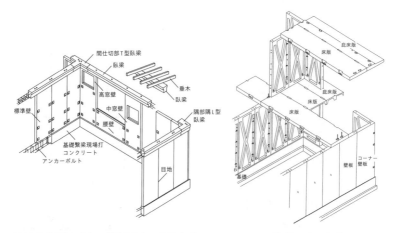

1957年（昭和32年）に開発されたPC版住宅「トヨライトハウスA型（左、平屋建て）」。その後1960年（昭和35年）に開発されたB型（右、2階建て）は軽量化のため薄肉リブ付きPC版を採用しており、これが1962年（昭和37年）より始まる量産公営住宅に受け継がれる

に注目しました。しかし、公営としてコンクリートパネルを1社に発注することはできないので、大成プレハブなど7社を構成メンバーとする組合をつくり、規格は共通とし、パテントを開放し、組合に加盟している各社がそれぞれの製法でパネルをつくり、共通の仕様で供給できるようにして、「量産公営住宅」としての試作をつくります。「同軸中中」は平屋建てでしたが、「量産公営住宅」は2階建てで試作しました。トヨライトハウスには当時、2階建てがあったからでしょう。この間取りは後に、軽量鉄骨構造にも波及しました。

壁パネルの厚さは40mmしかなく、床や

左：量産公営住宅（2階建て）の試作　上：量産公営住宅の外壁パネル施工中（提供：2点とも建築センター）

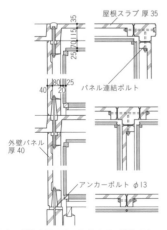

量産公営住宅壁パネル取付け図。外壁パネルの厚さは40mm、床・屋根スラブの厚さは35mm（図面2点：日本建築学会編『工業化戸建住宅・資料』より）

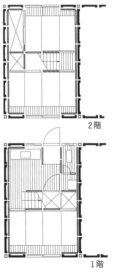

平面図。壁式プレコンを原型とし、パネ協の内装パネルを組み合わせていることがわかる

屋根スラブの厚さも35mmしかありません。それだけでは断熱性能に乏しく、住むには寒い上に内装部品がありませんでしたから、1962年（昭和37年）、建設省の澤田光英さんたちが量産公営住宅独自の開発をすることとなりました。

はじめ、内装は大工にやらせようとしたのですが、人手不足で大工が集まる状況ではなかったので、建具職につくらせることを考え、建具職を集め、日本住宅パネル工業協同組合（パネ協）を設立させて、ここを窓口として引き受けるようにしたのです。

結局コンクリートの枠つき壁パネルにパネ協の内装パネルが納まるということで、量産公営住宅をプレハブ化したシステムができ上がったのです。これはもちろん日本独特のシステムですし、複数のサブシステムが参加できるオープンシステムになったことは、画期的であったと思います。

鉄筋コンクリート造集合住宅

戦後日本の鉄筋コンクリート造は初期のアパートでは壁厚も床スラブも80mmで、住宅公団も最初はおそらく同様でした。後にクリープで問題が起きてから段階的に厚くなったと思います。鉄筋も、初めはシングル配筋の時代がありました（林昌二設計「旧掛川市庁舎」、1955年）。

しかし、もはや当時のまま現存しているものは少ないと思います。当時の建物は耐震補強に目安が立たなかったので、壊さざるを得なかったからです。

1950年代のわれわれは、鉄筋コンクリート造の実務については誰にも教えてもらえない状態で、吉田鉄郎さんが描いた図面を見ながら、見よう見まねで図面を描いていたのです。

以上のような状況の中で戦後まもない頃に建てられた、いわゆる本建築と称された鉄筋コンクリート造も寿命を全うすることがないうちに、次々と壊されることになります。住宅公団（現 都市再生機構〈UR〉）がつくった建物でも、最初の頃のものは今見ると、「これを補強して使い続けられるのか？」というレベルのものです。結局、日本の復興建築は一度ではなく、住宅でみると恐らく3回くらい建て替えたことになるでしょう。

日本の住宅のプレハブ化の話はこのぐらいにしておきたいと思います。そしてこのあとは、[1-4][1-5]でも述べた国家的住宅推進プロジェクトがいよいよ登場することになります。

5|3 永久建築といわれた鉄筋コンクリート造

大正期建築の解体調査

　武蔵学園のキャンパスは新制大学の設置に伴い、大学（文化系大学）と高校（中高一貫教育の高校）で二分して使い分けるようになりました。以来、学園のキャンパスは次々と無計画に建てられた校舎で充満し、太田博太郎学園長の着任のときには、もはや新しい建物を建てる余地がない状況になっていました。そこで太田先生は「武蔵学園のキャンパス再開発計画」を始めるに当たり、マスタープランをつくることを私に依頼されました（1979年）。キャンパス内の容積率は、まだまだ十分に余っていたのですが、空地はほとんどなかったので、既存の建物を壊さないわけにはいかない状況でした。

　そこで一番古い旧制武蔵高等学校のときから使っていた校舎（三号館）の一部を取り壊すことにしました。その建物は1923年（大正12年）からつくり始めたロの字に近い鉄筋コンクリート造の建物で、工事中あるいは竣工直後に関東大震災を経験し、一部に柱の座屈したところもあります。解体したのは南翼で2階建ての低層部分です。

　大正期の鉄筋コンクリート造建物を壊して調査した例は、これまでほとんどありません。コンクリート強度や中性化の状態、鉄筋の発錆状態などを知るだけで価値があります。その調査を、当時大学院生の寺井達夫さん（現千葉工業大学教授）に頼みました。低層部分を切り取った断面を機械と手で平らに削り、鉄筋の実体、配筋位置の図面との違いなどを調べてもらいました。彼は、応用物理学科からの転学生だったので、建築の調査とは思えない緻密な調査をしてくれました。

　この調査報告書は、おそらく日本の鉄筋コ

旧制武蔵高等学校校舎群。中央やや左のロの字型校舎が三号館（1931年撮影）＊

同調査壁体部分全景*

南側柱基部*

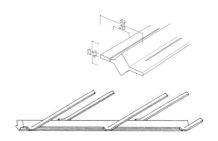

カーン・バー。正方形断面の両脇にひれが付いており（上）、現場でタガネで溝を切ってひれを持ち上げると（下）、せん断筋となる（東京帝国大学建築学科教材プリントより）

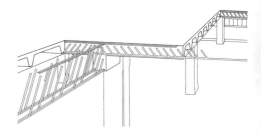

カーン・バーを使用したカーン式工法の説明図（東京大学生産技術研究所村松研究室による報告書より）

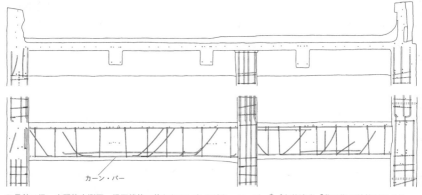

三号館の梁・床配筋実測図。梁下端筋に使われていたのがカーン・バー*（寺井達夫「黎明期の鉄筋コンクリート構造　武蔵大学本館一部解体調査」『建築の技術　施工』1981年9・10月号より）

ンクリート造の歴史の中でも例のない貴重な資料だと思います。鉄筋は前頁の写真を見てもわかるように、コンクリートの打設で鉄の硬さを感じさせないほどヨレた状態になっていることがわかりました。

調査でのもう一つの収穫がカーン・バーの発見です。今では聞き慣れない鉄筋ですが、一種の異形鉄筋で、正方形断面の両脇にひれが付いており、そのひれの部分を切り込んで、持ち上げるとせん断筋になるというものです。東京大学生産技術研究所の村松貞次郎研究室の報告によりますと、カーン・バーはアメリカ人のJulius Kahnが1903年に特許を取得したもので、横浜にあったアメリカの貿易会社が代理店となって輸入していたようです。実際に使われた建物には、金沢市の石川県庁舎、日本電気の工場、立教大学、東京女子大学、帝国ホテル、そして武蔵高等学校などが記録に残っています。残念ながら、帝国ホテルに使われていたカーン・バーは、ホテルが取り壊されたときにすべて捨てられてしまって、今は残っていません。現在東京でカーン・バーの実物を見ることができるのは、清水建設技術研究所の展示室です。そこで武蔵学園で使われていた貴重なカーン・バーは明治村に移築された帝国ホテルにちなんで、明治村に寄贈しました。

一部を取り壊した武蔵学園の三号館は、歴史的に見ても貴重な建物と言えます。現存する日本で最初の鉄筋コンクリート造の建物は、1911年（(明治44年）竣工の「横浜三井物産ビル」と言われますから、武蔵学園三号館も初期の建物の一つです。

戦争中の鉄筋コンクリート研究

私の大学時代の前半はB-29が東京の上を飛んでいましたから、講義はほとんどありませんでした。卒業しても、鉄筋コンクリート造の建物がつくれるようになるかどうかわからない。一生のうちにそれを経験できるかどうかすらわからない時代でした。

大学では武藤先生が鉄筋コンクリート構造の担当教授で、主要な研究は防弾構造としての鉄筋コンクリート建築です。東京大学1号館の後ろに、今はないかと思いますが、煙突のような構造物があり、それは鉄筋コンクリートの防弾構造の実験装置でした。高さは30mぐらいあり、爆弾を落として実験していたのです。高い建物のない当時、上に昇ると景色がよいということで他学科の学生たちも密かに昇っていました。

戦時中は、想像を絶する材料不足の時代で、先に述べたように、鉄はもちろんセメントも不足していました。ですから、建築材料の研究は鉄とセメントを使わない代用品を開発する研究だったのです。

私が覚えているのは、左官材の研究です。日本は昔から左官には慣れ親しんできたのはご存じかと思います。土を固めて土間とする三和土があり、壁には土を塗るための下地として竹でつくられた竹小舞があります。三和土と竹、この両者を使って鉄筋コンクリートの代用ができないかと当時の人は考えていたのです。これらは別な意味で、昨今再び注目されています。

実際、浅間山の火山灰に混ざっている砂を使えばうまくできそうだという話があったらしく、浅間山の麓の有名な星野温泉の協力で、

浜田稔先生のいわゆるセメント代用土の研究が行われていました。

「本建築」と呼ばれた戦後の鉄筋コンクリート造

私が25歳のとき(昭和25年)に設計した「中央電気通信学園(現NTT東日本研修センタ)」の宿舎は木造でしたが、一部に鉄筋コンクリートの壁を使っています。

戦後すぐの頃は、木造の建物は仮建築と呼ばれており、鉄筋コンクリート造の建物を本建築と呼んでいました。つまり、木造はいずれ本建築をつくるための仮につくるものだという意識があったのです。鉄筋コンクリート造の設計は誰にも教わっていません。おそらく吉田鉄郎さんや山田守さんは設計方法をご存じだったと思うのですが、私のまわりの先輩はほとんどが戦争で軍隊に行き、鉄筋コンクリートについて経験のある人がいませんでした。

木造の部材の大きさは構造屋さんと相談で決めますが、意匠図と構造図の区別はなくて、矩計図の中に小屋組もすべて描き込むわけです。当時、木造の詳細図は「便所3年、階段5年」という修業期間が必要と言われていました。仕上げだけでなく内側の構造材もすべて描かなければいけませんから、階段のように複雑な構造材を描き込む必要のある所を描くには、年季が必要だったのです。

木造図面の難しさを普通と思っていたわれわれは、経験のない鉄筋コンクリートの図面をどうやって描いていいのかがわからなかったのです。その当時、鉄筋コンクリート造が建てられるのは、電気通信省のほかには国鉄(現JR)くらいでした。

電話交換が人から機械に代わると、電話局は普通の建物と違って、工事費の9割が機械代で、残り1割が建築費と言われていました。それら高価な機械を火災から守るために、建物は鉄筋コンクリートにしたのです。郵便局が木造で建物をつくっていた時代、すでに電話局は鉄筋コンクリート造になりました。

鉄筋コンクリートは木造建築の基礎、擁壁、防火壁などには使われていましたから、初めて見るものではありませんでしたが、鉄筋コンクリート造の建築となると、吉田鉄郎さんが設計された「中央郵便局」の図面を引っぱり出し、見よう見まねで描く以外に方法がなかったのです。鉄筋コンクリート造の図面には仕上げしか描いてありません。その謎が次第にわかってくると、木造よりずっと楽なことがわかり、気持ちが楽になりました。

当時、旧逓信省の建築の仕上げは「中央郵便局」のようなタイル張りが理想と考えられていたのですが、それは高価で無理でした。

1954年に竣工した「名古屋第二西電話局」は、モルタル櫛目引き仕上げです。「櫛目引き」というのは、木片の側面に7、8mm間隔に打ち付けた釘の頭をニッパで切り落とした手製の櫛で、仕上げモルタルを引っ掻いてスクラッチをつくるのです。

それを最初に行ったのは国鉄だと思います。ちょうど現在の東海道新幹線の東京駅終点部分の北端に国鉄の建物がありました。その建物が小さいながらなかなかの傑作で、櫛目引きの仕上げが評判になり、電気通信省でも櫛目引き仕上げが流行ったのです。上手な左官が豊富な時代でしたから、電話局に手頃な仕上げは櫛目引きということでした。同じ頃設計した中央電気通信学園の宿舎は電話局ほどの単価がないので、ギリギリの予算で、打放

名古屋第二西電話局特別高圧受電室（1954年）。モルタル櫛目引き仕上げの外壁

しになったのです。当時は鉄筋コンクリートが使えるだけでうれしい時代だったのです。

コンクリートの品質に潜む問題

当時、鉄筋コンクリート造の建物は「これこそ本建築」というつもりでつくられていました。コンクリートに耐久性がないなど、誰も思っていませんでしたし、亀裂が入る心配すらしていませんでした。誰もが当然永久建築と思っていたのです。

また、当時は今よりも真剣にコンクリートを打っていたと言えるかもしれません。型枠は大工、現場でコンクリートを打設するのは鳶と土工。スランプは18か19ぐらい、今のものよりちょっと密実なコンクリートを打っています。最近は流動性を増すために混和剤が用いられますが、当時そういうものがなかったので、竹の長い棒で型枠の中のコンクリートをひたすら突く作業をしていたのです。

しかし、大阪万博が終わって間もない頃、BCS賞の審査対象の建物を見に行ったとき、コンクリートの品質の悪さを見てショックを受けたのです。

完成してから1年半ほどしか経過していない壁の全面に派手な亀裂があり、コーキングで補修してあったのです。審査員の誰もがそれを見たくない、見ないふりをしていました。

現場を歩きながら現場監督さんから話しかけられました。実はコンクリートを打設するときから、すでにこのことは予測できていたというのです。それなのになぜ悪いコンクリートを打設しなければならなかったのか？万博当時の悪い交通事情の中で、悪いコンクリートが来たのを断れなかった。断れば、次のコンクリートがいつ届くかわからない、工期が遅れれば会社と施主に迷惑がかかる。だから無理をして使ってしまった結果がこれだというのです。

この建物は強度不足で危険かもしれない。だが上司にそのことを言えば結局上司の責任になる。お施主さんに知れたら会社の責任になる。でも誰にも言わないで事故が起きてよいのだろうか。こんな事情はここだけではない、夜も眠れないほど悩んでいる現場監督さんが、全国にはたくさんいると思う、と悩みを聞かされたのです。「何とかこの悩みを解くために大学で全国調査でもしてこの事実を公表してもらえないだろうか」と言うのです。

この話は聞いたままにしていてはいけないと思いはしたのですが、全国のコンクリートの建物を調査するのは、国レベルでないと予算も研究費も出ません。まして誰もがコンクリートは永久建築と信じていた時代ですから、調べて公表するのも容易でないわけです。で

ル・ランシーの教会(設計/オーギュスト・ペレ、1923年)、修理中

同修理中詳細。表面のコンクリートが剥落し、鉄筋の露出した部分も見えた

ストックホルム市庁舎(設計/ラグナル・エストベリ、1923年)

同詳細。耐久性は過去の実績のみが信用できる

も、いつかそれを明らかにしなければとは思いました。

そのきっかけは、海外で見つかりました。パリにある「ル・ランシーの教会」(オーギュスト・ペレ設計)を見に行った折のこと、それ以前に見たときとは違い、コンクリートがぼろぼろになっていたのです。たまたまその数日前に煉瓦造の「ストックホルム市庁舎」(ラグナル・エストベリ設計)を見、それがほとんど劣化を感じない健全な状態であることを思い出し、建築年代を見たらどちらも1923年竣工だったのです。

エストベリが鉄筋コンクリートをあえて使わなかったのには理由があったのです。彼は自分の一生をかける仕事にいまだ耐久性を信じきれない構造材料を使いたくなかったからだという話は、吉田鉄郎さんから聞いていたのです。この事実を出せばコンクリートの耐久性への疑問を書くことができると考えたのです。そして『新建築』に書いた文章が「コンクリート建築は歴史的建築物となり得るか」という連載記事です。その記事に目をとめてくれたのが朝日新聞の記者・松葉一清さんで、この問題が『朝日新聞』(1982年5月18日付)の記事になりました。

それからの1週間は私にとって、てんやわんやの毎日でした。幸い、土木でのアルカリ骨材反応の記事も出て、それらがきっかけとなって一気にコンクリートに対する信頼感を揺るがすことができたのです。世間も関心を抱き、結果として現場では再び真面目にコンクリートを打つようになったのです。

慣れに対して姿勢を正す

ところが、持ち直したはずのコンクリートの品質は、残念なことに数年後再び悪くなりました。他方、品質の悪いコンクリートでつくられた建物が、建て替えられないでいることが心配でした。話のきっかけになった建物は病院ですが、たまたまその病院に私自身が治療でお世話になることになった際に「この建物は危ないですよ」と院長先生にお伝えしました。すでに世間では鉄筋コンクリートの過信時代は終わっていましたが、建て直しには予算が必要ですから、問題は簡単に解決できるとは思っていませんでした。ところが嬉しいことに、院長先生はただちに手を打って下さり、建替えはすでに完成しています。

建物の安全性については、まだまだ、いろいろ問題はありますが、現在は耐震補強が持主責任になったので、いい方向に向かっていると思います。

理想を言えば、鉄筋がないコンクリートで建物をつくることです。ハイブリッドには、長期的にみると問題が出てくることは防げないのが現状です。材料は劣化したら取り替えられるのが現実的で、できれば、老化した部分は取り替えられて、それ以外の部分を傷つけたり、道連れ工事を伴ったりしないことが理想です。日本の鉄筋コンクリート構造は一体式であるために、それができにくいことが心配です。それに対して木造は、部材の交換ができるために、気候、自然条件が厳しい中で千年以上も耐えているわけです。今後、耐震、耐火の建築を考える上では、ぜひ、耐久上、傷んだ所が取り替えられる構法を開発しなければならないのです。

コンクリートの強度については、より強いものをつくり出すことも必要ですが、その強度が施工の仕方と慣れによる手抜きで、どう

変化するかを追跡することも必要です。武蔵学園のように、建物を壊すときに調査して、記録をまとめて公開する努力をしていけば、何年頃のコンクリートの品質が悪いのか、品質のよいコンクリートはどこにあるのかといった情報が広く伝わるようになり、補強等の対応も変わってくるように思います。

　いずれにせよ、本来丁寧に仕事をしていれば、大丈夫なのです。

5|4 真面目につくったものは長持ちする

23年後の性能証明

1980年7月7日、電電公社が一つの報告書を作成しました。「霞ヶ関電話局塔屋屋外階段踏板PC板の減耗度調査」と書かれたその報告書には、竣工から約23年経過した霞ヶ関電話局の、プレストレスト・プレキャスト・コンクリート（以下、PSPC）の屋外階段の段板を調査した結果が記されています。調査をすることになったきっかけは、建物の外壁に亀裂が見られたためでした。壁の亀裂からは雨も漏っていたかもしれません。そのため、建物全体の状態を調査し、補修しようというわけです。

1956年に竣工した「霞ヶ関電話局」は、当時としては大きな建物で、武藤清先生の有孔壁の耐力計算を採用した最初のものだと思います。それまでの構造計算では、壁に窓がある場合には、壁はないものと考えることが一般的でした。けれども武藤先生は、壁があれば耐震的に役立つはずと考え、そのための計算式を開発しました。建物の下階は窓を小さくし、建物の上階は水平力が小さいから窓の大きい建物を考えました。

壁の厚さは、通常の壁より厚い18〜20cmぐらいの壁厚で設計を進めていました。ところが、設計が終盤にさしかかる頃になって、計算上は壁を厚くしないと耐えられないということを言われ、壁厚は22cmになり、さらに25、28、ついに30cmという、その頃の日本では信じられないような壁厚になったのです。構造計算をしてくれた高坂清一さんにその理由を聞くと、壁を厚くすると硬くなる、結果そこに水平力が集まるから、壁はさらに厚くしなければならないというのです。その頃は、耐力壁でない壁の厚さはせいぜい12〜15cmぐらいです。ただ、電電公社の建物は積載荷重が大きく（1t/㎡）、階高が高く、必然的に鉄筋量が多くなって、壁厚15cmぐらいではコンクリートを流し込もうとしても、鉄筋が邪魔してコンクリートがうまく入りません。階高5mで厚さ15〜20cmぐらいの壁にコンクリートを下まできちんと入れるため、上から4mほどの竹棒でコンクリートを突っつくわけです。壁厚30cmならば鉄筋はスカスカで、コンクリートがよく詰まり、結果的に耐力的にも十分になる、そう考えていました。ですから、23年経過したぐらいで壁に亀裂が入るとは、当時考えてもみませんでした。この建物は鉄骨鉄筋コンクリート構造で、外壁の亀裂をことごとく調査し、補修の上、現在も使われています。

壁の亀裂のほかにも、塔屋に昇る屋外階段の踏み板（PSPC）が危険、ということになりました。雨ざらしになっていたため、PSPCでつくった踏板の表面には砂利が露出していて、洗い出し仕上げのようになっていたからです。「雨研ぎ仕上げ」とでも言いましょうか……。踏板の厚さは4cmですが、鉄道線路の枕木と同じ方法でつくった(註)プ

レテンションのプレストレスト・コンクリートです。PSPCを選んだわけは、屋内にある木製段板と同じ厚さに近づけたかったからです。砂利が洗い出されていますから、人が階段を昇っているときに割れることも懸念されるというので、すべて新しいPSPCの踏板に取り替えられました。

取り外した踏板は三鷹にある電電公社の研究所で精密な検査がされました。その結果、「PSPC版の中性化の進行が極めて小さく、優れた耐久性を示すものである」と特記されました。「ひび割れが発生しない限り今後の使用にも十分耐えられると推定される」とのことでした。踏板は取り替えなくてよかったのかもしれません。つくったときはPSPCの耐久性についてはまったく考えていませんでしたので、この調査結果には驚きました。

問題がなかった部分はほかにもう1カ所だけありました。ポストテンションでプレストレスをかけた玄関の庇です。ここは、耐久性を考慮してプレストレスを採用したわけではないのです。この庇は、建物が完成する頃になって急遽つけることになり、トラックの荷捌きのために庇の出は5m必要というのです。建物本体から梁成の低いキャンティレバーで

(註)工場でつくるPC枕木は、杭を両側に打ってからプレテンションのための高強度のピアノ線を張り、ピアノ線と同じ方向に並べた型枠にコンクリートを打つ。コンクリート強度が上ってからピアノ線の両端を切ると、コンクリートに圧縮のプレストレスがかかる。

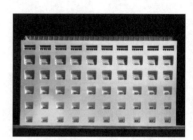

霞ヶ関電話局模型写真（南面）。下階から上階へと窓が大きくなる（撮影：平山忠治）

同竣工当時の屋外階段（1956年、撮影：村沢文雄）

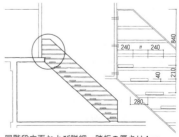

同階段立面および詳細。踏板の厚さは4cm

取り外された屋外階段の踏板。こうなっても内部には深刻な中性化が見られなかった

踏板PC板配筋図　1/30

1	コンクリートの中性化深さは、ひび割れ発生部等の特異な部分を除けば、0.1〜0.4mmで、まだ十分耐久性があるとみられる。
2	板の3等分点荷重の最大曲げモーメントは平均46.3kg・mであり、強度は確保されていると考えられる。
3	総数28枚中、後から取り替えたと思われる9枚はプレキャスト工法で製作されており修繕限界に達していたが、当初からの19枚はひび割れが少なく鉄筋のかぶり厚の大きいPC板であるため1枚を除いて減耗は小さかった。
4	PC板の鉄筋（ピアノ線・径2.9mm）は、ほとんど発錆が見られなかった。

「霞ヶ関電話局塔屋屋外階段踏板PC板の減耗度調査」
1980年7月7日

跳ね出すしかない所でした。プレストレスをかけることで、梁成を普通のコンクリートでつくるときの1/5程度に納めることができたのです。固定端側の厚さは45cm、中間部の厚さは35cmです。施工は現場打ちのポストテンションです。

キャンティレバーの庇は現場打ちなので、「シース」を通しておいて、コンクリートの強度が出たあとでピアノ線を通し、緊張したのです。本邦初の工事なので、全員が真剣になっていたのは確かです。

竣工23年後の調査の結果は、プレストレスをかけた屋上の階段板と現場打ちでポストテンションの玄関の庇だけが、無傷だったのです。その理由は二つあると思います。普通のコンクリートでは収縮すると亀裂になりますが、プレストレスのおかげで亀裂がなくなります。そして、もう一つはつくる人たちの気構えです。プレストレスト・コンクリートを大事なものだと思って丁寧に打っていたから、高品質で高強度なのです。戦争直後に設計した中央電気通信学園講堂のコンクリート庇もそれと一緒で、今でもほとんど亀裂は入っていません。この庇は、スランプを小さくしてコンクリート強度を上げていますから、普通のコンクリートとはまったく異質で非常にいいコンクリートが打てたことを確信していました。

数年前まで損傷なく使用されていた霞ヶ関電話局の庇。現在は2階に入り口を設けたため、取り除かれている（撮影：彰国社写真部）

中央電気通信学園講堂の庇（p.219参照）

個性の表現

　武蔵学園のキャンパスを流れる濯川（すすぎがわ）は、千川上水から供給されていた水源を絶たれて以来、荒れたままに放置されていました。「濯川蘇生計画」（1988年）は、キャンパス環境整備の一つで、水源を別に求め、以前の流れを取り戻して水辺環境を復活させるとともに、新たな小緑地のイメージをつくり出すことになりました。ここでは植栽や護岸の設計に加えて、橋も老朽化していたので取り替えたのです。

　濯川には昔から八つの橋が架けられていてそれぞれに名前があり、学園とともに歩んできた歴史があります。ですから、橋の場所を動かしたり取り壊したりすることは避けました。橋の状態や用途を考慮しながら、残せるものは残し、傷みの激しいものを取り替えています。木造の「けやき橋」のように状態のいいものは残しました。車が通れるように鉄筋コンクリート造でつくり直した橋もあります。

　それらのうち、PSPCでつくった橋は四つ

整備、再生された濯川に差し架けた薄いPSPCの橋「入橋」（撮影：彰国社写真部）

です（p.234参照）。木は耐久性に不安があり、現場打ちコンクリートではシャープな感じが出せない上に、厚みは石と変わりません。コスト面からも石を使うことは難しかったので、耐久性に信頼のあるPSPC版にしたわけです。設置は大地の上に置いただけです。キャンパスの環境整備という大きな視点から見ると橋が目立ちすぎてもいけませんから、薄い版が架け渡されているだけ、というたたずまいが好ましいと思いました。プレストレスは、強くかかりすぎることを避けるために、真ん中より少しだけ下のほうにずらしています。

型枠転用

「有田焼参考館」（1983年）では現場打ちコンクリートの品質に十分な信頼がなかったので、PCを採用しました。その理由は、勾配屋根をコンクリートで打つのには、硬いコンクリートでは不可能です。そう考えてPCを使ったのです。

ここでは、現場での組立の簡便化を考えました。この建築は、90cm幅のアーチ状の、プレストレスをかけたプレキャスト・コンクリートの部材を連結して構造体にしています。一つの型枠でさまざまな大きさの和風の蔵をつくろうとしたのです。九州は雪が降らないように思われているかもしれませんが、福岡県や佐賀県は日本海に面していますから、冬になると雪が降ります。雪が降ればコンクリートは打てないので工期がずれます。事実、

有田焼参考館は雪の降る中でコンクリートのピースを組み立てました。

「有田焼参考館」のようなプレストレスは工事に高い技術レベルが必要ですが、技術さえあれば山の中でもできます。もともとプレハブは、不便な場所に建てることを目的にしている構法です。

白く塗って仕上げているのは、裸のコンクリートでは汚れが気になるためです。聞くところによると、コンクリートの打放しをしないのは通信省の伝統か、という質問があるようですが、私は予算がないときにだけ打放しにしました。コンクリート打放しは耐久性に不安があることは事実ですし、PCでも、長期的に露わしでは無理だろうと思っています。

堺の「顕本寺本堂」は、ある期間、屋根がPCの露わしでした。しかしいずれは屋根を葺くわけですから、一時的に裸の期間があり

同断面

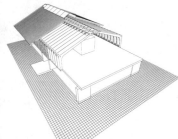

有田焼参考館、展示室（撮影：彰国社写真部）

同パース。屋根、外壁とも仕上げを施し、躯体を保護している

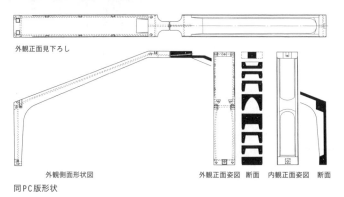

外観正面見下ろし

外観側面形状図
同PC版形状

外観正面姿図　断面　　内観正面姿図　断面

ました。とは言っても、何年後といった、はっきりした予定はありませんでした。西洋の教会では「百年の普請」というのはよくあることですから、それに倣って、1回の工事ですべて完成しない、といって始まった計画なのです。いつ瓦が葺けるのか目途のないまま裸の状態で放置したので、施工した大林組はずいぶん嫌がっていました。

この建物の場合も、勾配屋根が理由でPCを選択しました。そのあとに、プレストレスをかけるかどうか検討することになりました。

「武蔵学園守衛所」は勾配屋根にPCを使いましたが、プレストレスはかけませんでした。型枠にコストがかかるので、小規模のプロジェクトでは無理だからです。

「顕本寺本堂」は「百年の普請」が前提の計画ですから、耐久性のためにはぜひともプレストレスをかけたいところですが、小規模工事では無理だろう、と半ばあきらめていました。しかし、構造を担当した長谷川一美さんは型枠の転用についていろいろ考えてくれ、寄せ棟の屋根に使った型枠は2種類で済みました。長さの違う屋根パネルは一番長い型枠をつくり、堰板の位置を変えて長さを調整しました。隅に残る左右勝手の違う2枚のパネルを1枚にまとめました。これによって、か

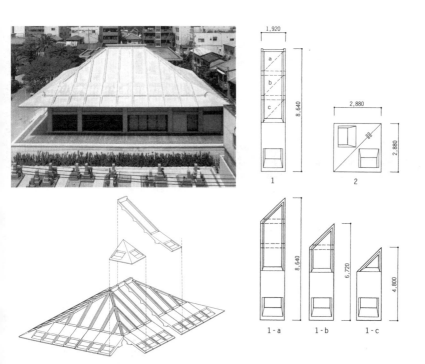

左上：顕本寺本堂（撮影：彰国社写真部）　左下：顕本寺本堂の屋根パネルの構成　右：基本となる2種類の型枠で隅に軒反りのある寄棟屋根を表現

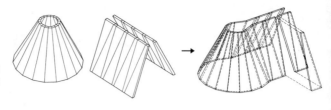

武蔵学園守衛所の屋根。型枠は1種類のみで、表裏を使用して円錐形と勾配平面をつくっている

すかですが隅に反りが出せたのです。

建築事故と設計者責任

プロジェクトや調査を通じて、プレストレスをかけたPCには信頼をおいていましたから、事故など起きないと思っていました。それだけに「都立晴海総合高等学校」で起きた事故は衝撃的でした。土木ではプレストレスの橋をたくさんつくっているので土木大手の専門業の社長さんに聞いてみたところ、事故が起きるのは、すべて縦筋にかかっているプレストレスのところだと言われました。横筋ではほとんど事故が起きていない。なぜ縦筋かというと、水抜きが不完全なままグラウティングをするからだと言うのです。そこにモルタルが入っていかないためだそうです。

新潟の「朱鷺メッセ」でも事故が起きました。この場合は現場管理が分離されていることが処理の難しさだったかもしれません。「霞ヶ関電話局」の庇をつくっていた頃は、みんなが慣れない工事で真剣になっていました。それが、慣れてくると手が抜かれて、品質が落ちてしまうのです。

外壁タイルの場合も、大正時代に張った外壁タイルはよく残っています。東京大学の化学教室の外壁は日本で最も古い団子張りタイルで、たたいたぐらいで剝がれ落ちません。けれども、文部省や大蔵省の庁舎がつくられ始めた頃から、次第にタイルも落ち始めたわけです。それを改善するために「圧着張り」という張り方が開発されましたが、それも1年と経たないうちに落ちはじめました。圧着張りを開発した人に聞いてみると、「圧着張り」は落ちない、施工者が「横着張り」になったからだと言っていました。結局、タイル張りにしろ、コンクリート打ちにしろ、工法が新しいときは誰もが真剣に取り組むから質のいいものができます。でも、慣れてくると質が落ちて事故が起きるのです。いつも、気を緩めてはいけないのです。設計料では絶対にあがなえない事故のために、保険に入るのも一つの方法でしょう。建設ラッシュが進む中国では、個人のアーキテクトでも保険に入っていれば、高層ビルの設計まで任せるそうです。

5.5 使いやすいものが思い出に残る

なくなった建築、残っている建築

電気通信省の技官として私が最初に担当した建物は、「盛岡電報電話局」(1949年)です。そして、翌年の1950年には「松本電話中継所」と「有楽町サービスステーション」を、さらに1951年には「中央電気通信学園」(以下、中央学園)の宿舎と「津島電話局」、1953年に中央学園の食堂、1955年に中央学園の浴場を担当しました。

その中には、すでに取り壊されたものもあります。「松本電話中継所」は木造でした。電話局をいつまでも火災に弱い木造にしておくわけにはいきませんし、中継所方式そのものが変革しましたから、取り壊されたのだと思います。「津島電話局」(木造＋RC)は手動交換局だったので残っていません。

1950年に設計した「有楽町サービス・ステーション」は当時の国鉄のガード下を借りたものです。これは、今で言うインテリアデザインですが、これも残っていません。人通りが多い場所でしたので、「目立つようにしてくれ」と頼まれて、当時としては珍しく、ネオンサインの予算が付いたことを覚えています。

中央学園の1期工事の宿舎、2期工事の食堂、3期工事の浴場、それに松苑亭というクラブハウス(1953年)といった木造や鉄骨造の建物も今はありません。当時は、全国から集まってきた若い人材が中央学園で生活していました。陸軍に陸軍士官学校があったように、旧通信省にも独自の専門教育をする学校がありました。優秀な学生を集めて、国が教育費を負担し、卒業したら通信省に就職できるコースでした。

今運動場になっている所は、見渡す限り雑木林でした。訓練場はその北側を横切る道路の北側にあって、電信柱が5mおきくらいの間隔で立っていました。訓練生は、最初は低い電信柱で作業訓練をし、だんだん高い電信柱を使い、最後は本物の電信柱で訓練するという光景が見られました。

そういった学校的施設のほかに、この敷地には国際電信電話の研究所もありました。国際電信電話は、今はauという名称になりましたが、戦前はNTTと同じ通信省の一部局でした。

電話中継所や電報局のように、電気通信省時代に設計した建物は通信技術の発達が目覚ましく、時代に遅れて建て替えられています。

二つの学校建築

東京大学に移った後、1960年代初めに二つの学校を設計しました。「大田区立大森第三中学校」(以下、大森三中、1960年)と「目黒区立第一中学校」(以下、目黒一中、1962年)です。

大森三中の建物は、確か2000年頃に、取り壊す旨の連絡がありました。

一方、目黒一中は現在も残っており、ペン

キが塗り直されたりしながら使われ続けています。竣工から50年経てば、登録文化財の申請もできます。

なぜ、目黒一中が残っているのか？ 多分、使いやすいからだろうと思っています。目黒一中は大森三中のあとに設計した学校で、プランは目黒一中のほうがはるかに使いやすくできていると思います。当時はモデュラーコーディネーションに凝っていた頃で、立面は当時大学院生だった原広司さんに担当してもらいました。原さんもまだ設計の経験がない時代です。

この二つの学校は、校長先生が同じ田辺多命治先生という方で、田辺先生が大森三中の校長を務められていたときと、そのあと、目黒一中に移られ、もう一度設計の声がかかったのです。当時は日本全体で校舎が足りない時代で、プレハブ教室の多い状況でした。目黒一中は「プラツーンシステム」というアメリカのシステムを持ち込んでいます。

「プラツーンシステム」を知っている人はもはや多くないと思いますが、簡単に言えば、人口急増で教室が足りないのを補うシステムで、一般教室は全校生徒の半分の生徒数に対応できる数にします。残り半分の生徒数に対応できる数の特別教室をつくります。特別教室には体育館も含みます。そして、たとえば午前中は全校生徒の半分が一般教室を使って国語や算数などの授業をします。もう半分の生徒は特別教室を移動しながら理科や体育などの授業を受ける。正午を境に一般教室を使う生徒と特別教室を使う生徒が入れ替わる、という方法です。一般教室のほうは半日間移動をしないので、静かです。しかし、教室を少なくした分、荷物や靴の置き場のためにロッカーを整備する必要があるのです。目黒一中は、そのシステムで使われていたのですが、生徒数が少なくなれば特別教室を余らせて、普通教室の移動を少なくすることも可能です。

長期的視野で使い勝手を考える

普通、一般教室はたいてい南を向いています。でも、大森三中は卍形になっているために西向きの教室や東向きの教室ができて、使いにくかったのかもしれません。

その点、目黒一中の一般教室は全部南向きです。そして生徒が減ってプラツーンシステムをしないでよくなっても、使いやすく、また特別教室は平屋にしてありましたから、教室を地上面にはみ出して大きく使うこともできますし、改造改築も簡単で、教育器具、設備の更新にも応じやすいのです。

大森三中が取り壊されたのは、表向きは古くなったという理由かもしれませんが、使い勝手の悪さもあっただろうと思っています。

たとえば洋服でも身体にぴったり合わせてつくると、ちょっと太ったり歳をとったら着られなくなってしまうでしょう。学校建築もそのときの教育環境にあまりぴったりしたものをつくってしまうと、ちょっとした教育条

大田区立大森第三中学校
(1960年、設計／東京大学内田研究室)

同内観（撮影：2点とも相原功）

大森三中平面。卍形の平面計画で、西向きの教室は使いにくい

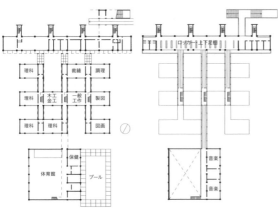
目黒区立第一中学校平面。一般教室はすべて南向きとなっている

目黒一中一般教室（撮影：大橋富夫）

目黒区立第一中学校（1962年、設計／東京大学内田研究室、撮影：大橋富夫）

件の変化でも使い勝手が悪くなります。和服のように、ゆったりとつくっておいて、使い方に融通のきくほうが長持ちするようです。ウェクターさんというアメリカの学校建築の設計者が著書の中でそれを繰り返し言い続けていたことを思い出します。

海外と日本の状況

フレキシビリティについて、貴重な経験がありました。戦後間もないイギリスでは、規格化された部品を使って、さまざまな規模の学校がつくれるシステムを開発したのです。

しかし、このシステムの欠点は、つくったときはぴったりしているけれど、生徒の数が減ったり、クラス編成や教育方針がちょっと変わったときにも、使いにくいことが言われるようになりました。

それを見たアメリカのエーレン・クランツは、「建物は完成したあとのフレキシビリティがなくてはいけない」と考えたのです。そして、あらゆる変更に対応できる学校建築のシステムをサンフランシスコで実現したのです。それがアメリカのシステムズ・ビルディングと言われるSCSDです。簡単に言うと、大きな部屋をつくって、可動間仕切りで仕切るという方法です。仕切りを変えると、それぞれの区画に合わせて空調も変えられるようにできていました。しかし、このシステムの欠点は窓がない教室ができること、窓がないことは教育環境としてよくないといわれ、プロジェクトは15年間ぐらいで終わりました。

結局、建てるときのフレキシビリティを追求したのがイギリスの学校建築で、建てたあとでのフレキシビリティを追求したのがアメリカの学校建築ですが、いずれも完全ではなかったということでしょう。

私は、生徒数についていえば、多いときはプラツーンシステムで、少なくなったらそれをやめて普通教室型にすればいいと考えていました。でも、学校建築の専門家たちは、もっと教育方針に密着したものがよいという、別の意見もあったように思います。

武蔵学園の再開発

1980年代は武蔵学園でキャンパス再開発と整備が始まりました。武蔵学園キャンパスには、中学校・高等学校・大学があり、再開発に着手する前は、足の踏み場もない無秩序で、老朽化した建物や小屋が乱雑に敷地を埋めていました。中央の三号館の中庭には、部室小屋がぎっちりと詰まっていてスラムのようでした。当時の学園長だった太田博太郎先生は、トラックの通れる道路もなく、再開発不能の状態をなんとかしたいと思われたのです。

私が最初に話を受けたのは1979年だったと思います。ただ、私は東大で、大学のキャンパス再開発を進めることの難しさをいろいろと聞いていましたから、うっかり引き受けると、とんでもないことになると思っていました。

大学にはまったく立場の違うグループが三つあります。その一つは、学園の長をトップにした管理運営をあずかる組織で、その上には理事会もあります。

もう一つは、教授会の先生たちのつくる組織で、学校の経営には無関心で、自分の研究と研究室がどうなるかしか考えていない集団です。原則に賛成していても、具体化すると意見を変える人もいます。

そして三つ目が、学生組織です。学生組織は、教授会や学校経営組織や事務局とはまったく別ものです。そして当時は社会全体が学生運動に巻き込まれていました。

再開発を始めるためには、以上の三つのグループをそれぞれ説得しなければなりません。

しかしそんな仕事を、設計の片手間に引き受けていたらそのことだけに日々忙殺されます。そこで、それを専門にやれる人を入れて下さいと、太田先生にお願いしました。

適任者はいるかと逆に尋ねられましたので、ドイツに行っていた学園の卒業生である澤田

誠二さんがあと半年経つと日本に帰ってくるので、彼を推薦し、その間半年ほど再開発を待ってほしいとお願いしたのです。

半年経って再開発が動き始めました。澤田さんはドイツ滞在が長く、外国人のような冷厳な態度でプロジェクトと接し、学長であろうと事務局長であろうと関係なく、はっきりした意見を述べ、みんなをびっくりさせてしまいました（笑）。

再開発は多少強引にしないと進まないと思っていましたが、澤田さんはそういった部分を全部引き受けてくれたので事が進んだのです。彼は前川設計事務所での経験がありましたので、このポストの人材としてまさに適任でした。彼がいなかったら再開発はまったく動かなかったでしょう。

一方、私は設計事務所をもっているわけではなく、また学園に常駐の営繕事務所がなかったので、剣持昤さんがつくった綜建築研究所や、内井事務所を辞めて手があいていた近角真一さんといった人たちに声をかけて、再開発の設計を担うプロジェクトチームをつくりました。体制が整うと、再開発は急激に進行しました。

現存する創立当時の建物

再開発では、太田学園長、岡茂男学長の意見で、最初に学生食堂を新築しました。もともと料理の味も建物の形も評判がよくなかったようだったので、学生には「最初に君たちを優遇する施設を建て替える」という学長の説得でした。次に、三号館の中庭にスラムの

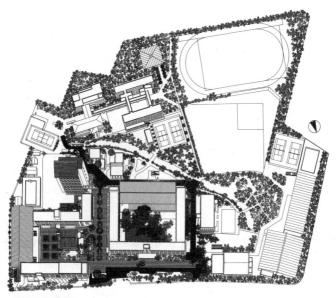

武蔵学園配置計画

ように密集していた部室小屋を取り壊しました。

　さらに戦後間もない頃に建設された図書館を取り壊してみると、驚くことに、コンクリートの梁が屋根防水のモルタルの重みで折れていました。屋根スラブの水勾配が足りなかったことと屋根スラブの梁に強度が足りなかったことで屋上に水がたまり、その勾配をモルタルで直したために荷重が増し、さらに梁に負担がかかることになってたわみが進み、再び水がたまり、亀裂ができて雨が漏る。この悪循環が繰り返され、大量の屋上モルタルを支えきれず、梁が折れるまでになったことがわかりました。

　当時の学園の建築事情は、全体の状況がひどかったので、どこをいじってもきれいになり、仕事が進むごとに喜んでもらえました。それと、建設会社が、工事用地を広く確保して工事を始めたので、学生運動も手が出ませんでした。

　再開発計画では創立時代の建物をほとんど壊さなかったので、今も使われています。武蔵大学の一番古い校舎は佐野利器さんの設計だという時計塔のある三号館で、創立以来使われ続けています。また国際的に有名な化学の玉虫先生を高等学校に招くためにつくられた根津化学研究所も当時の姿を残しています。大学になっても教室、事務室、研究室として使われています。高校の大坪先生によると、三号館は何回間仕切りを変えたかわからないということです。天井高が高いから80人くらいの教室もできるし、5人くらいの部屋も

武蔵大学科学情報センター。根津化学研究所の上に縁を切るかたちで増築

武蔵大学科学情報センター（設計／内田祥哉＋深尾精一＋集工舎、撮影：前頁とも彰国社写真部）

3階平面

2階平面

1階平面

同平面。将来の間取りの変更の自由を確保するために、間仕切りはすべて移動可能

できた。それで現在まで使われたという話です。

かつて中学・高校が7年制の頃、地方から出てきた学生が寮に入っていました。そのため木造の寮が3棟あったのですが、われわれが再開発計画を始めたときには、すでにその一つはありませんでした。再開発で壊したのは2棟あった高等学校の寮です。そのときには先輩たちが思い出を偲び、涙を流していたのが忘れられません。

"寿命"とフレキシビリティ

武蔵大学三号館は、壁構造でなくラーメン構造であったために、間仕切りの移動ができたのですが、戦後にできた建物はぎりぎりの階高で、耐震壁もあって、フレキシビリティがないので建て替えられたのです。

余談ですが、フレキシビリティが最も必要なのは工場と病院だと思います。竹中工務店で病院建築を担当していた菅原務さんや、同じく病院建築を多く手がけている長澤泰さん（元東京大学教授）にも、そのような考えはあるようです。スイスのイノー（INO）病院は、将来の建替え計画を考えた果てに、フレキシビリティのあるオープンシステムを採用したと聞いています。

住宅の場合、戦後、公団が壁構造の住宅をつくってきましたが、それが、団地再生を行き詰まらせている原因です。

将来の使い勝手を考えると、動かせない壁は最小限にし、高いフレキシビリティをもったシステムを考えないといけません。

保存することの意味

建物が残るか、残らないかは、フレキシビ

リティがあるか、ないかに行き着くように思います。ただ、フレキシビリティだけにこだわると、建物のイメージがなくなってしまいます。建物は地域、地形、気候風土に合ったものにし、その上でフレキシビリティをもたせることが大切でしょう。

　建物には使った人の思い出も大事なことは言うまでもありません。たとえば日本橋三越百貨店のインテリアは時代や流行とともに変わりますが、建物の前に置かれたライオンの銅像は時代を超えて残っています。東京のまちなかには思い出に残るものが少なくなりましたが、建築にはそういうものが大切です。東京駅や丸の内周辺も現在再開発が進んでいますが、東京駅の場合は駅としての機能とともにシンボルとしての姿が重要です。

　時代を超えて残る部分と、時代とともに変わる部分がバランスよくある建物が、長く使われていくことになるのでしょうか。

5│6　使い続けるためのカベ

「BELCA賞」の始まり

　維持管理の事例を社会的に評価して表彰する制度が「BELCA賞」です。この表彰制度は、公益社団法人ロングライフビル推進協会（旧社団法人建築・設備維持保全推進協会）が主催しているもので、1991年（平成3年）度に始まりました。

　BELCA賞は、「適切な維持保全につくしたり、優れた改修を実施した建築物に関係した人を、ロングライフとベストリフォームの2部門に分けて表彰」するとしています。この賞は、改修と「設備の更新による建物の長寿命化」に焦点を当てていますから、設備系の企業が参加しています。

　この制度は当時建設省にいた梅野捷一郎さんが力を入れた行政指導の成果です。彼がこのテーマに取り組み始めた頃、私は建設省の中につくられた小さな委員会の委員長を務めました。やがて建設省の中で正式な委員会としてスタートしてからしばらくは、早稲田大学の谷資信先生が担当されました。その後、残念ながら梅野さんは志半ばにして亡くなってしまいました。谷先生も亡くなられたあとは岸谷孝一さんが引き継ぎ、そして岸谷さんが亡くなったあとに再び私がかかわるようになりました。

　表彰事業の審査は、芦原義信さん（第1、2回）、そのあとを岸谷孝一さん（第3、4回）が引き継いでいましたが、第6回以降私が委員長を務めています。もう20年この賞にかかわり続けています。

　BELCA賞は先に述べた2部門に分かれていましたが、ロングライフと言っても、現代の社会に合うようにするためには、相当改造しなければならず、それができたとしても、やはり20～30年に一度はボイラーを取り替えたり予備エンジンを取り替えるといった、大きな設備の更新が必要です。

　文化財のように保存を主に考える場合でも、見学者のためには昔のトイレでは無理で、実用上必要な設備を新しく設けることを余儀なくされます。

丁寧な調査と高度な技術

　日建設計が改修設計した「百十四ビル」（香川県高松市、2011年）では、既存のブロンズサッシュパネルのガラスカーテンウォールを保存するために、外側から新たにガラスのカーテンウォールを取り付けています。その取付けでは、新築工事のときのように無雑作にボルトを差し込むと鉄筋を傷つけてしまうので、まずは既存建物の鉄筋の位置をあらかじめレントゲンを撮って把握し、鉄筋を避けながらひとつひとつ位置を決め、ボルトを差し込んだそうです。もちろん座金なども位置が違うものをつくったようです。

　「清泉女子大学本館」（改修設計・改修構造設計／三菱地所設計、改修構造設計・施工／竹中工務店）は、煉瓦壁の内部を上から下ま

百十四ビル。左：改修前（提供：日建設計、撮影：エスエス大阪支店）。右：同改修後（改修設計／日建設計、撮影：彰国社写真部）。コンクリート内部の鉄筋をレントゲン検査で確認後、透明ガラスを被せてダブルスキンとしている

で削孔し、そこにPC鋼棒を挿入し、プレストレスをかけています。いわば、鉄筋煉瓦造です。

最近の優れた耐震補強には、ブレースなどが露骨に現れるものはなくなりました。

「イメージ保存」という手法

修理は、調査してみないとわからないことがあるのはすでに常識で、調査が終わらないと工事金額もわかりません。調査の結果、予算が数倍になることもあるようです。

BELCA賞の入選事例の中には、文化財の復元とは似て非なるものもあります。「東洋英和女学院」（改修設計／三菱地所設計）の改修は、多くの同窓生が「教室や講堂が復活してよかったですね」と言うそうですが、実は講堂の向きは以前とはまったく異なっているし、規模も大きくなっているのです。また

清泉女子大学本館（改修設計・改修構造設計／三菱地所設計、改修構造設計・施工／竹中工務店、撮影：彰国社写真部）。煉瓦壁内部に竪方向に穴をあけ、PC鋼棒で緊張し、耐力を増している

清泉女子大学本館の改修工事。左：煉瓦壁の竪孔無水削孔。図面に描かれていない、思いがけないものが壁内に埋まっていたという　中：コンドル特有の広くとられた屋根裏内部。この天井懐から壁内にPC鋼棒を挿入した　右：挿入したPC鋼棒にプレストレスをかけ、壁を補強する（提供：竹中工務店）

東洋英和女学院（改修設計／三菱地所設計）。左：改修前外観（『建築文化』1994年10月号「KB News」より）　右：改修後外観。多くの同窓生にヒアリングし、そのイメージを保存している（撮影：彰国社写真部）

通りに面するファサードは道路を拡幅するために1m後退しているので、まったくの新築です。それは、卒業生の人たちがもっていたイメージを大切にして改修設計を成功させた例です。

たとえば滋賀県近江八幡市の有名な街並みは、あたかも以前からあったようにつくったものですが、同様な手法です。

既存不適格な建物にどうかかわるか

これからの建築家にとって改修の仕事は、敬遠するものではなく、喜んでする仕事になると思います。もちろん"改修経験のない"人は多いと思いますが、建築家はだんだんとのめり込んでいくと思います。

今、改修に携わる人が困っている問題の一つは、既存不適格の建物への対応でしょう。これについては、大手ゼネコンや組織設計事務所をはじめ、個人の建築設計事務所に至るまで、さまざまな工夫をしているはずです。

さらに大きな問題は、既存不適格にも当てはまらない建物が少なくないことです。既存不適格は、すでに「既存不適格」という法規上の地位を与えられていますが、竣工届を出せないで、既存不適格にも入れないものがあるのです。そういうものをどうやって合法建築として復活させるかについても知恵を絞る必要があります。

住宅に関する歴史的な問題

住宅となると、居住に対する国民の基本的権利のようなことにもかかわるので、別の視点もあります。たとえば、ゴミ屋敷などの問題に対しても、建築基準法がどう関係するのでしょうか。行政が手を差し込めることは難しくても、都市火災の原因となることも心配ですし、犯罪が起きるという心配もあるかと思います。

ホテルにも住宅との関係でさまざまな問題があるようです。ホテルをアパート風に改修して再活用している建物では、共用施設になる部分が面積から外れて、それがさまざまなことに影響するようです。

そもそも、戦後につくられた建築基準法は、

住宅を特化したために大規模な一般建築と一体化させることが未完成のようにみえます。それはどういうことかと言いますと、戦前の建築基準法の対象建築物は、大きく分けて3種類あり、木造の社寺建築と住宅（木造）、それに木造以外の大規模建築です。このうち、大規模な木造の社寺建築はそっくり基準法から脱落してしまったようで、「建築」といえば「建築家の設計する建築」で、構造計算のできる近代建築、という理解だったように思います。

戦後になって、それまで建築家の手にかかっていなかった住宅を「建造物」の中に取り込んだことにより、住宅の問題が建築基準法の主役に出てきたのでしょう。

このことは、『建築家と建築士——法と住宅をめぐる百年』（速見清孝、東京大学出版会、2011年8月28日発行）に詳しく書かれています。

戦後の建築基準法は、建築士の資格をもつ者に法を守って設計させようという主旨だったのが、建築士が足りないこともあり、また、代書人を建築士制度の中に入れ込んだりしたことが混乱のもとであったといわれています。

自身の改修事例
―東大建築学科図書室とNEXT21

改修工事の経験としては、私も1970年に東大建築学科の図書室を増築する仕事をさせてもらいました。規模が小さかったので、太田博太郎先生にご指名をいただき、当時大学院生だった吉田倬郎さんに手伝ってもらって設計をまとめました。

改修の目的は、書庫面積を増やすことと、開架閲覧室を広げることでした。今は、香山壽夫さんが1号館の全面的改修工事をしたときに取り壊されたので、現存していません。場所は工学部1号館の屋上です。ペントハウスとペントハウスの間の屋上に屋根を架けて、屋内にしたのです。

南北の古い外壁をそのままインテリアに生かし、また、東西面に設けた外壁は、仮設なしで済むようにPC版を使ったカーテンウォールにしました。PC版の断面は、朝日と西日を除けながら採光できるようにしました。書棚はUフレームでつくりました。

東京大学工学部1号館図書室増築（改修設計／東京大学内田研究室）。左：外装はプレキャストカーテンウォールによる折版で、朝日と西日を除けながら採光している。右：既存外壁はそのままインテリアに生かし、元の開口部には有田焼の壁画をはめ込んでいる

当時の東大の中では工学部が大拡張した時代で、ほかの学部からの批判は極めて厳しいときでした。また、紛争直後でもあり、東大にある戦前の建物を大事にしようという雰囲気は皆無でした。新しい建物のほうがいい、更地にしたほうがいいという風潮です。私自身は父の設計した作品には直接関係しないほうがよいという気持ちもありましたが、「ほかの人には壊せない。あんたならできるだろう」という話まであったのを覚えています。安田講堂を取り壊そうという話もまじめに考えられていました。

改修に関係する工事では、大阪ガス実験集合住宅 NEXT21（1993年、以下NEXT21）の603号室「"き"がわりの家」の室内改修実験を三浦清史さんと一緒に考えました。

「NEXT21」は時間をかけた居住実験を続けることが目的です。居住実験第2フェー

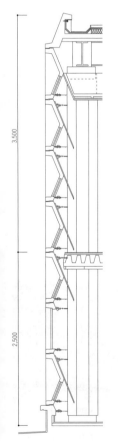

同、断面詳細（東西面）

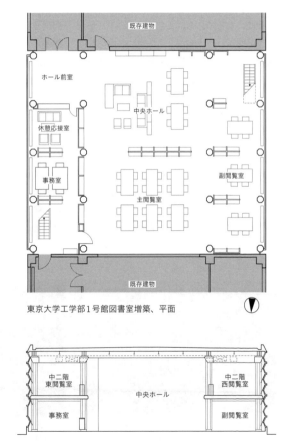

東京大学工学部1号館図書室増築、平面

同、断面

ズと呼ばれる期間の約半分が経過した2002年10月に行われた、603号室の改修実験です。この住戸は、季節や気分によって家の機能や雰囲気を変えられることを意図しており、その仕組みとして、当初からVフレームを用いていました。

そこで、改修に当たっては、住まい手であるご主人と奥さんの要望を聞き、住戸を三つのエリアに分けて改修テーマを設定しました。書斎まわりのエリアではVフレームの架構で部屋をつくり、居間まわりには独立柱として立つVフレームにベンチシートや面格子などを取り付けています。そして食器棚まわりのエリアでは、吊り戸棚の下にVフレームでつくったワゴンを置いて収納としています。

施工は住まい手であるご夫婦にも参加してもらいましたが、Vフレームの架構の組立は、慣れていない住人には扱いづらかったようで

NEXT21 603号室　改修前の平面

同、改修後の平面。独立柱（Vフレーム）による設えを三つのエリアで変更した

NEXT21 603号室「"き"がわりの家」（設計／内田祥哉＋こうだ建築設計事務所）上：改修前（提供：大阪ガス）、下：改修後（撮影：北田英治）

ダイニングスペースは、ベンチシートや面格子などのインテリアエレメントが取り付けられた（写真提供：三浦清史）

した。

公共建築の維持管理について

　以上は民間の改修事例のお話でしたが、問題なのは公共建築の維持管理です。

　民間建築の維持管理に力を入れている大手ゼネコンは、維持管理を見据えた長期計画や改修を積極的に提案・実行して、目を見張る成果をあげています。一方、公共建築はそうはいきません。何年も先の維持管理の方針を計画しても、その業者が仕事を取れるとは限らないからです。要するに、年度予算の中で長期工事の入札ができないという問題です。

　新築の場合でも、公共建築の入札制度は問題です。日本はヨーロッパの入札制度を取り違えているところがあるように思います。ヨーロッパでは、建築家がコストまで押さえていて、コストがはみ出したときには責任をとるようです。しかし、今の日本の入札制度では、施工と設計が別々なので、予算が枠をはみ出したとき、どちらに責任があるかわかりにくいのです。

　私が逓信省に勤めていた頃、逓信省営繕部で設計したものについて瑕疵があると、逓信省営繕部の中で予算をやりくりして補償していました。ですから、工事の責任は工期、工費を含めてすべて営繕部にあったのです。

　それに対し、昨今は一般に設計と施工の分離発注が多く、さらに設備や施工管理までもが細かく分離発注されたりすると、事件が起きた場合にどこに責任があるのかわからなくなっています。それを判明させるのは裁判になりますが、裁判による結論を出すのには時間がかかります。仮に賠償責任が決まったとしても、その工事に時間がかかり、それまでの労力も大変です。

　建設工事の契約というのは、まだできていないものの契約で、請負契約です。元請けのいない分離契約は請負契約の主旨とは違うものです。発注者から見れば、請負契約は一括契約であることが必要で、それが建設契約の基本です。

　土木は官庁営繕主体というのが実態で、官庁営繕が予算をもち、設計にも施工にも責任をもっているはずです。

　維持管理については、戦後、新築に追われて目が行き届いていない間に、いろいろな問題が見逃されてきたと思います。

5 | 7 配管・配線類の配置をデザインする

設備が必要なかった時代

自宅は1962年の竣工です。当時は水道も電気もない土地で、それらを隣から引いてくるところから始まりました。電気は電柱を立てる必要があり、下水もなかったので浄化槽をつくりました。風呂の湯沸かしは循環釜で、浴槽の横に外付け、プロパンガスで焚くシステムです。

今から50年以上前のことですから、現代の住宅と違ってほかに設備らしいものはほとんどなく、あるといったらせいぜい暖房器具くらいで、その頃使っていたのはコタツと石油ストーブです。石油臭くないという評判だったので、バーラーという石油ストーブを使っていました。

当時、クーラーはもちろんありませんが、家の南側の軒を深くして広縁空間をつくったので、夏は室内に直射日光が入ることもなく、風通しもよく、涼しく過ごせました。空調設備はまったく意識になかったと思います。

機械を冷やすのが目的

その頃設計した大きな電話局は、地下に機械室があり、電話の交換機が誤動作するのを防ぐために空調設備が必要でした。

当時は全館空調が一般的だったので、ダクト径の大きさにも悩まされました。ダクトの根元は断面が8畳敷きくらいありました。換気量の総計がダクト径になるからです。規模の大きなビルになればなるほど根元の径が太くなり、たとえば8階建の建物では1階のダクト径は8階のダクト径の8倍にもなるのです。そんな大きさのダクトを振り回すと、一部屋ぐらいのスペースがたちまち潰れてしまいます。ですから、平面計画のときからダクトのことを考えておかないといけなかったのです。

空調では塵・埃が還流して、それが自動交換機にたまって故障することも問題になりました。初めは外部の砂塵が原因だろうということで、窓をエアタイトサッシにしたのですが、故障が減らず、実は職員の衣服から出る細かい繊維が原因とわかりました。

空気を運ぶか、液体を運ぶか

空調設備の戦後からの流れをみますと、全館空調から各階空調へ、そして室別空調へ、さらには個人空調へと移り変わってきているようです。全館空調の考えがアメリカから伝わってきたときは、「部屋の扉を開け放しておいていい、こんな便利なことはない」と、皆がそれに飛びついたわけです。

しかし間もなく、部屋ごとの個別制御が難しいという欠点がみえてきました。また、空気で熱を運ぶ方法は、ある分岐ダクトを閉めるとほかの部分に行く風量が多くなり、反対に、ある分岐ダクトを開くとほかの部分に行きわたらなくなるという制御の難しさも気になりました。

こうした欠点を改善するために、制御を各階でするようになったのは新宿に建った三井ビルの頃からだと思います。各階に送る熱エネルギーはチルドウォーターなど液体で送り、そこで受けた熱を空気に移して運ぶ。その方法ならほかの階の影響を受けないで階ごとに自由な制御ができるわけで、しばらくはこの方法が採用されたのではないでしょうか。

そして、時代の流れとしては、同じ階でも残業しているところとしていないところがありますから、室別空調が求められるようになったわけです。その後世の中は次第に個人別制御の方向へ向かい、最近では、机に向かっている一人一人が自分で空調を調節できるような環境も増えています。

実は住宅の場合でもチルドウォーターなど液体を使った方法が試みられていますが、住宅では水が漏れると困るところが多いのです。特に、アパートで、下階に漏れたりすると大変です。OMソーラーが空気を運ぶようにしたのはそのためだと聞いています。空気なら漏れても被害がないからです。

設備と建築の関係を考える

複雑な設備が求められるようになった建築といえば、博物館がその一つです。展示物・収蔵物の種類が多様で、たとえば文書のような紙・布類は湿度が必要です。刀のような金属は乾燥している必要があります。それらを同じ部屋には置けませんから、部屋ごとに空調も区別しなければならないわけで、少なくとも2種類の部屋を用意しています。それは収蔵庫も展示室も同じです。それとは別に、観賞者がいる空間は空調管理を人間向きにする必要があり、博物館や資料館では空調の区分けが何種類も必要です。

規模が小さな「有田町歴史民俗資料館」（1978年）の場合には、収蔵庫と展示ケースを一体にとらえて空調設備をまとめました。

平面図を見るとわかるように、展示スペースと収蔵庫の間に区画がなく、収蔵庫が展示室（鑑賞者の居るスペース）をコの字形に囲んでいます。観賞者はガラス越しに収蔵庫の一部分を覗くようになっています。展示品はガラス面に沿って置かれ、その背後は衝立で仕切り、衝立の後ろが収蔵庫になるわけです。展示台にキャスターでも付けておけばいつでも入れ替えられますし、展示スペースの奥行きも展示物ごとに自由に変えられます。収蔵庫と展示スペースを一体化するのは新しい考え方だと思っています。

「有田町歴史民俗資料館」の増築として設計した「有田焼参考館」（1983年）は、発掘で出てきた陶磁器と研究者の机があるだけなので、倉庫に近い建物です。躯体はPCで（p.281参照）、特に設備はありませんでした。

伝統的木造建築でつくった「明治神宮神楽殿の内装」（1993年）の天井では、設備器具の納まりについていくつかの工夫をしました。願主席は二重天井になっていて、空調の吹出

上:有田町歴史民俗資料館(設計/内田祥哉+アルセッド建築研究所、提供:有田町)

右:収蔵庫から、ガラス越しに展示室を見る。展示室をコの字形に囲む収蔵庫

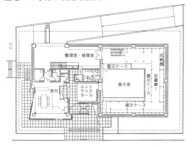

同平面。展示スペースと一体になった収蔵庫

同断面。展示スペースの奥行きは自由に変えられる

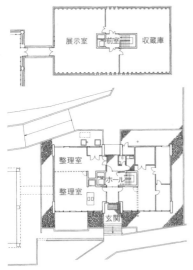

有田焼参考館1階平面(下)および2階平面(上)。2階が展示室と収蔵庫

し、感知器、スプリンクラー、非常照明といった設備を組み込んだ機能天井と鏡板のない木造小組格天井です。格天井に鏡板がないことについてどんな見え方になるか、心配はありましたが、ほとんどの願主さんはそのことに気づいていないようです。

スプリンクラーは、普通、天井面に見えるように設置するのですが、消防と相談して木製の天井にも水がよく当たるように、天井の背面に設置しています。天井面の照明は、折上げ部分を切断して、その隙間に照明器具を仕込んでいます。折上げ部分を切断することにも決心が必要でしたし、これを見てびっくりした人もいましたが、これで器具も目立たず天井面がすっきりしています。ところで、折上げ天井の切断部分の空間が器具を入れる

明治神宮神楽殿(基本設計・全体監修/内田祥哉+アルセッド建築研究所、照明計画/E.P.K、撮影:彰国社写真部)。天井の折り上げた部分に仕込まれた間接照明

同貴賓室入り口の床面を照らすウェルカムライト(撮影:エスエス東京支店)

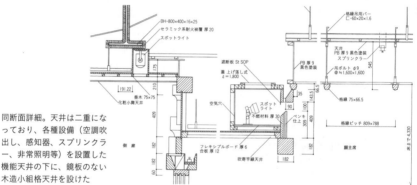

同断面詳細。天井は二重になっており、各種設備(空調吹出し、感知器、スプリンクラー、非常照明等)を設置した機能天井の下に、鏡板のない木造小組格天井を設けた

には狭いので、木材が発火する心配が起きました。そこで、断熱材を入れたり、苦心をしています。

天井の設備機器はできるだけ見えないようにするのが常識ですが、大部屋の天井では、スプリンクラーを飾り金物の位置に合わせて、意匠として見せています。

照明計画はE.P.K.の小西武志さんが考えてくれたのですが、貴賓室入り口では、床の絨毯にある模様を、天井に設けたウェルカムライトで照らしています。

「武蔵大学8号館」(2002年)の50周年記念ホールの天井では、構造材で設備機器を包み込んでいます。見事な構造体の形を天井に見せ、化粧天井で隠したくなかったのです。

シェル構造の屋根は世界中の建築でたくさん使われていますが、大部分は化粧天井を付けています。それは、結局、ダクトや配線が天井を這い回ってしまうからで、美しいはずのシェルが見えなくなります。そうならない

ためには、シェル自体が、動物の骨格のように血管や神経を抱えていなければならないと考えたのです。ただ、それを実現するのはとても大変です。

これまでの設備設計者は建物があらかたできた頃に具体的な設備工事の図面をつくればいいと考えているのです。ところが、プレキャストの工事は、工場でパーツをつくるタイミングからいって、工事工程の極めて早い時点に仮枠の設計を始めなければなりません。しかし担当する下請けはまだ、ほかの現場のことで夢中になっているのです。打合せを実現すること自体容易でないのです。相手は工事の内容もろくに把握していないので、打合せにピントが合いません（笑）。そこがこの仕事の一番難しかった点です。「武蔵大学」は、現場で近角真一さん（集工舎建築都市デザイン研究所）が粘り強く、プレキャスト関係者と設備関係者を集めて話し合ってくれた成果です。

デザインに生かす設備の考え方

設備設計の方針から建築の形がつくられている事例の一つが「関西国際空港旅客ターミナルビル」（設計／レンゾ・ピアノ・ビルディング・ワークショップ、1994年）です。空調の吹きおろしを、ダクトではなく天井の形状でデザインしています。ポンピドー・センターで苦労した結果からこれができたと言われています。

日建設計が設計した「中野サンプラザ」（1973年）は、ダブルコアの中に設備の動脈と避難階段をうまく絡ませている例です。ダブルコアの中間に無柱空間をつくる、という

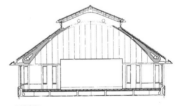

同断面

同屋根のPCの揚重（提供：長谷川一美）

武蔵大学8号館「50周年記念ホール」。ダクト・配線等を背後に納められる骨格（撮影：堀内広治）

のが発想です。この建物の場合、避難経路もダブルコアの中に確保して避難状況が外から見えることと、逆に避難する人も外が見えるので、不安感が消えるといいます。

武蔵大学8号館（設計／内田祥哉＋集工舎建築都市デザイン研究所）。50周年記念ホールは4.5寸勾配の屋根をPCの架構が支えている（撮影：堀内広治）

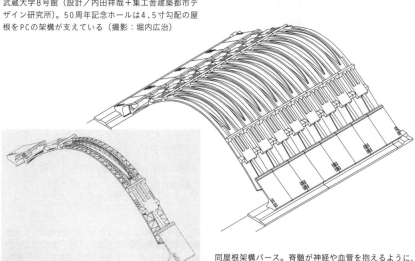

同屋根架構のPCの1単位

同屋根架構パース。脊髄が神経や血管を抱えるように、PCユニットの裏を利用して、配管・配線類が納められている

関西国際空港旅客ターミナルビル(設計/レンゾ・ピアノ・ビルディング・ワークショップ)。気流の流れを反映した天井の形状をつくっている

中野サンプラザ(設計/日建設計)。避難経路が外から見えることで、外部から避難状況がわかる(撮影:2点とも彰国社写真部)

ゼロエネルギーの住宅に向かって

この数年間で、最先端の大型建築の多くはダブルスキンを活用するようになったと思います。ダブルスキンが今や当たり前になり、手の込んだサッシも登場してきています。

話を住宅に移しますと、最近は、関東地方から北海道あたりにかけて、ほんの少しの暖房経費で暮らせるような住宅ができています。東北地方や北海道では複層ガラスや外断熱構法が普及し、昼間の太陽熱を蓄積して夜利用するなど、状況は変わってきています。

最近の住宅は、外断熱、複層ガラス仕様で、昼間、太陽光を採り入れて蓄熱すれば、夜間のエネルギーをかなり賄えることがわかってきたわけです。室蘭工業大学で省エネルギー住宅を推進している鎌田紀彦さんによると、東北、北海道よりも、今や南の地域のほうがエネルギーを使っていると言っています。

南の地域のエネルギー消費は、夏場の冷房エネルギーが大半を占めているようです。そこで、通風を重視して、効率がいいヒートポンプをうまく利用すれば、大幅に改善できるはずだと言うのです。ただ、コンクリート建築の外断熱には、コンクリートに匹敵する防火・耐火材を張らなければならないことがやっかいです。

日本の場合は湿気が多く、温度を下げるための除湿装置が課題のようです。ヒートポンプを使って冷たい空気を出すと端末機器の周辺はどうしても結露します。その結露水が原因で事故が起きることが多いので、結露水をうまく吸い取れる装置がほしいのです。たとえば表で結露させて裏で乾かしていく、そんなものができると理想的です。

岐阜あたりのように夜は寒く、昼間は暑い場所でも、一日の変化をうまく利用することで、パッシブエネルギーによるさまざまな工夫ができるというのです。日本の温暖地方の住宅のエネルギー消費を抑える対策(註)は、これから進むと期待しています。

註:この稿のあとで生まれた、環境を制御した秀作の例は、「直島町民会館」(2016年、設計/三分一博志、平成29年度日本建築学会作品賞受賞)、「無量光」(2014年、設計/古森弘一、2016年日本建築家協会環境建築賞受賞)など

5|8　設備の寿命は建物と一緒には延びない

設備改修は待ったなしの状況にある

内田　そもそも設備は交換しなければ長持ちしないという考えが本格的になったのは、1980年代以降のことと思います。1981年に建築基準法が新耐震基準になったことをきっかけに、建物の補強や取壊しが減少し、寿命が延びたために、設備を取り替えることに比重が移ったのです。

馬郡　内装の簡単な改修程度でしたら、多くは基幹設備にそれほど手はつけませんし、構造にはほぼまったく手をつけないですね。また、1981年の新耐震以後になりますと、たとえば大規模改修では、耐震改修と設備改修をセットにして考えるようになってきたと思います。

　高度経済成長期に建てられた住宅やオフィスビルなどの建築は、手を入れることで十分使うことができるものが多いですが、今、何が問題として起きているのかと言いますと、それらに組み込まれた設備が現代のニーズに合っていなくて、使い勝手がよくない。設備業界では、主な基幹設備の耐用年数は15年と言われていますが、実際は、壊れていなければだましだまし使っているところのほうが多いように思います。

　設備の更新のことに配慮しながら設計をしようという風潮になったのは、おそらく1990年以降のことではないでしょうか。

内田　そうでしょうね。先ほどすべてがうまくいっているとは言えないと言いましたが、たとえばひどいものになると、ボイラー室の出し入れ口を塞いでしまっているところがあります。つまり、古い設備機器類を取り出せないわけです。また、その場所から取り出せる建物であったとしても、取り出した先の通路の扉が開かなかったり、その先に木が植わっているために搬出入が難しいといった状況が至るところにできていると思います。計画段階ではスペースに余裕があったはずなのに、いつのまにか増築して出入りを妨げることは、よくあることですね。

馬郡　その問題の責任はさまざまなところにあるように思いますが、設備の更新のことに配慮しながら設計をして予備スペースを設けておいたとしても、使い手側との意識の差があります。ほとんどの場合が設計側の意図とは違って、「そこは自分が使ってもよいスペースだ」と思ってサーバー機器や予備の空調機を置いてしまったりする。図面上に「設備更新用スペース」と書いてあっても実際の空間に書いてあるわけではありませんので、そこは難しいところですね。

　ちょうど今の時期というのは、先輩方が頑張って設計・施工されてきたものが、突然私たちに預けられた状況にあります。それも大量に、一気に押し寄せてきている。

　特に最近は、公共建築をはじめとした大きな建物に関する相談を受けることが多いのですが、竣工後20〜25年以上経過した建物は、

対談　馬郡文平（東京大学生産技術研究所特任講師）
まごりぶんぺい

どう頑張ってみても、当初のままでは設備を使い続けることができません。設備の根本的な外科手術の時期にきています。

内田　公共建築の相談が多いのはなぜですか。

馬郡　1980年代後半から1990年代の建築は、構造的にもしっかりしているものも多く、仮に構造補強をした場合でも、建物の構造はきちんと使い続けることができますので取り壊すほど悪いものではありません。しかし、現在求められる設備機能とは、相当かけ離れている場合があります。規模が大きい建物には、専門の管理者の方がおられることもありますが、専門の管理者の方々は、設備機能を再設計し、単純な機器の取替えでは機能を満たすことができないという意識があまりありません。

私は診断改修だけでなく、新築の建物については、省エネルギーで環境に配慮した建築の設計もさせていただいていますが、その命題は、現状のものに対してエネルギーを減らす、室内環境をよくすることです。新築の場合はそういうものを新しくつくればいいわけですが、古い建物の場合は、そう思ってもなかなかできません。なぜなら、そういうことを考えずに当時つくったからです。でも、それを全部壊してつくり直すとなると、莫大な費用がかかります。簡単にスクラップアンドビルドとはいかないという問題があるのは事実です。

設備設計者はタクトを振ることができるのか

内田　公共建築、つまり官庁の場合は設備を分離発注することが多いから、設計の段階で設備関係者との細かい相談はありませんよね。ですから、「このくらいの部屋ならば、この設備は入るだろう」と予想しておくわけですが、結局は意匠や構造などからいじめられて、設備スペースがどんどん小さくなってしまう。そこに無理やり入れてしまうと、入ったら最後、取り出せなくなってしまうわけです。もともと設備設計を分離発注するというのは、ゼネコンの下請けになることで予算が目減りすることを設備の企業が嫌ったためなのですが……。

馬郡　分離発注にはよい面と悪い面がありますよね。設備の分離によって起きる問題も多いので、マネジメントが重要というようなことが言われるようになりましたけど、実際の現場では、所長や工事の主担当者にいきなりこのつなぎ役のマネジメントが任されてしまう、つなぎ役の報酬をもらっていなくても結果的にはある範囲で何とかしてくれとなってしまう。この"ある範囲"があいまいで、今でも分離発注のこういった問題は変わらないです。

内田　たとえば設備が元請けになって新築をすれば、いいものができるのでしょうか。

馬郡　建築設備は、人間でたとえると内臓や

神経に当たるものですよ。ダクトはフニャフニャしていますし、照明は天井から吊ってもらうことでそこに存在しています。それだけでは成り立たなくて、筋肉と骨、つまり構造などに支えられているわけです。

内田　設備改修の場合、ゼネコンと設備屋さんが受け取る金額も逆転していますからね。

馬郡　たとえば改修予算に制限があると、現況のサッシュなどでも使えるものはなるべく使おう、空調の機器を交換すればよいとなりますが、本来的な改修をするなら、空調機械の改修の前に、快適性や省エネルギーなど総合的に考え、高断熱のサッシュにするほうが先になるはずです。ただ、そのときに設備の人間でタクトを振って指揮をとれる人が果たしているのかという課題があります。普通の設備設計担当者は、一度もタクトを振ったことがない人が多いですから。

内田　「設備」と、ひとくくりにするといってもその中で分野が分かれていて、たとえば電気の人は電気のことしかわかりませんし、空調の人は空調のことしかわかりませんよね。それぞれの分野でそれぞれの穴の中にこもっている。

馬郡　まさに穴ですね。結局、わかる人（わかろうとする人）にしかできない。照明が神経で、空調が消化器官であるとしますと、現在の建築では、神経と消化器官が話合いをしません。

　建物の改修の際は、建築の全体的な工程や施工手順、一番効率がいい工期の組立、柱をはじめとした構造体のことなど、新築のことを思い浮かべながら改修を考えます。たとえば、このような内容に関して、設備関係者が建物全体のことを考えているかというと、多くの場合そうではありません。結局、設備改修だけを考えてうまくいくかというと、そうもいかないわけです。実際の改修のときのことですが、構造設計者に連絡も取らずに、壁や梁に、「ここは穴をあけやすそうだな」と思いこみ設備の都合で貫通穴をあけてしまって、あとから構造設計者が発見して激怒するということも現実にはあるくらいですから。

内田　そんなことをされては困るので、設計仕様書などに規定を文章で書いたりもしていますが、いくら文章に書いたとしても、その通りできない所が至る所にありますね。

馬郡　ただ最近は、設備の人に早い段階で入ってもらおうという認識が若い設計者にはあります。構造計算書の偽装問題などがあったことにより、構造設計の出し直しがきかなくなっているからかもしれません。手戻りを避けるためには、あとから構造設計を手直しするのではなく、きちっと考えて全部そろった状態で申請を出さなければいけません。

　どのようなルートがなければいけないのか、構造に影響が出るのか出ないのかなど、あらかじめ課題を洗い出して検討するようになってきています。そのこと自体は、設計と設備と構造の関係がよくなっていることだと思います。

内田　設備のことがこれだけ重要になった状況で、大きな建物をつくる際におおまかには一級建築士、構造設計一級建築士、設備設計一級建築士という資格をもった人がいますけれども、責任の所在が明確ではないところがありますね。建物としての責任は一体誰が果たしているのかがわからない。お互いが譲り合っても具合が悪いでしょう。

　たとえば事故が起きたときに、タクトを振

って指揮していた人が誰であるのかがわかれば、その人が少なくとも責任者になるわけです。でも、それは工事ごとに違うことがありますね。

馬郡 やはり確認申請などをとりまとめる上では一級建築士が責任をもったほうがいいと思いますが、そのときに連名というかたちをとることで、設備の人も共同責任者になるというのはどうでしょうか。

内田 なるほど、でもあいまいですね。

馬郡 責任のとり方を明示するようにすれば、今起きている問題を少しは解決できるのではないかという気はします。

　先ほどもお話ししたように、設備専門の人はタクトを振ったことがない場合が多いので、いきなりタクトを振りなさいと言われてもどうすればいいのかわからないと思います。ですから本当は、プロジェクトマネジャー、いわゆるアーキテクトがきちんと育っている環境があって、建築、構造、設備、どの専門の方もチームで一緒になってやるとなれば、これからの改修はいいものになっていくのではないでしょうか。

先見の明があったBELCA賞の設立

馬郡 戸建の住宅に専門の建物管理者がいないことは仕方がないにしても、オフィスや商業等の建物を保有する企業において、深刻な課題は、営繕部署がなかったり、建物の専門家が不在で、計画的にメンテナンスがなされていない場合が割合に多いことですね。規模が大きくなるほど、計画的な維持管理が重要になります。専門医が不在の建物が多いことに、大きな危機感をもっています。

内田 メンテナンスに関心が深いのはNTTファシリティーズですが、その「横須賀電気通信研究所」はあらゆる改修にも対応可能にするために、地下室には大型のトレーラーも入るようになっています。

馬郡 確かにNTTのメンテナンスは群を抜いていて、営繕の基準はものすごくきちんとされていますよね。電信電話機能は絶対に切れてはいけないインフラですし、その事業をやっている事務所の電源が切れるなんてことはあってはならないわけです。そのような企業は、仕様書や標準仕様もしっかりしていて、絶対的なスペックを決めている。しかも設備の取替えを定期的に行っています。ただやはり、NTTは特別でしょうね。

　実際に、とある市の大規模改修の計画では、この先何十年も建物を使い続けるために基幹設備を更新しようと見積もってみたところ、莫大な費用の問題が立ち塞ってしまい、営繕貯金もないため、結局、財政の許す範囲でやるしかないという状況になっているところもあります。

内田 設備を取り替えるために窓や壁を壊したりしなければならないとなりますと、大規模改修になるわけですから届けを出さなければいけませんよね。届けを出すとなると建築基準法に適合しないといけませんから、そこで「既存不適格」を認めざるを得ない。今では「既存不適格」というのは一つの資格で、これにも至らない建物がたくさんあるようですね。

馬郡 既存不適格にできない場合は、遠慮しながら改修するしかないですよね。「遠慮しながら」というのは、なるべく既存遡及を受けられるものは受けるという意味です。消火設備も、当時その機能でOKだったものに関

しては、空間を変更したりしなければ、一応それで通してもらえますから。

内田 竹中工務店が設計施工した「神戸松蔭女子学院大学六甲キャンパス」はよく整備された事例だと思っています。竣工したのは1981年で、敷地の真ん中を公道が通っており、そこに共同溝があります。アッシジみたいな雰囲気で、実に気持ちのよいキャンパスです。改修によって環境負荷を減らして省エネルギー化を推進しています。ここは最初の設計がしっかりできていたからだと思います。

馬郡 完成後も竹中工務店が常駐で事務所をつくってメンテナンスをしている。キャンパスですからさまざまな条件が整っていて、人

横須賀電気通信研究所第1期（設計／日本電信電話公社建築局、担当：沖塩荘一郎、1972年）。1フロア約8,500㎡、1棟で10万㎡近い大規模な研究所で、データ通信、衛星通信を含む伝送、宅内機器等の研究に対して、成長・変化に対応する最大のフレキシビリティが求められた。設備は配管シャフト、2重床などの追加変更が容易な計画となっている。平成21年度BELCA ロングライフ賞（撮影：彰国社写真部）

同基準階（資料提供：NTTファシリティーズ）

同地下2階。設備機器類の交換が容易にできるよう、大型トレーラーが入れるようになっている（資料提供：沖塩荘一郎、NTTファシリティーズ）

が張り付くことでできる。そういう意味でもよい事例と言えますね。

内田 大阪の豊中市にある大阪大学の「大阪大学会館」もいい例です。旧制浪速高校の校舎（1928年竣工）が大阪大学に移管され、大学創立記念の建築として2011年に再整備されたものです。空調機など重量設備は建物外に設置して、ダクトも外側につくり、内部空間をきれいにしています。

馬郡 BELCA賞の受賞作品をそうやって見ていますと、どのように改修したのか、苦労されている部分も見ることができますから、非常におもしろいですね。いろいろな時代の先輩が、時代を背負って設計しているのが見て取れる。

内田 そもそもこの賞は、1988～89年に設備会社を母体にしてつくった賞で、私は当時、これをつくるために建設省に設置された準備委員会の委員長を務めていました。

馬郡 私が竹中工務店に入社した頃に「設計を考える会」というものが社内にあったのですが、建築はやはり使ったあとに評価されてこそ本当の評価ではないだろうかという話を当時そのメンバーの方々として、BELCA賞

神戸松蔭女子学院大学全景（設計施工・写真提供：竹中工務店）

同設備共同溝内部

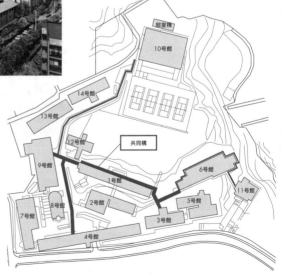

同配置図。分節して配置された各棟が、配管・配線の保守更新が容易にできるよう設けられた設備共同溝で接続されている。平成25年度BELCAロングライフ賞（資料提供：竹中工務店）

同外部機械スペース(提供:坂倉建築研究所)

大阪大学会館全景(改修設計/坂倉建築研究所、提供:大阪大学)。旧制浪速高校の校舎(1928年)として建設され、2004年に登録文化財建造物に指定された。平成25年度BELCA ベストリフォーム賞

同受変電設備、講堂の空調機、受水槽などが建物外部に設置された。

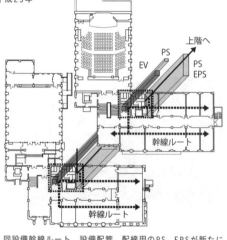

同設備幹線ルート。設備配管、配線用のPS、EPSが新たに設定され、増設・更新・メンテナンスが容易な計画となっている(左図とも提供:坂倉建築研究所)

にも目を向けていました。

内田 BELCA賞の発案者だった建設省(当時)の梅野さんには先見の明がありました。また、1970年代以降になると、設備設計の考え方が昔と比べてがらりと変わってきました。たとえば、戦後流行っていた全館空調はなくなりましたし、配管も今や短命が常識になっていますからね。取り替えるとなると、香港上海銀行で実行されたムービングテストのように、実際に配管ユニットの取出しの実行テストが必要です。

馬郡 それとBELCA賞ではエネルギー負荷低減に関する評価もされているように、設備の場合、環境負荷低減や衛生面の法律も絡んできます。建物完成後には、3,000㎡以上の建物にビル管法(建築物における衛生的環境

の確保に関する法律）が適用されますので、二酸化炭素濃度、温度、湿度、粉塵などを定期的に測らなくてはいけません。測定対象には、ホルムアルデヒドの濃度基準（1㎡につき0.1mg[0.08ppm]以下）も追加されています。一定規模以上のビルはそれらを計測しているわけですが、この運用も、現実にはまだまだ課題があります。また、省エネ法（エネルギーの使用の合理化等に関する法律）への対応も重要です。

たとえば、室内環境基準を満たしていても、内装の見た目をきれいにしているだけで、空調機のメンテナンスをおろそかにしている場合もあります。現場に行くとよくわかります、壁や空調からカビの臭いなどを感じますから。建物を使う側で設備のメンテナンスに力をいれる人がもっと増えてもいいはずですよね。

これからの改修や設計のあり方とは

馬郡　きちんとしたリニューアルはまだまだ進んでいないと私は思います。これからは、ストックをどのようにきれいに直してあげるのかということをきちんとやっていかないと、使える建物が使えなくなってしまいますね。
内田　きちんとしたリニューアルというのは、どういうものですか。
馬郡　たとえば空調の改修が必要になった場合では、開口部を例にとりますと、本来の改修の目的が、省エネで快適にしましょうというならば、まず先に窓を直すべきだと思うのです。そのほうがパッシブですし、小さい負荷にしてから熱源を入れ替えるというのが正しい順番です。

でも、それをやると費用がかかりますよね。だから私の知る多くの場合では、窓にフィルムを貼って終わりにしてしまい、空調機を入れ替える。結局、それでは空調負荷が大きい環境のままなのです。以前よりは快適になっているのでしょうが、それが満点の改修と言えるかというと、そうではありません。

ですから私の場合は、まず設備を直す前に、必ず断熱や開口部などの提案を先にしています。今よりももっと長く使えるように建物を改良してあげて、それから設備をちょっと見直す。その順番が間違ってはいけないと思います。

それと、皆さんがすぐにできることといえば、建築だから、構造だから、設備だから、という殻に閉じこもらずに、まずは設計の人も設備の人たちと一緒に、もっと現況調査や現況診断をされたらいいのではないでしょうか。一緒にみんなで見て回ることで、使い勝手が変わっていることもわかるでしょうし、傷んでいるところもわかるでしょう。
内田　1990年代以降の建築は、もっぱら設備のリハビリテーションが主役になってきたわけです。今は、新しい設備技術がどんどん入ってきたことで、このごろの設備は本当にお金がかかり、改修するときには違う機器類が入ってくるというのが現実です。コンピュータはどんどん小さくなるから取替えは楽になっていますけれど、設備機器はますます大きくなって取り替えにくくなっているものもあります。

今の時点で改修がうまくいった建物であっても、将来、どのように改修をするのか、その計画も気になるところです。そういう意味でも、これからは設備の取り替えやすい基本設計がもっと出てくるべきだと思います。

6章 思い出すままに

6｜1　堀口先生の「桂」講座

日本の「庭」の原点

　大学生時代のことですが、堀口捨己先生が計画演習のような講義を持っておいででした。その頃すでに堀口先生は建築家として、また分離派建築の活動家として有名で、インターナショナルスタイル風の建築を雑誌などで発表されていました。代表作の「八勝館　御幸の間」（1950年）はまだない頃です。

　堀口先生は、すでに数寄屋の研究で有名でしたが、戦争が終わっても本も紙もない時代で、先生の研究についてのきちんとした文章は、『草庭』（白日書院、1948年9月15日発行）を古本屋で見つけた程度でした。講義を聞いている学生は3人くらいだった気がしますが……。東大の授業としては庭園学の講義が別にありましたから、堀口先生は自由に語られていました。

　要旨は、そもそも日本は、自然崇拝が基本にあって、その崇拝の対象となるものが庭であるという説明でした。神社の最も古い形式である三輪明神大神神社の磐座は日本の庭の原型でもあるということです。大神神社の御本体である三輪山は自然の山で、日光東照宮や伊勢神宮なども、深々とした自然の山の中の環境にあるということでした。

　江戸時代につくられた日光東照宮は、自然の奥深さを人工的色の対比で表現されており、まず入り口に朱塗りの橋を架け自然と対比させ、最後は森の暗さと最も強く対比する白い建物を置いて、完結させているのだと説明されました。そのほか、海からのアプローチでは厳島神社があり、これも日本の自然をアプローチにしていると言われました。

　自然のアプローチを庭園の中に取り入れた例としては、京都の修学院離宮をあげ、下の御茶屋、中の御茶屋、上の御茶屋という三つの庭園をつないで一つのアプローチが形成されているということでした。下の御茶屋では、樹木は刈込みが高くつくられています。中の御茶屋では刈込みは次第に低くなり、上の御茶屋では初めは目線よりも高い生垣が、露路を上るにつれて次第に低くなって、最後に視界がパッと開けます。これは、自然の山を登って、頂上に近づいたときに経験する展望の広がりを強調させているのだそうです。

　日光東照宮の場合は色で、修学院離宮は視界の変化でアプローチを強調しているということでした。

　ヨーロッパの幾何学的庭園は、日本の庭とはまったく対比的に、人間が自然を制御した表現です。大工によって日本建築が伝えられてきたように、日本の庭づくりは庭師によって伝えられてきたことが印象的です。

学生時代の関西旅行

　大学2年生の後半には、先生の案内で古建築を見てまわる関西旅行の機会がありました。もちろんこの旅行は自費の旅行です。私たちより以前の建築教育は、建築史を学ぶことを

主としていましたから、お寺や神社を見るのは当たり前で、それを知らないで卒業する学生はいませんでした。今は昔とは違って、見てまわる場所が近代建築や現代技術になったのではないかと思います。

関西旅行の始めには、法隆寺から西の京まで歩くコースがあって、法輪寺、法起寺を見、慈光院ではたっぷりと屋内からの景色を楽しみ、それから大和郡山を経て薬師寺まで歩き、夕方に唐招提寺に到着します。ここでその日の見学は終わり、日吉館に泊まるのです。

奈良見学が終わると京都に向かいます。京への路は浄瑠璃寺、岩船寺を経て宇治の平等院に行き、それから宇治上神社に寄って法界寺、そして醍醐寺へ行き、上の醍醐にも寄り、本願寺の前にある宿に泊まりました。

翌日は、桂離宮や修学院離宮に行って庭園のすばらしさに触れ、さらに京都市内を見たあと多少余裕がある人は、近鉄線で室生寺や長谷寺に行って名古屋から帰ってくるというのが毎年決まったコースでした。

桂離宮のアプローチ

今では考えられないことですが、見学旅行のとき、堀口先生は桂離宮の中でも、扉を開けたり閉めたりして自由自在に景色の変化をつくりながら、私たちを案内して下さいました。

私が初めて桂離宮を見たのは昭和21年の関西旅行です。桂離宮は桂川を渡ったすぐの所にあります。桂川に架かる桂大橋を渡ると、川沿いの道に沿って青々とした竹の生垣が続いています。この生け垣は桂垣とも呼ばれ、桂離宮を特徴づける生け垣です。竹は道路に沿って整然と生えるわけではなくて、離宮の中の竹藪に生えている竹を垣の上端にある笠木に当てて折り曲げているのです。竹は折れて割れるのですが、枯れずに青々とした葉を保っているのです。ちょっと残酷ですが、本物の生きた竹ですから、いつも青いのです。垣は、それを編んで外面をつくっています。

桂垣沿いに左に曲がると、穂垣と呼ばれる垣根が現れます。切った竹の穂を横に編んで、先の尖った割竹で押さえた竹垣です。

穂垣に沿って少し行くと、表門（または御成門）があります。表門は、竹を縦に並べて扉面をつくる単純な姿で、門の左右も、それに合わせて、穂垣をやめて竹垣になっています。この竹垣は、一見質素で簡単に見えるのですが、きれいにつくろうとすると結構大変なのです。見てわかるように、隣同士の節が重なっている所はありません。節が重なると隙間ができてしまうからです。たくさんの竹を手元に用意して、隣同士の相性を選びながら並べるのです。また竹は一見太さが一定のように見えますが、やはり植物ですから、根本が太く先が細いのです。これを無造作に並べていくと次第に扇形になっていきます。それを避けるためには、根本と先を切り落として太さに違いのない所だけを使うのです。

左:桂垣。道沿いに青々とした笹垣が続く　右:桂垣は、生きたままの笹を頂部の笠木で折り曲げ、枝を束ねてつくられる（2点とも撮影:岡本茂男）

表門。杉丸太の柱と磨き竹の門　　　　　　　　御幸門。茅葺き屋根と面皮付き丸太の柱（＊撮影:彰国社写真部）

　桂離宮のアプローチのつくりは、よく考えられています。まず桂川を渡ると、荒々しい「桂垣」と桂川に挟まれた雄大な風景があり、道が桂川から外れると、垣が「穂垣」に変わり、門の左右は丁寧な仕事でつくられた竹垣となります。表門を入ると御幸門までは一直線、道は御幸門を入ると右に曲がり、ここからは、地表面にはびっしりと小石が敷き詰められます。道は再び一直線ですが、中門の手前には土橋を設け、視野を上下に動かさせます。ここは紅葉の馬場と呼ばれ、盛り上がった土橋の上からは、庭園の全貌を瞥見できるのです。ここで道は左折し、すぐまた右折しますが、左折したときにもう一度庭園の全貌が見えるはずです。しかし左右が垣根で視野を狭められ、突き当たりに小松があって、いわば御簾に遮られたような景色です。この小松は「住吉の松」と呼ばれ、視野を遮るには極めて格好の大きさですが、それは、この先、書院に上がる客人に、書院から見る景色を予感させない配慮とも見えるのです。しかしこの小松、かつては大木があったとも言われて

桂離宮配置図

紅葉の馬場。びっしりと敷き詰められた小石＊

景色を遮る住吉の松＊

いるので、当初の意図は不明です。

御殿

今は、見学者が宮殿の中に入るのは難しくなってしまいましたが、われわれの学生時代には建築の学生は自由に入ることができました。堀口先生に引率されたときには、まず臣下控え所の玄関から入り、御輿寄せと中門に囲まれた中庭を廊下からゆっくりと眺め、苔の敷き詰められた「真の飛び石」とその前後に配置された方形の飛び石の思いがけない配置や、「沓脱ぎ石」のふっくらとした盛り上がり方の説明を聞いて感動します。

初めて見る学生としては、ここだけでも何時間かを使って、感動に浸っていたいのですが、堀口先生は、学生たちを早々に追い立てて、古書院二の間へ押し込めます。襖で閉ざされた薄暗い二の間で、何も知らない学生たちが、先生の言われるままに障子のほうに向きをそろえて座るのを見据えると、先生は正面の障子を左右に開かせます。そこで、桂の庭の全景が、月見台の先に広々と展開するのです。たまたま天気もよかったので、そのときの感動は、今でも忘れられません。

桂離宮の雁行した廊下には長い材料が多々使われています。床材として一番長いのは新御殿の縁側で、見学者が御殿の中に入れた頃は、6間（約11m）もある長い床材料に、継ぎ目がないと案内人による解説がありました。数寄屋の銘木に通じた人たちが驚くのは、面

上段の間の框。「隅留め」という継手が使われている

隅留め模型写真
（撮影：鈴木悠）

古書院二の間の襖を開き、月見台の先に広がる桂の庭を見る＊

皮の長押や丸桁です。製材なら太く長い材から切り出すことができるのですが、面皮が付いている材は、先で手頃だと、元では面皮がなくなって角材になってしまうのです。逆に元で手頃な面皮丸太は、先では断面が足りなくなってしまいます。そこで元から先まで、太さの変わらない材を探さねばならないのです。太さが変わらない6間もの長物は、よほど密生した林の中でないと見つからないのです。新御殿の入り口側にある廊下の内法長押は、その典型です。

新御殿の「二の間」の床脇の開口の枠は、解体修理によって、枠を取り付けたのではないことがわかりました。厚板から彫り出しているのです。もちろん狂いを抑えるためでしょう。

新御殿の、桂棚のある上段の間の框は、おそらくモミジでしょう。ここの隅には「隅留め」という、珍しい継手が使われています。二つに折って隅を回し、内側の入り隅から1本の楔を打つと、部材同士が寄ってくるようになっています。

新御殿のお風呂（御湯殿）は湯船に浸かるかたちのものではなく、スノコ敷きの上に座ってお湯を身体にかけて洗う所です。スノコの下の地面には石畳が敷かれており、下に落ちた水はその石に浸み込んでいくようになっています。そこを囲む竹垣は、完全に隙間がありません。裏を見ますと、節の所だけ出っ張らせてお互い噛み合わせるようにつくっています。もちろん中が覗けないようにしているのです。

桂離宮の屋根は、「柿葺き」です。しかし航空写真で見ると、一部瓦葺きのところがあります。日本建築は昔から屋根に格式があっ

新御殿のお風呂（御湯殿）の竹垣

同竹垣の裏側。お互いが噛み合うようにつくられている

て、最も格式が高いのは檜皮葺きで、京都御所がその例です。その次が柿葺きで、桂離宮は御殿ではありますが、別邸で、数寄屋であるということから、柿葺きになったと考えられます。しかしそれも、御殿として使われている所だけで、臣下の人たちのいる所は、柿ではなく格式を落として瓦にしているのです。そのことは、屋根を棟で葺き分けている所からわかります。

雨戸の板の張り方は、現代とは違って古書院の場合、枠の上から張っています。枠に板を差し込んでいるのではないのです。一方、障子の桟は丁寧に面取りがしてあります。

壁は、修理の際にばらせなかったところがあり、そこだけは「大ばらし」と称して、下

屋根伏。格式によって屋根仕上げが分かれている。
図面製作:法政大学武者英二研究室(1982)
出典:『桂離宮』新建築1982年7月臨時増刊号

地ごと取り外して、再びはめ込んでいます。

回遊式庭園

桂離宮は回遊式庭園です。露地を歩きながら景色を楽しみつつ、庭園にあるそれぞれの茶屋を順に巡ることができるつくりになっています。

では、御殿を出て、順路に従ってお庭を巡ってみましょう。

まず、最も御殿に近い庵は月波楼(げっぱろう)です。位置としては古書院の脇に建っており、ここからは池の中央にある中島の景色を望むことができます。下足の人と上足の人とが一緒に会話を楽しめるように考えられています。庭に点在する庵のほとんどが同様で、宮殿という

御輿寄せから月波楼を見る*

よりは、民家風なのです。

　月波楼から中門をくぐり、小石をびっしり敷き詰めた御幸道を通って蘇鉄山の陰にまわると、御腰掛（または外腰掛）があります。この建物は、壁がほとんどなく、材のほとんどが皮付き丸太なので、一見簡素に組み立てられているように見えます。しかしよく見ると接合部はすべて「光り付け」と言って、相手の部材の形に合わせて密着させています。その相手が、すべて自然木の肌なので、大変な手間がかかっているのです。このことは特に修理になると大変で、似たような色、形のものを見つけなければなりません。

　御腰掛から延びる敷石を伝って、さらにその先の露地を進み、白川石橋と言われる石橋を渡りますと、松琴亭です。このあたりの自然石を集めた中に、白川石が一つ削った石として置かれているので、よく目立ちます。松琴亭の部屋には白と青を市松に貼った有名な襖と床があり、その派手な模様は池の対岸の御殿からも目立ちます。

　桂離宮の中で私が一番好きな露地は、松琴亭から南へ下る所です。この露地は、分かれ道のない一本道で、ある程度の長さがあるのに、微妙な曲がり具合でまったく退屈しません。左側の生け垣と飛び石の石組み以外に人の手を感じさせないにもかかわらず、自然にはありそうもない、人に寄り添う「ぬくみ」を感じさせるのです。

　松琴亭から池を渡り、山を登ると賞花亭が現れます。ここは峠の茶屋というか、深山で

松琴亭から南へ下る露地

蘇鉄の庭。左に見えるのが御腰掛＊

松琴亭の前庭

鳥の声を楽しむ雰囲気があります。

また、この島には舟着き場があります。実は、桂離宮にはほかにも何箇所か舟着き場があります。八条宮は、舟遊びをし、それぞれの茶屋でお茶や饗宴を楽しまれたのでしょう。

賞花亭を下ると園林堂を通ります。園林堂は桂の中では極めて異質な建築と私は感じています。いわゆる社寺に近く、唐破風があり、火燈窓もある建物です。桂離宮の基調が数寄屋であるのに対して、ここだけは桂を築いた八条宮家として数寄屋にできなかった建物と理解しています。堀口先生はこの建物を大変重要視されていました。それはこの建物の性格が、位牌を安置するための御堂であることだけでなく、様式的に異質であることの全体への影響、さらに配置上の意味ということを指摘されていたように覚えています。

園林堂の正面の参道は梅の馬場に通じ、折れ曲がって笑意軒に到着します。ここからは、田んぼを耕しているお百姓さんの姿を見ることができると伝えられています。これで桂離宮のお庭をほぼ一周したことになります。

「ヨーロッパの庭園は幾何学的、人工的であるのに対し、日本の庭園は自然的である」と、よく言われることですが、それなら日本の庭園は手入れが必要ないかというとそうではありません。日本の庭園も、自然のように見えるその姿を、そのまま保つために、絶え間ない手入れが必要なのです。

造園学者で、元東京農業大学教授の進士五十八さんが執筆された本によりますと、「庭木の手入れの極限は、今日出た芽を今日摘み取って現状を維持すること」それに尽きるそうです。つまり、盆栽です。盆栽は昔からその形を保つために毎日手入れをされているそうですが、庭の手入れも同じだというわけです。

硼居と桂

桂離宮は、堀口先生の建築作品にも大きな影響を与えています。堀口先生が東京の麻布につくられた茶室・硼居（1965年）は、堀口先生が全霊を込めてつくられた傑作で、桂離宮のさまざまな手法が取り入れられています。

たとえば、桂離宮の中門をくぐって御輿寄せに着くアプローチは、硼居の玄関へのアプローチに取り入れられています。硼居の竹縁はまさに桂離宮の月見台です。

硼居の庭は「秋草の庭」と呼ばれていますが、これは、堀口好みで、金屏風に描かれた

茶室・硼居への玄関（撮影：2点とも大橋富夫）

硼居の広間天井

磵居。竹縁の月見台越しに秋草の庭を見る（撮影：大橋富夫）

琳派の絵のように、自然の草も背景を整えれば絵になるというお考えです。

天井も堀口好みで、床とはまったく違う区画配置で、それは座席の格式を表現させているのかもしれません。もともと天井に格式をもたせるのは、書院造の御殿に始まるのですが、それをミニチュア化して数寄屋の茶室に持ち込んだと考えています。これは堀口先生が八勝館以来好んで使われている手法です。

「庭と建物が一体になっているというのが、日本の建築の伝統である」ということは、多くの建築家によって述べられているところです。昔の建築家には、桂離宮に詳しい人が多かったように思います。東京と大阪の中央郵便局を設計された吉田鉄郎先生が、病状が悪化した中で自著の挿絵に桂離宮の写真を取り寄せられたときのことを思い出します。人を呼んで「桂のこの部屋の、ここから」と言うだけでなく、襖の開け具合、そのときの見え方まで指定しておられました。今日、見学も思うままでなくなっているので、建築家たちが桂離宮から学べる機会は極めて制限されています。建築家たちの桂離宮について学べる機会が多くなることを願っています。

6|2 構法とは

構法への関心

　大学で研究室をもつ以前は、モデュールと学校建築等に興味をもっていましたが、それらが構法と密接にかかわりがあるという認識はまったくもっていませんでした。それらの研究がフレキシビリティを通じて構法に関係しているということがわかるのは、ずっとあとのことでした。

　構法は、建築全体の構想に関係します。建築の個々の部材が全体にどのように関与するかを考える視点だからです。しかし研究者の中には、「構法は建築計画学の一部だ」という人もたくさんいます。構法は建築計画だけでなく設計や生産にも深くかかわりを持っています。

　今の時代、プレハブといえば建築家の敵とみられますが、戦前はその逆で、「プレハブの設計こそ建築家の憧れであり、夢である」と誰もが思っていました。日本でその憧れを実現した建築家は、戦前は伊藤為吉さん。戦後は田辺平学さん、前川國男さん以外、「セキスイハウスB型」を設計した石本徳三郎さん、「セキスイハイムM1」の開発に尽力した大野勝彦さんくらいです。前川さんの設計で企業化した木造プレハブ住宅「プレモス」（1946-51年）は有名です。しかし、「プレモス」のあと、各住宅メーカーが工場生産を始めると、建築家は一斉に反旗を掲げます。「設計をしないでモノができていくのは建築家を排除するものだ」というわけです。事実そうであったのですが、当時の住宅不足は深刻でしたから、建築家たちだけに任せておいて解決できるものではありませんでした。したがって、この時代、量産やプレハブのできる構法が考えられるようになったのです。

　しかし、プレハブが進行すると、「もっとフレキシビリティのあるプレハブがあるはずだ」という不満を感じるのです。そこで戸建てプレハブの生産者は、発注者が付け加えるさまざまな注文にきめ細かに対応しなければならなかったのです。その理由は、大工のつくる一品生産の住宅との競争でした。

　他方、公共住宅の分野ではプレキャスト・コンクリート（PC）を使った量産技術も登場してきます。

　そこで、建築づくりを構法の立場で考えるとすれば、量産にするか一品生産にするかが考えられるようになり、オープンシステムが話題に上ったのです。また、木造にするか鉄筋コンクリート造にするか、鉄骨造にするかも考えることなのです。木造でやってきたけれどうまく納まらないときは、鉄筋コンクリート造に変えて考えてみる。もしくは、鉄筋コンクリート造がどうも堅苦しいなというときは、思い切って鉄骨造に変えてみる。それらを区別しないで、フリーハンドにして考えるのが「構法」です。

「建築構法」という名称の生まれ

　誤解されているかもしれませんが、「建築構法」という名称は、私がつくったものではありません。「建築構法」の類似語としては、以前は「一般構造」「各部構造」「その他構造」というよく内容のわからない名称が使われていました。

　「建築構法」の内容を素直に表現するならば「建築構造」という呼び方が最もしっくりくるのですが、それは、現在では強度だけに関する内容として受け取る人が多いのではないでしょうか。実は、それこそが建築分野独特の認識で、「構法」という呼び方が発生した原因なのです。

　普通「構造」という言葉は、組織の表現に使われます。たとえば、「人体の構造」と言えば骨格だけを指すのではなく、消化器官や神経等あらゆるものを含む全体システムを意味します。「自動車の構造」と言ったときにも車体のフレームやその材料の話だけにはなりません。エンジン、駆動の仕方等、車全体のシステムのことを指します。そうした日本語一般での用語を踏まえて建築について考えてみると、強度のほかに通風もあれば雨仕舞いもあるし、給排水もあり、空調もあります。建物の「構造」と言えば建築躯体の構成やその材料、強度といった話に限定されてしまったのが他の分野の構造に対する認識との大きな違いなのです。

　では、いったい、どうしてそのようなことになってしまったのでしょうか。

　第二次大戦が終わるまでの日本の建築には建築設備というものはほとんどなく、あるとすれば燃料を直接燃焼するストーブか蒸気暖房くらいなものでした。そこで建築の構造と言えば、まず強度を支える骨組み。したがって、「建築構造」＝「躯体構造」となってしまったのです。

　それで、建具や造作・仕上げといったサブシステムはすべて構造から外されて、「一般構造」「各部構造」「その他構造」という内容のわかりにくい呼称が使われていたのです。他方、躯体構造の内容は専門が分化し、当時の大学では「コンクリート構造」「鉄骨構造」という講座が独立するようになりました。ちなみに、木構造は屋根、建具、畳、左官、経師等まで含めるので、逆に、木構造の中に「一般構造」が含まれるようなこともありました。「構造」を強度に関する部分にとらえる一方、強度に関係ない部分はすべて木構造に押し込めたのです。ちなみに私が大学に赴任した当時に担当した講座名は、中村達太郎先生以来の「一般構造」と「各部構造」でした。

　建築物という全体を成立させているシステムに「構法」という名前を当てはめるのがいいだろうと言い出されたのは、おそらく、東京大学で「一般構造」の講座を担当しておられた松下清夫先生だと思います。私が「構法」という言葉を使い続けたのは、名前がないと、

1編 構造

1章 構造学発達史の概観

- 1●1 木構造の近代化······················ 7
- 1●2 鉄骨および鉄筋コンクリート構造の導入と理論の定着················22
- 1●3 耐震構造理論の発生と展開··············49

2章 荷重と外力

- 2●1 雪　荷　重·······················77
- 2●2 風　圧　力·······················79
- 2●3 地　震　力·······················83
- 2●4 土圧・水圧·······················89

3章 構造力学

- 3●1 安定・疲労・破壊···················90
- 3●2 土質力学·······················92
- 3●3 柱··························95
- 3●4 は　り······················97
- 3●5 壁・版·······················99
- 3●6 ト　ラ　ス····················101
- 3●7 ラ　ー　メ　ン··················102
- 3●8 シ　ェ　ル····················107
- 3●9 振　動······················107

4章 構造各論

- 4●1 基礎・くい····················112
- 4●2 木　構　造····················115
- 4●3 組　積　造····················118
- 4●4 鉄筋コンクリート構造···············122
- 4●5 鉄骨構造·····················124
- 4●6 溶　接······················127
- 4●7 鉄骨鉄筋コンクリート構造·············128
- 4●8 煙突・サイロ・タンク···············131

5章 建築各部構造

- 5●1 概　説······················133
- 5●2 モ デ ュ ー ル··················135
- 5●3 ビルディング・エレメントの材料と工法······139
- 5●4 ジョイント····················141
- 5●5 開　口　部····················142
- 5●6 階　段······················144
- 5●7 プレハブ構法···················147
- 5●8 性　能······················150
- 5●9 雨　仕　舞····················151
- 5●10 維 持・保 全··················153

6章 東京海上ビル旧館の振動および破壊実験

- 6●1 はじめに·····················157
- 6●2 建物の概要····················157
- 6●3 関東震災における被害···············158
- 6●4 研究目的と研究範囲················158
- 6●5 構造材料の検討··················159
- 6●6 鉛直荷重に対する安全性··············159
- 6●7 地震力に対する安全性···············162

7章 関東震災耐震建築物調査資料

- 7●1 内藤多仲先生 "関東大震災を語る" 座談会···················165
- 7●2 高層建物（6階以上）被害一覧表··········176

建築構造・年表······················179

表二　昭和52年における講座構成

講座名	内容	担当教授
建築構造学第1講座	建築構法	内田祥哉
同　第2講座	鉄筋コンクリート構造・耐震構造	梅村魁
建築計画学第1講座	環境工学	斎藤平蔵
同　第2講座	建築計画	鈴木成文
同　第3講座	建築設計・都市設計	芦原義信
同　第4講座	建築入力論・環境工学	大崎順彦
建築史学講座	建築史	稲垣栄三
溶接工学講座	溶接工学・鉄骨構造	加藤勉
建築材料学講座	建築材料・防火	岸谷孝一

上：1972年（昭和47年）刊行の『近代日本建築学発達史』（日本建築学会）の目次では、サブシステムは「建築各部構造」としてくくられ、「構造」編に収録されている

左：1977年（昭和52年）には、鉄筋コンクリート構造・耐震構造（鉄骨構造のこと）以外を対象とした講座の名称を「建築構法」としていたことが『東京大学百年史』に記録されている

建築物全体の構造をとらえるという考え方がなくなると思ったからです。

日本の木構造

ヨーロッパの木構造と違って日本の伝統的な木構造では、造作材などのいわゆる「各部構造」がなんとなく全体に影響を及ぼしています。それは強度だけでなく、熱環境条件でも言えることです。たとえば日本の木構造は柱梁の軸組だけが構造強度を決めているのではなく、小壁、腰壁、建具、造作等という柱間装置が地震のときの強度に深く寄与しています。

しかしこの考え方は、鉄骨造や鉄筋コンクリート造には当てはまりません。鉄筋コンクリート造の場合、鉄筋を入れたコンクリートが他の部分に比べ圧倒的に硬いので、構造強度に関してほかの部材が協力することは考えられないからです。かつて鉄筋コンクリート造では鉄筋コンクリート造の階段も強度に関与しないとしていましたし、戦後間もない頃までは、鉄筋コンクリート造の壁も強度には関係しないと考えていました。鉄骨造でも、原則として「各部構造」を異物として区別していました。したがって、柱間装置が強度に関係するのは木構造だけという時代もありました。

これが、伝統的な木構造と近代的な鉄骨造や鉄筋コンクリート造との決定的な考え方の違いです。

指図

最近の木構造の図面は昔の木構造の図面とは違うので、われわれから見ると不思議な図面です。

戦後間もない頃の木構造の図面は、平面図と矩計図が主要なもので、大工棟梁は、それだけ見ればわかるものでした。江戸末期までは平面図は「指図」と呼ばれることがありました。たとえば、平面図の中に床や天井、そして窓の様子まで描き込まれたもので、今日の「指図する」という言葉の語源になったものです。また、当時の矩計図は今でいえば構造の指図で、構造部分を指図するものでした。軒先もトラスとの位置関係をきちんと描いていました。図面の余白スペースには部材同士の継ぎ手も描き込んでいました。

その頃の木造建築は平面図と矩計図、その二つの図面さえあれば、ほとんど理解できていましたから、立面図は外壁や屋根材の数量を拾うためのものでした。ただし、指図のような図面は、設計者が構造と意匠のすべてをわかった、いわゆるアーキテクトでなければ描けないものでした。

最近の図面はそうではないようです。たとえば、鉄筋コンクリート造では断面に出てくる鉄筋は構造屋さんが描いてくれるように、木造の断面図は、継手・仕口まで構造屋さんが描くようです。そこで、設計者が描いたコンクリートの外形ラインの中に鉄筋が納まらないことが起きるように、軒天井に木造トラスの先端が納まらなかったり、天井裏のダクトで吊り子が通らなくなったりすることが起こるようです。設計というものは、構造や設備を人任せにして、あとから押し込めればいいというものではなく、設計者が描く形を実現するための構造と設備を考えるという作業です。常に全体を見渡して納めることこそが、まさに構法の視点なのです。

戦後間もない頃はすべての人が木構造を知

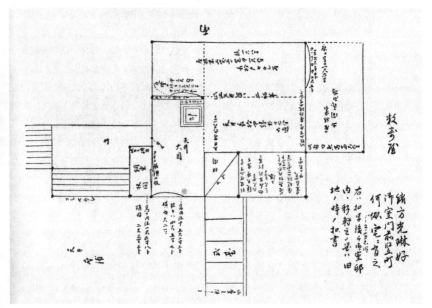

「指図」の一例（『茶室おこし絵図集　第12集』墨水書房、1967年発行より）

っていたので、そんなことは当たり前でした。それにもかかわらず、鉄筋コンクリート造時代が長くなるにつれて、木造がもっていた全体的な視点や考え方をもつ人が少なくなってきました。「建築構法」は、かつての木構造の考え方のように、建築部材のすべてを総動員して「全体として働かせる（Architecture）」という考えがあるべきだと思っています。また、そういうことが優れた設計をつくる基本となるのです。「構造」という言葉は現在では偏った意味に使われているので、世間一般を惑わせる心配があります。そこで「構法」という言葉を普及させたいと、意識して使い続けているのです。

「内田賞」の設立と顕彰事績

建築界には、いつ誰が開発したのかはっきりとはわからないけれども、広く一般に普及しているものが数多くあります。それは、建築生産が終局的に大量生産には向かない一品生産の世界なので、見よう見まねで便利なものが普及する結果です。たとえば日本の料理は、誰が考案したかは不明ながら、日本で独自の進化を遂げたものがたくさんあると思われます。

それと同じようなことが建築にもあります。建築は耐用年数が長いため、新しい構法や建材、システム等が社会に普及するのに時間がかかります。一方、その時間の長さに耐えら

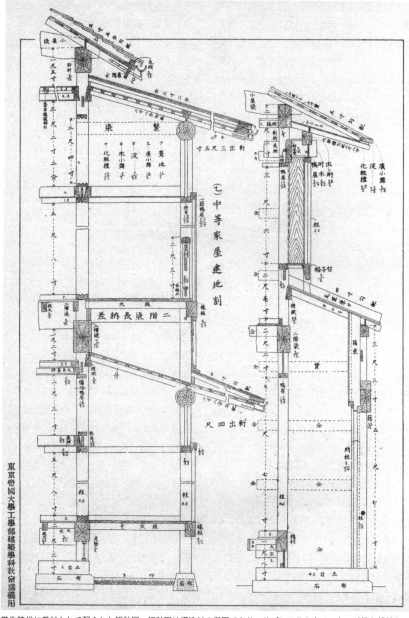

学生時代に教材として配られた矩計図。矩計図は構造材の指図であり、サブシステムまで、大工が扱う部材をことごとく描くものだった

れずに消滅するものも多いのです。戦後日本で開発された建築構法の中には、決して派手ではないけれど、時間をかけて普及・発展し完成度の高い構法があります。それらの中には「日本の建築を変えた」と言えるものもあるのですが、その開発に当たってなされた多くの人の努力や苦労はほとんど知られることはありませんでした。

1986年、私は退官を機に、「内田賞」を設立しました。これは大学退官記念会の折にいただいた寄付を基金にし、1988年7月の第1回から第8回まで、8件の内田賞顕彰がされました。

「内田賞」の対象は日本で独自に技術開発された建築構法の中で広く普及したものとし、特定の人物や企業ではなく、多数の個人・あるいは複数の法人によるものとしています。1988年からの顕彰事績は、

　　第1回：目透かし天井板構法
　　第2回：プラスティックコーン式型枠緊結金物
　　第3回：床上汚水配管システム
　　第4回：木造住宅用引違いアルミサッシ
　　第5回：洗い場付き浴室ユニット
　　第6回：磁器・炻器質タイル張り外装
　　第7回：プレカット加工機械
　　第8回：敷き詰め畳システム——です。

これらの顕彰の目的は、開発と普及の経緯を丁寧に調査し、記録を残すことでした。いずれも調査・選考に当たって設立された「内田賞委員会」の委員5名との議論や、委員会事務局の方々による調査協力を得ながら、事績が決定されました。

八つの事績は多岐にわたりますが、第1回で顕彰した「目透かし天井板構法」は、江戸時代から昭和初期までの長い期間和風建築の天井で最も一般的であった竿縁天井に代わって、天井のつくり方を大きく変えた和風建築独特のオープンシステムでした。その他の事績も画期的な技術ですが、中にはアルミサッシュや浴室ユニットのように、開発当初は「いかがなものか」と批判的な意見もあったものもあります。いずれにせよ、広く普及しみんなが使っているということは、一般化する力にも優れていたのです。それら一つひとつの良し悪しの問題は、将来、歴史の中で評価されると思っています。

建築構法の姿

「内田賞」の当初の計画では毎年1事績を顕彰し、10年継続したいと考えていたのですが、厳密な調査・選考により8回の顕彰で終えました。

その後も、いくつかの構法が新たに開発され普及しています。もしこの賞が継続しているとするならば、「洗浄式便座」とか「二重床システム」が顕彰対象になったでしょう。「洗浄式便座」は建築構法を変えた技術とは言えませんが、日本独自のもので、あらゆる建築に広く受け入れられ、喜ばれているすばらしいものだと思います。また、「二重床システム」は、オフィスのフリーアクセスフロアから展開し住宅にまで普及し、これにより床下地組みの現場工事が不要になりました。仕上げ材も好みで選べて、床の構法を変えた画期的技術です。個人的には「金属板屋根葺きシステム」や「鉄骨階段システム」も優れていると思っていますが、それらは特定企業の業績になる可能性があるので、「内田賞」としての顕彰対象には難しいかもしれません。

第3回内田賞の顕彰式風景。顕彰事績の床上汚水配管システムが鎮座するステージで、顕彰理由などを説明した

　「内田賞」の視点は、立ち返ると、日本の伝統的な木構造にあると言えます。それがある意味で理想的な構法であるということをお話ししてきましたが、伝統的な木構造は、一個人や一企業が技術を確立し発展させたものではありません。職人と施主と、さらに流通も含め、多くの人たちの知恵や苦労による試行錯誤の積み重ねの結果であり、職人たちが見よう見真似で技術を習得して互いに切磋琢磨し、高度な技術に発展させてきたのです。

つまり、日本の建築構法の発展の要因は、誰でも、どこでも、それが手の届く価格で使える技術であったことと、名前も知らぬ多くの人々の知恵と裏付けがあったこと、そして完成された生産流通システムがあったことです。

　誰がつくったかよくわからないけれど、誰もがそれを頼りにしている——「内田賞の顕彰事績には、私の価値観が現れている」と言われますが、実は、いわゆるデファクト・スタンダードだと思っています。

6│3 プレハブから見た日本の在来構法

プレハブとは部品の大型化

ここでは、プレハブの研究を通じて気づいたことを、お話ししたいと思います。

太平洋戦争により大都市のほとんどが空襲で焼け野原となったのが、その後の建築の出発点になっています。戦争直後の日本は、紀伊國屋書店（設計／前川國男、1947年）や旧慶應義塾大学病院（設計／前川國男、1948年）などに代表される、木造建築の時代でした。鉄、ガラス、セメントなどの材料は配給制で、官庁建築をはじめ、公共建築も木造でした。当時の住宅不足は420万戸と言われていて、住宅供給の課題はすぐに解決できるようなものではありませんでした。

1960年代になりますと、名古屋地方貯金局（設計／小坂秀雄、1960年）や世田谷区民会館（設計／前川國男、1960年）、日本工芸館（設計／吉田五十八、1960年）など鉄筋コンクリート造による建築の時代が早くも到来します。

他方、住宅不足を解決しようと、プレハブの開発は熱を帯びるようになりました。ただし、まだプレハブという言葉は一般には知られていない時代でした。プレハブは、「現場作業の省力化で、不便な場所や危険な場所で効率よく建設する手段です」と説明していました。また、多職種を必要とする部分もプレハブ化することで、職人が移動する非効率を除くことができます。大型ヘリコプターで運んだ富士山頂のレーダー基地はまさにその代表です。不便なところには、職人を運ぶよりもできたものを運ぶほうが断然効率がよいのは、高層建築の高層部分も同様です。

エンパイア・ステート・ビルの頃は今とは違い、まだ煉瓦程度の大きさの部品を現場に持ち込んで壁を組み立てていましたが、輸送技術が発達するほど、部品は大型化します。

私が最初に見たヨーロッパでは、現場監理用の小屋を車を付けたまま、足場の上に置き、現場監督はそれを自分の家のように使っていました。次の現場が始まれば、それを次の場所へ運ぶ。煉瓦も地上で積んでから大きな揚重機で上げていました。

それとはまったく異なった、エジソンが発明したプレハブもあります。家全体の型枠をつくって運び、煙突からコンクリートを流し

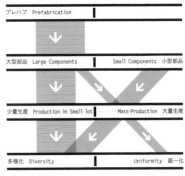

プレハブと量産

プレハブ化された構法でつくられた富士山頂のレーダー基地（写真提供：大成建設）

クボタハウスのプレハブ工場。ライン上のプレハブはどれも同じに見えるが、一つとして同じものはない（クボタハウスのカタログより）

一品生産によるプレハブ住宅1棟分の部材群（出典：『積水ハウス50年史』）

込めば家ができる（p.26参照）という型枠のプレハブ化です。

　私のプレハブの研究は、先進国の視察から始まりました。まずプレハブを国策として推進していた共産圏に行ってみると、モスクワやレニングラード（現在のサンクトペテルブルグ）の郊外団地は、同じ景色が延々と続いて、車から写真を撮ると、5分くらい走ってもまったく同じ写真が撮れる状態なのに驚かされました。その後日本の公団・公営などの団地も、画一化へと進んでいきました。

　プレハブとは部品の大型化であり、大型部品の量産は画一化へと結びつくことを知ったのです（左図：プレハブと量産）。

一品生産の戸建てプレハブ

　その状況の中で、日本のプレハブメーカーがつくる戸建て住宅は、最初からすべて一品生産でした。積水ハウス、大和ハウス、ミサワホームといったメーカーは創業以来同じ家をつくったことはないとまで言います。それは、海外の先進国では考えられないことでした。なぜ日本だけが、戸建てのプレハブを一品生産でつくるようになったのでしょうか。その理由を調べてみると、日本では大工のつくる木造住宅が一品生産だったため、「戸建てなら注文住宅が当然」という、発注者の常識があったからだとわかったのです。つま

り、江戸時代を通じて培われた発注者の常識が、企業の意向に抵抗して、規格形をつくらせなかったのです。先進国には例のない一品生産のプレハブ住宅が日本で実現していることが知られると、世界中から、日本のプレハブ住宅の工場を見に来るようになりました。箱形ユニットを組み上げるタイプの工場では、生産ラインの始まった時点で「〇〇様」と注文主の名前が書いてあり、一軒ごとに仕様の異なる家をつくっていました。

ちょうどその頃トヨタ自動車が工場でロボットを使い始め、海外の見学者を驚かせていた時代でしたが、プレハブメーカーの工場でもロボットが導入され、日本のプレハブの工場には、世界中から見学者が訪れました。

改修・改造の時代では

日本のプレハブメーカーは一品生産の戸建て住宅で大成功を収めましたが、1990年代頃から社会状況が変わり始め、新たな問題を抱えるようになってきました。住宅の数が余るようになり、家族が成長し、構成も変化し始めたので、それらへの対応が求められるようになりました。つまり、改修や増改築の要望が出てきたのです。

しかし、プレハブメーカーは新築の一品生産は得意ですが、個別の改修工事や増改築工事には手を焼いています。もちろんそれには、新築優先の経営の志向も関係がありますが、それにも増して、38条認定のしばりによる不自由さがあったのです。

それに対して、昔ながらの木造住宅なら出入りの大工に頼めば、改修、改造は自由自在で、ほとんどオフィスビルの可動間仕切りのようにできるのです。そんな経験が染み込んでいる発注者の要請には、プレハブメーカーが応じきれないのです。この問題は、戸建てのプレハブ住宅よりは、コンクリートの集合住宅のほうが、もっと深刻です。

では、日本の普通の木造住宅では、具体的にどんなことができていたのでしょうか。

それについては、わかりやすい実例として、日本建築家協会関東甲信越支部千代田地域会が神田淡路町の長屋の増改築の様子を、1925年の竣工から2009年までの期間、詳しく調べた貴重な記録(「神田淡路町すまいの記録」日本建築家協会関東甲信越支部千代田地域会、2011年9月、右頁参照*)があります。

その中にある小松さんと安部さんの家を見せてもらいますと、まず、新築されたときには、2軒の長屋は間取りが左右対称の同型につくられていますが、2009年のときの間取りは、まったくと言っていいほど違っています。一目見て、階段の向きが変わりました。便所の位置も、広さも、向きも変わりました。浴室もできました。石垣に近い安部さんの家は、外壁を石垣いっぱいにまで拡張しています。また、小松さんの家では、勝手の土間にある柱を移動しています。

日本の伝統的木造住宅では、小松さんや安部さんの家のような改造は、日常茶飯事として行われていたのです。

畳モデュールに載せて

では、日本の伝統的な木造住宅はすべて、外壁や柱、階段などの移動ができるのでしょうか。それが成り立つのには、畳モデュールが使われていることがあります。

畳モデュールは、日本の国民が共有する空間認識単位です。これを指摘したのはN.J.ハ

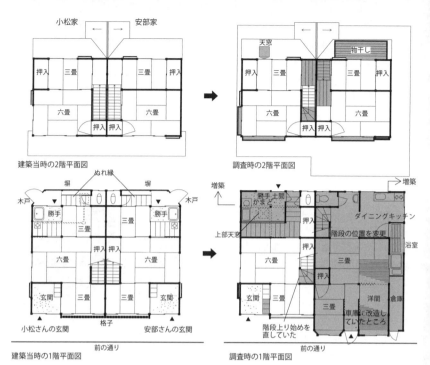

1925年の竣工から2009年までの間の長屋の増改築の様子。グレーの部分が改造された箇所。階段の形や柱の移動などがうかがわれる*

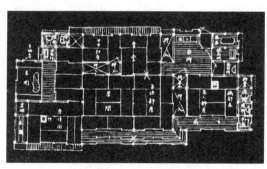

ハブラーケンの日本の住宅平面図

ブラーケン（元MIT教授、オープンハウジングの主唱者）で、日本人は誰もが皆、4畳半や6畳などの広さと、そこで行われる生活行為を結びつけることができると説明しています。

畳モデュールについては、さまざまな建物の畳の実寸法について斎藤英俊さん（元文化庁）の調査結果があり、それによりますと、

畳モジュールの寸法は各建物各様ですが、90cmより短くなく、100cmより長くない中で、建物ごとに決められています。建物ごとにモジュールが決まっていれば不便はない、というのが棟梁たちの考えのようです。また発注者にとっても、それで部屋の使い方が予想できたのです。

そもそも日本の木造建築は手づくりですから、実際には誤差もあり、いびつにもなるので、その形に合わせてぴったり納まるようにつくるのが、畳、建具、造り付け造作屋の仕事なのです。

ですから、正確であることよりも、大体の寸法が180〜200cm、約6尺3寸で原材料が共通に使える、大量生産された安価な材料であることが重要なのです。工事の側から見て大切なことは、持ち運びと加工に都合のよい寸法であること、そして出来上がった建物からみて大切なことは、使い勝手としての広さが適当であることです。

和小屋のうまみ

私は初め、神田淡路町の住宅のような増改築は、間取りに使われている畳モジュールさえあればできるものと思っていました。ところが、玉置伸悟さんの調査報告を見て、屋根が和小屋であることが条件だということを知りました。玉置さんの調査による、福井市三尾野町の加藤家住宅（1869年）の平面図を見ると、合掌造りの家を和小屋に直した理由がよくわかりました。

最初は合掌造りの家なのですけれども、離れの部屋を増築したり、若者の住まいを増築したりする必要が出てきて、その間取りの変化に対応するには、合掌造りの屋根からはみ

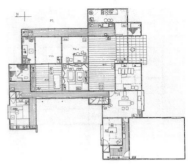

合掌造りから和小屋に改修した「加藤家住宅」
上：平面図、下：外観（玉置伸悟「南越地方の住宅（越前Ⅰ型住宅）福井の住宅（7）」『福井の科学者 37号』1983年10月31日号より）

和小屋化したプレハブの屋根トラス

出すのです。そこで合掌を下ろして、和小屋に直していくわけです。

それならトラスでも不自由なはずと思ったのです。そう思ってトラスを使っていたプレハブ住宅を見ると、ここでもトラスが和小屋化しているのが見えてきたのです。そこで、

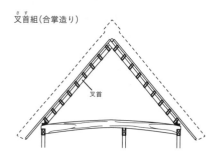

叉首組（合掌造り）

和小屋の例

洋小屋の例

「和小屋にすれば増改築ができる」ということがわかってきたのです。

複雑な形のプランの小屋組みをトラスでつくるのは、トラスの種類がやたらと増えてしまい、容易ではありません。ですから、梁を架けて束を立てる和小屋が楽です。プレハブも、多様な型の注文に応じるために、屋根を和小屋化しているのです。

和小屋というのは水平に架けた格子状の梁に束を立てて、屋根の形をつくるものです。岐阜の吉島家住宅（1907年）などを見ていただくとわかりやすいと思いますが、梁が架かる所には仮想の水平面があります。そこに大工さんは頭の中で畳モデュールのグリッドを描いていて、その上に束を立てています。

和小屋には独特の「うまみ」がたくさんあります。まず、飯塚五郎蔵さんが指摘しているように、どんなに複雑な平面形でも、寄棟屋根ができることです。谷のない雨仕舞いのよい屋根を架けることができるのです。

複雑な寄棟屋根だと役物もたくさん必要と思えるのですが、実は意外と少なくて、役物の種類は14〜15個です。だから、限られた「レゴ」の部品でもつくれてしまうわけです。

そして、屋根の形を変える場合には、材料

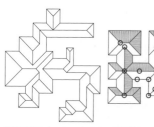

寄棟屋根なら、ここまでできる（作図：飯塚五郎蔵） 寄棟造りの特異点
左：複雑な平面に架かる雨仕舞いのよい屋根
右：寄棟屋根に架かる役物の数はせいぜい14個

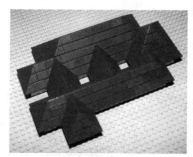

レゴでもつくれる寄棟屋根（提供：深尾精一）

を転用することができます。束、棟の材料はすべて断面が1種類で済むからです。

和小屋の立場からみると、寄棟造りに三角帽子の部品を付けると入母屋造りができます。この部品はどこにでも付けられて自由に正面性をつくることもできます。たとえば、四方

に三角形の破風を付けると四方八方が正面になって、お城になります。

屋根の和小屋も、畳モデュールに載せられるので、基礎から屋根まで畳モデュールごとに個別の独立した四角柱ができており、それの集合で全体が構成されるのです。それが日本の在来工法のシステムです。

では、このようなシステムはいつ頃から考えられていたのでしょうか。われわれがすぐ

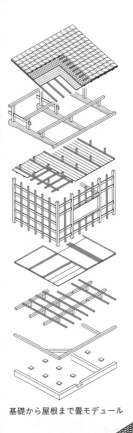

基礎から屋根まで畳モデュール

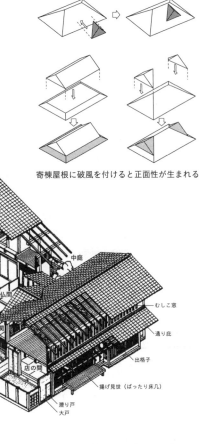

寄棟屋根に破風を付けると正面性が生まれる

京都・表屋造りの町家の例（谷直樹・増井正哉編著『まち 祇園祭 すまい 都市祭礼の現代』思文閣出版、1994年より）

に思いつくのは、増改築を繰り返されたことで有名な、桂離宮（1640年）です。

桂離宮は、1982年3月に、創建以来初めて解体修理を完了し、「桂離宮御殿整備工事概報」が出されました。それによりますと、今まで多くの議論があった造営の順序について、御殿は三度の造営により成立したことが確定されました。そしてそれぞれの造営前の平面図が、推定を含めて御殿平面変遷図として示されました。現在の平面図を合わせ、三葉の図を見比べてみると、その自由自在な増改築の様子に改めて感心せざるを得ません。

具体的にいえば、古書院に中書院が増築されるときの囲炉裏の間は、一の御間との間にあった茶湯所をつぶし、柱と壁と囲炉裏を移動して、一の御間に直接接続するように改築されています。しかも外壁の移動はもちろん、前にあった柱の痕跡もなく、まったく新築されたように納められています。屋根を見ると、もちろん和小屋風ですが、江戸末期のように、整然とした畳モデュールにのせたものにはなっていません。

近・現代の和小屋

それでは、和小屋はいつ頃できたのでしょうか。中国やベトナムの建築を見ますとそれに近いものがありますが、日本の和小屋は、雨仕舞いのために屋根の勾配を足していくときに発達し、やがてだんだんと畳モデュールになじんできたようで、歴史学者の意見では14世紀と言われています。

しかし和小屋という名称は、外来の小屋組に対して付けられたはずで、和小屋の名称ができたのが明治の頃とすれば、当時の外来小屋組はトラスですから、おそらくトラスに対して和小屋という言葉ができたのだろうと思わ

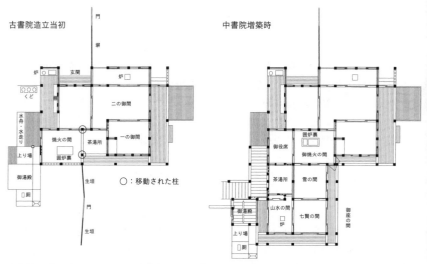

桂離宮の改築の様子。ここでも柱が移動されている（『桂離宮御殿整備工事概報』より）

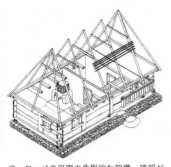

ヨーロッパの民家の典型的な架構。頂部がA型になっている(太田邦夫『ヨーロッパの木造建築』講談社、1985年より)

バルセロナ・パビリオン(設計/ミース・ファン・デル・ローエ、撮影:畑拓)

木造格子梁(設計/内田研究室)

れます。

 そうなると、和小屋は日本だけにあるものといえるのでしょうか。和小屋のような簡単な構造のものは日本以外にあってもおかしくありません。世界の木造建築に詳しい太田邦夫さんによると、東ヨーロッパからユーラシア大陸にかけての木造建築の中には、外壁間に架けた梁に束立てをするものもあることが紹介されています。でも、今のところ日本のような和小屋は見当たりません。

 もしトラス以前に和小屋がないとしても、トラス以後に和小屋が考えられた可能性もありそうです。屋根勾配が違いますが、その一つが、ミース・ファン・デル・ローエが設計したバルセロナ・パビリオン(1929年)です。ただしこの建物は日本の影響を受けてできたと言われていますが、ヨーロッパに生まれた和小屋の考え方と言えるものだと思います。

 十数年前、直弟子である高山正實さんが元気な頃「ミースが和小屋に興味をもっているのだけれど、和小屋をどう説明したらよいか?」と聞かれたことがありました。ミースは和小屋に興味をもっていて、それを事務所建築の無柱空間に発展させたのだと思いました。

 和小屋とは少し違いますが、私が大学で学生と製作した木造格子梁(1982年)も、間仕切り、柱の移動を考えたものです。床面と屋根面にしっかりとした水平剛性をもたせ、筋違いやパネルの柱間装置を適当に入れて構造をもたせています。上階と下階の筋違い位置が違っても、実現性があるということの検証です。

 最近の建築を見ていますと、現代の和小屋とも言える事例がいくつかつくられています。たとえば、JSCA賞を受賞した熊本駅西口駅前広場(設計/佐藤光彦、構造/小西泰孝、2011年)です。水平の屋根構面がしっかりしているフラットな屋根面で、水平力は壁でもたせ、足りないところを細い柱で補っています。非常に開放的です。

 また、日土小学校西校舎(設計/武智和臣、構造/腰原幹雄、2013年)は、水平力に耐えるための大型集成材パネルCLT(クロス・ラミネイテッド・ティンバー)を必要最小限に使った構造で、垂直力の足りない所を柱で支えるつくり方です。いわゆる壁構造とは違う、非常に開放的な空間を実現しています。

熊本駅西口駅前広場（設計／佐藤光彦、構造：小西泰孝、提供：佐藤光彦建築設計事務所）

日土小学校西校舎（設計／武智和臣、構造：腰原幹雄、撮影：北村徹）

鹿島技術研究所本館研究棟（設計／KAJIMA DESIGN 米田浩二、撮影：彰国社写真部）

この構法は、水平力を支えるCLTが一種の柱間装置と考えられ、取り替えできるのが特徴です。

三つ目は、調布にある鹿島技術研究所本館研究棟（設計／KAJIMA DESIGN 米田浩二、2012年）です。30cmの厚いスラブで、柱はプレキャスト・コンクリートです。水平力は壁でもたせていて、これも垂直力の足りない所だけを柱でもたせています。天井がまったくないため、天井が落ちる心配はありませんし、プランニングも非常に自由です。これらの例はいずれも将来の平面計画の変更に、今までにないフレキシビリティがあり、また部品の交換ができる構法です。そこで、「現代の和小屋」と呼びたいものです。

今紹介したような現代構法を「和小屋」と呼ぶのはいささかおかしいと思いますから、「和構法」と呼んではいかがでしょうか。

これからの和小屋＝和構法

これまでの和風木造住宅は、初めにお話ししたように、発注者・大工・棟梁・居住者による試行錯誤でできたものです。そして、畳モデュールに載せた真壁造りと和小屋の合成です。

これからの和構法をまとめてみると、「水平剛性をもつ床・天井面をもつこと」「水平力のすべてを担える柱間装置としての壁があること」、その上で「垂直力の不足を支える柱があること」です。接合部は外れないようになっていれば安定しますから、ある意味、組積造に近い考えでもあり、また、部品・部材をすべて取外し可能にすれば、寿命の短い部品の交換もできます。そこで、今後の低層建築は、この方向に向かっていくに違いないと思っています。

和構法と名づけましたが、なぜ「和」が付いているかと言いますと、これは外国には発想できないと思うからです。水平力のすべてを担う壁というのは、外国のように地震のほとんどないところでは考えにくい発想です。地震がある国であっても、畳モデュールのない国では考えにくいと思います。

和小屋から和構法へというこの一連の流れは、誰かが発明するのではなく、自然のなりゆきの将来への予想です。和構法は発注者・居住者・製作者たちの協力で時間をかけて完成され、デファクト・スタンダードになるものと信じています。

6｜4　「仮設」か「可動」か

日本における「仮設」という習慣

　日本の民家建築は、西洋の煉瓦建築とは違い、解体・組立ができて、部材を傷つけずに移設もできる極めて仮設的な性格の強い建築だと言えます。日本人にとって、そもそも解体や組立はなじみ深く、屋台や、お祭りの舞台もそうです。神楽の舞台も終了後、クサビなどを抜いて解体し、部材を倉庫に収納するものが多いのです。神社によくある土台について、稲垣栄三さんは、いざとなったら御神輿にかついで運ぶためではないかと言っていました。

　神社以外にも、たとえば今も結婚式場として人気がある明治記念館は、旧・明治憲法発布所の建物で、インテリアは豪華で暖炉も随分立派ですが、何度も移築され、現在地にいたっています。しかも小屋組はほとんど再利用の材料です。日本の木構造は、部材の再利用を日常のことと考えていたようです。

　日本には、自然に対して抵抗せずにともに暮らそうという考えがあります。本多昭一さんが紹介してくれた、新宮の熊野川河口にあった川原町がその例です。川原町は山から切ってきた材木を川で受けて、販売・管理していたのですが、洪水になるとまるごと水没してしまう場所です。しかし、大雨が降るといつ水没するのか予想がつくので、雨の様子を見ながら水没する前に建物を解体して、一時岸の上の高地に避難して、川が元の水かさに戻ると降りてきて建物を組み立てたそうです。

　自然と共生するために、固定より可動がよいと考えているように思います。

仮設住宅の現状

　伝統的日本建築には、分解・組立という内容があらかじめ組み込まれていて、それは、2011年3月11日に発生した東日本大震災の仮設住宅にも、応用されました。

　当時東京建築士会連合会の会長で、仮設住宅の相談を受けている三井所清典さんから聞いた話によると、仮設住宅の建設については、プレハブ建築協会を通して、政府と大手メーカーとの間に常時契約があるそうです。その契約は、災害が起きたときにただちに被災地に仮設住宅が建てられるように常時用意しておくというものだそうです。

　東日本大震災が起きたときも、3日後にはそれが発動して、大手メーカーのストックヤードから資材を被災地へ運べるような状況になっていました。ところが、このときは仮設住宅を建てる敷地がないという問題に直面したことはご存じの通りです。

　阪神・淡路大震災の場合とは事情が違い、建てるまでに多少の時間ができたので、地元の大工さんが参加できる方法もとられました。

　筑波大学の安藤邦廣さんの提案による板倉構法の応急仮設住宅案もその一つです。安藤さんはもともと板倉構法による住宅を実践していた人で、それを推進するために、徳島に

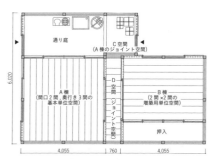

熊野川河口の川原町・N邸平面。A棟を最小単位としてB棟のような別棟をジョイント空間Dを介して連続させたり、外屋Cを接続している

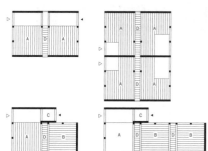

平面のバリエーション。家族数・業種・季節等に応じてさまざまな平面が想定される

1 家をたたむ前に家財道具は持ち出しておく

2 棟の覆い、おもしの石、屋根パネル等を外す

3 建具・壁板・床板を外す

4 棟木・軸組材の分解を始める

5 軸組だけの状態。便所の屋根を外す

6 梁・桁等の横架材を外す

7 部材は外した順に運んでいく

8 便所は扉を閉じ、天秤棒で担いで運ぶ

一軒の分解プロセス（上の図面とも、丸山奈巳「大水から逃げる街―新宮川原町（一）」『熊野誌52号』収録、熊野地方史研究会・新宮市立図書館発行、2005年より）

板材料を大量にストックしていました。そのストックを生かして仮設住宅を提案したのです。また、安藤さんの板倉構法を習得していた福島県の工務店があり、そこが窓口になって、仮設住宅建設に応募したのです。まず福島県いわき市のニュータウンに162戸の仮設住宅をつくりました。

そのほかに、福島県三春町やNPO木の建築フォーラムも木造で仮設住宅の提案をしています。そちらは在来構法に近いものだと思います。

ここで注目すべきことは、どちらも仮設住

東日本大震災後の板倉工法による応急仮設住宅
（設計／安藤邦廣）

宅の部材を本格的な住まいに転用できるようにしていることです。これまでの仮設住宅は、入居者が退去すると取り壊し、瓦礫になっていたわけですが、木でつくった家を本格的な家づくりの材料に利用できるようにしたわけです。その点が今までの仮設住宅とは違います。それは、日本の木造建築が解体・移築できることによっているのです。

「可動」への対応

明治大学にいた頃学生と一緒に試作したものが、三つあります。「軽量立体トラス」「Vフレーム」「重ねられて、つなげて並べられる机」。これらは、いずれも可変的な考えが根底にあるように思います。

それは、つくってみないとわからないようなものを、手がけてみせようとしたのでした。

その中で「超軽量立体トラス」の開発研究は、構造計算でかなりの部分がわかりますが、軽さの限界を探ろうとすると、計算だけでは無理でしょう。超軽量を目指したのは、そういう意味です。

可動間仕切りシステムの「Vフレーム」のパネルフックは、摩擦力による強度がどの程度か正確には今もわからないですが、その検証は滋賀県立大学の陶器浩一さんによってこれから始まろうとしているところです。

明治大学時代の研究開発は積水ハウスの助成研究でしたから、大学を退職するときには最終成果物を京都にある積水ハウスの研究所に納めました。ただし実用的な用途があるものではなくて、4本の柱に、パネルを取り付けて、トラスを使った屋根が付いているというものです。キオスクとしてまとめたものです。

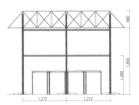  

キオスク断面。左：屋根は「超軽量立体トラス」で、柱・梁は可動間仕切りシステム「Vフレーム」、テーブルは「重ねてつなげられる机」でできている。右：4本の柱にはパネルが取り付けられている

積水ハウス・総合住宅研究所に納めたキオスク（作図：小笠原豊）

6|5 建築の言葉、土木の手順

土木は線、建築は点

　"土建業"という言葉があるように、一般の人は土木と建築は似たものと思っているのではないでしょうか。確かにそう呼ばれる会社は、土木と建築の両方の仕事を手がけているのが多いのです。

　共通点は、どちらも現場で仕事をするということです。たとえ工場でパーツをつくったとしても、最終的にはそれを現場で取り付けなければならない点が共通なのです。

　土木は道路、鉄道、港湾、河川などに分かれています。あまり知られていませんが、農業、電力、電信の事業にも土木が含まれています。電話局を設計するとき、道路から敷地内へ入ってくる電話線の導入口は土木工事でした。そこは電話局のいわば"へそ"です。土木工事が勝手に先にできてしまうと、建築がそれに合わせて地下道の高さを決めなければならなくなります。この場合、建築は1cm、2cmを争って図面を描きますが、土木ではそのくらいは誤差の範囲になることもあります。逆に建築が勝手に先につくってしまっても、街を走る電話線とつながらなくなります。そういう意味で、まさに建築と土木のつなぎ目になるところでは、いつも問題が起こるのです。

　ダムや橋のような大きな構築物はちょっと違いますが、一般に「細くて長い」のが土木の特徴です。道路、鉄道、河川はどれも細くて長い。ちなみに線路という言葉からは鉄道の線路を思い浮かべるかと思いますが、電信電話工事でも電線工事のことを「線路工事」と呼んでいました。

　一方、建物をとってみますと、それは都市の中の点で、さらに点としての建物は部屋の集合体で、一部屋ずつ違っていますから、部屋は建物という点の中の点です。たとえるなら建築はいろいろな種類の小さな粒が集まって大きな粒をつくっているとも言えます。まちづくりや都市計画は、線（＝土木）と点（＝建築）が織りなすというよりは、むしろ線の中に点が包み込まれて都市ができていると言えるでしょう。

　今までの日本の都市計画は、まず道路（＝線）をつくって、それから敷地を造成して、そこに建築（＝点）を納めていくやり方です。それがいつから一般的になったのかわかりませんが、都市計画というのは、むしろ、道路と建築を一体にして考えないといけないこともあります。でも、それがなかなかうまくいっていないのが都市計画の課題です。

　土木工事は、公共事業が圧倒的に多いと言われています。道路はもちろん、電力も鉄道もそうです。土木の財源のほとんどは公共予算であるため、予算配分はトップダウンです。私が「名古屋第二西電話局」（1954年）を手がけたときは、線路工事の予算が決まらないのに工事を始めてもらったことがあります。業者には、見つかったら私が責任をとると言

って、仕事をしてもらいました。

　建築は民間工事が多いのです。工事費は民間が出すのが原則ですから、行政は、それを指導する立場です。

　土木と建築についての大きな違いは、ここにもあると思います。

土木と建築の分岐

　都市にしても単体の建物にしても、土木と建築がきちんとかかわりをもってつくるのが好ましいでしょうが、日本ではなかなかそうはいきません。東京大学発祥の頃は、もしかしたらシビルエンジニアとアーキテクトは分かれていても、現在のように土木と建築は分かれていなかったのかもしれません。濃尾地震や関東大震災に遭ったことで、建築の強度を考える特殊なエンジニアが必要になり、それをシビルエンジニアに頼むのではなく、建築の中に取り込んだわけです。そのような経緯から建築の構造技術者の特殊性が生まれてきたのだろうと思います。ヨーロッパをみますと、建築構造の専門家は構造物なら何でもやるという人が多いようです。

　また、日本の教育が建築と土木というかたちで、あまりにもはっきり分かれていることも問題と思っています。そこで、建築出身の内藤廣さんが東大の土木で教えることになったように、垣根を低くしようという声や動きが現れ始めることは、すばらしいことです。

材料と質の違い

　土木で使っている材料には、建築で使っている材料と同じものがあります。しかし、土木工事は公共予算ですから、材料の仕様はきちんと統一されており、その単価も崩れません。一方、建築は民間企業の発注する工事が多く、経済性に重点が置かれるので、競争の結果、単価が崩れます。崩れる単価の中で品質を保つのは難しいのです。土木はそういうことが比較的少ないですから、建築に比べると品質のよいコンクリートができる、と言われるのです。

　それから、土木には大型の構造物が多いので、鉄筋の密度が少なく、硬いコンクリートを打設することができ、その結果強度を保証しやすいのです。建築では、柱を細くしたいので、鉄筋の量を多くしており、流動性がないとコンクリートが鉄筋の間に入っていきません。流動性をよくするために砂利は小さくないといけませんし、コンクリートのスランプは大きくなるわけです。スランプの大きいコンクリートは、いろいろと欠陥が出やすいと言われます。日本では地震への安全性に対して、建築も土木もおそらく共通の認識をもっているはずです。しかし、つくり方で違いができてしまうのです。

　建物には万里の長城のように長いものはありません。建物の一つひとつはそれほど大きくなく、いわば一つの工事を一体型でつくる

ことができますから、建築の場合は継ぎ目がないのが原則です。ところが、土木は長いものが多いので継ぎ目があります。東京の高速道路を見ますと、継ぎ目が多少離れても外れないようにあごが出ていますし、さらにボルトやワイヤーなどで落下しないような処理を施したものもあるようです。

濯川工事での貴重な経験

土木工事と建築工事とでは仕事の仕方に違いがあると驚いた経験があります。それは、「武蔵学園の濯川蘇生計画」（1988年）の時です。

学園の敷地内に濯川という小川が流れています。もともと、キャンパスのすぐ北側に千川上水が流れていて、もらい水だったのか漏れていたのかわかりませんが、きれいな水が学園に注ぎ込んでいました。濯川は庭園風の小川で、遊んでいるうちに落ちる生徒もいました。もちろん私も、二度落ちました。その頃は濡れたまま電車に乗っても臭くなかったのです。

太田博太郎先生が学園長になられた頃は、濯川は、ちょっと近寄りがたい雰囲気になっていました。千川上水とは遮断され、水源を失った川は池となり、ついに異臭を放つようになっていたのです。

太田先生は学園長就任早々から、濯川をきれいな流れにしたいとおっしゃっていました。川の再生を任せていただいた私は、復原工事に取りかかる前に歴史を調べました。記念碑があったり、橋が架けられたり、橋には命名があり……。濯川が次第に庭園の流れらしくなる経過がわかりました。太田先生が学生だった頃の濯川は、岸辺にはほとんど木がなく、

学園発足後15年くらいの濯川の様子（出典：『武蔵七十年のあゆみ』学校法人 根津育英会）

蘇生前の濯川。川は流れを失い、異臭を放っていた

原っぱの中を流れる小川だったというのです。しかし、学園が発足して15、6年経ってわれわれが在学していた時期は、木はかなり茂っていました。復原に当たっては卒業生たちの思い出を尊重したいと考えましたが、樹木を残せば大先輩たちのイメージとは違うものになり、樹木をすべて取り払えば、若い卒業生たちの思い出が失われることになるのです。迷った末、学園長とも相談して、最終的には、池の水を環流させて昔の川のように見せ、樹木は現状のままで蘇生させることにしました。

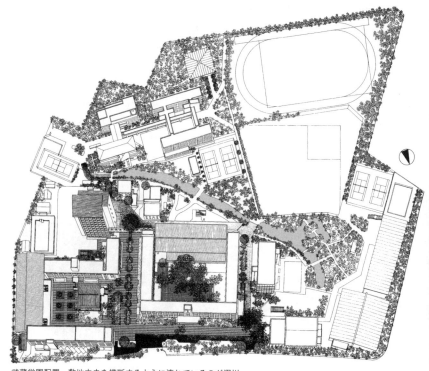

武蔵学園配置。敷地中央を横断するように流れているのが濯川

　敷地の中を流れる川ですから、われわれは当然庭園という理解で設計していました。学園に出入りしている建設会社に、おおまかな図面を描いて見積もりを頼んだところ、まったく意外な結果が返ってきました。

　建設会社の土木部長さんが太田先生の所に来て、「お仕事をいただきましたが、これは東京都の河川局長さんの許可がないとできません」と言うのです。それを聞いて、学校の中の庭園なのだから庭園工事として植木屋さんに頼むしかないと思い、建設会社に工事の断りを入れました。すると1週間後、先の土木部長さんが駆けつけてきて、「調べてみたら河川局の仕事ではないことがわかりました」と言い、工事が始まることになりました。しかし土木部の担当になったことで、建築工事との違いの数々を知るようになったのです。

センターラインと縄張り

　まず最初に、われわれの図面が読めないというのです。驚いたことに「この川にセンターラインがないから」と言うのです。「自然

の流れなのでセンターラインはない」と答えると、それでは工事が始まらないと言われました。護岸のはっきりした川ならいざしらず、自然の流れにセンターラインは不似合いと思いながら、一応センターラインを入れて、工事を始めてもらいました。建築でも水平基準線、垂直基準線はあるのですが、自然を再現したいときに基準線を見つけるのは、不自然と思いました。

次は、工事に先立って縄張りを頼みました。でも、それも通じませんでした。

「縄張りとは何ですか」と聞かれ、また驚きました。この場合は川の外郭線を決める作業だと説明し、図面に従って縄を張ってくれと頼んだのですが、土木工事には「縄張り」という作業はないと言われ、何のために必要なのか、根掘り葉掘り聞かれた上で、測量で川の形が決まれば縄張りは必要ないというの

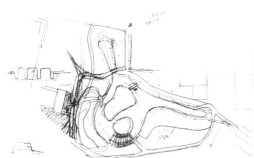

濯川蘇生計画のスケッチ

濯川の水源。八角の井戸は平城京市場二坊一坪から発掘された天平時代のものの復原

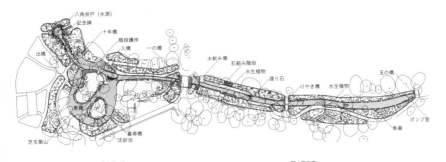

濯川全体計画図と断面図

が彼らの主張とわかりました。たくさんの木が生えているから、川端等の微妙な境界を検討するために必要と説明したところ、それでは「設計変更」のためですかという質問が返ってきて、それは見積もりにも影響があると言うのです。

樹木の配置

あるとき現場に、何と樹木が1本もなくなってしまっていたのです。毎日工事を楽しみに見ていた図書館の職員さんたちは、「木がなくなって殺風景になってしまって、いいのでしょうか……」と心配の声を漏らしていました。工事関係者に木の行方を尋ねてみたら、大切に根から掘り起こして移植してあるから安心して下さい、と言うのです。「写真を撮って動かしたのか？」と聞いたら、測量してありますから元の位置に戻ります、という返事でした。結局、ある程度の太さ以下の木については、幹以外認めていないのです。幹以外の枝振りなどはどれでも同じと考えていたのです。

そのときに、土木工事と建築工事の違いについてまったくわかっていなかったことをはっきり知りました。

「縄張り」の様子。文字通り縄を張って、川の外郭線を決める作業

「縄張り」。工事が始まってしばらくすると、樹木は掘り起こされ、移植されていた

濯川階段護岸から中の島を見る（撮影：彰国社写真部）

左上:聖橋(1927年、設計/山田守)。関東大震災後の復興橋梁　左下:日土小学校(1958年、設計/松村正恒)。川の上に差し掛けたバルコニー　上:新宿駅西口広場(1961〜1966年、設計/坂倉建築研究所)。駅や道路が複合的に計画された　(3点とも撮影:彰国社写真部)

土木と建築の交流

過去に、建築家が土木施設のデザインにかかわりをもった例はあります。特殊な例かもしれませんが、お茶の水に架かっている「聖橋」(1927年)は山田守さんの設計として有名です。

愛媛県八幡浜市日土町にある松村正恒さんが設計した「日土小学校」(1958年)は、河川の上に校舎の一部、テラスというかバルコニーが張り出している珍しい例です。

新宿駅西口広場は、建築家の坂倉準三さんの事務所が手がけられたもので、都市計画的な仕事の例と思います(1961〜1966年)。また坂倉事務所はほかに、高速道路の料金所の上屋も手がけましたが、道の駅や高速道路のサービスエリアといった建物は、今でも建築の人が手がけられている例があると思いますし、最近は、土木で教鞭をとった内藤廣さんが多くの作品を残していることはよく知られています。

宇野求さんがかかわった「豊橋駅東口駅前広場」(1998年)は、豊橋駅の駅前公園と歩道橋を一体化してデザインされています。

仙台の駅前歩道橋は人間の出入り口を歩道橋の高さでそろえていて、建物の2階から出入りができるようになっています。

最後に、土木と建築のあり方におけるこれからの課題や可能性について少しお話ししたいと思います。

以前、土木のある先生から、「建築は建築基準法一本にまとまっているから幸せです。土木は道路法や鉄道法、河川法といった法律が独立して、それらが土木の中を縦割りに区切っているから大変です」と言われるのを聞いたことがあります。確かに今の土木の世界には、縦割りの中を横に移動する人はほとんどいません。一方、建築も建設省（現 国土交通省）の建築局が住宅局になって以来（1949年6月）、学校・幼稚園は文部省（現 文部科学省）、病院・保育所は厚生省（現 厚生労働省）、といったように、縦割りで区切られた行政の支配を受けています。その結果、昨今、学校を事務所や保育所にするのが面倒です。

都市計画家の伊藤滋さんがいつも言うように、土木と建築が一緒に仕事をする機会が増えなくてはいけません。

6 木材事情とコンクリート造

戦後の建材事情

　国は、戦後復興の先駆けで、まず第一にインフラ、たとえば交通網、通信網の再建を考えていましたから、資材の配給も通信省には最優先でした。

　たとえば、ガラスは一般家庭も含めてみんなが手に入れたいと思っていた材料でしたが、配給でした。学校用には銀線ガラスという特殊なガラスが登場しました。銀を使っているわけではなくて、透明で、縦に筋が入っているガラスです。それを学校以外に使うと、「学校用に配給されたガラスの横流しだ」とすぐわかるようにしたわけです。

　セメントと鉄も官以外では闇でしか買えなかったと思います。アンカーボルトや羽子板ボルトも配給でしたが、木材だけは、比較的手に入りました。しかし、山から町に運ぶ輸送に燃料がかかるために配給でした。

　木材が配給でなくなるのが1949年12月です。この年、木材・鉄鋼・セメント等の重要商品に対する統制が大幅に撤廃されました。それと同じ年に、金物・釘・スレート・畳・建具の統制も解除されました。当時は、統制のないものはなかったと言っていいくらいでした。

「夢」は鉄筋コンクリート造

　木造が主流の時代には、どこの建築学科にも木造の授業がありました。でも、戦争中は大学での講義はほとんどなかったのです。

　当時、設計製図の授業はありました。内容は今とそれほど違いません。東大の製図室に立原道造が描いた木造住宅のとてもきれいな図面が貼ってあったのを覚えています。鉄筋コンクリート造の設計課題もあったのですが、構造図まで詳しくは描けませんでした。

　鉄筋コンクリート造は授業で教わることはできるけれど、実際につくったことがある人はほとんどいなかったのです。鉄筋コンクリート造は、夢の建築でした。

日本独特の「木造」

　われわれが戦後つくってきた木造は、日本の木材を使って、日本の近代技術でつくる木造でした。あとでわかったことですが、現代の木構造といっても、ヨーロッパの木造とは、少し違うようです。

　日本の近代木造は戦争中、資材の枯渇で飛行機の格納庫などをつくらなければならない状況で開発されたものです。陸軍、海軍、大蔵省営繕などの建築技術者を集めて開発した日本独特の技術です。

　それは、戦後間もない頃、私たちが設計していた事務所・学校の建築で、接合部に金物を使うものです。

校倉造とログハウス

　木造建築の中には、いわゆる堂、宮造り以外にも現行の基準法に含まれていなかったも

のがあります。その一つが校倉造です。しかし、1992年にできた「西の正倉院」(百済の里)は基準法の38条を使って、構造評定が下りています。

これには「西の正倉院」が建てられる前に、外材を使ったログハウスが日本で建てられたことと関係しています。

ログハウスという西洋の住宅構法が日本に輸入されたのは、戦後間もない頃です。復興で木材が国内で不足したためで、丸太と同じ頃輸入されました。これが、ログハウスが日本に登場した発端と思います。

1972年に自宅の勉強部屋をログハウスで建てました。当時の建築基準法では認められていませんでしたので、基準法38条の構造評定を通しました。それ以降、ログハウスが次々とあちこちにつくられるようになります。そこで個別認定によって38条構造評定を通すのも大変ですから、ログハウスの設計基準が基準法の中にできたのです。

田中文男氏開発のログハウスで建てた自宅の勉強部屋 (1974年)

軽井沢や箱根のホテルにフィンランドの建築家シレンが設計したログハウスもできました。

現代日本の木構造の種類

先にお話ししたように、鉄筋コンクリート造が自由にできるようになり、他方内地材がなくなったのと同時に、われわれが戦争直後に設計していた木構造は絶えました。代わりに外国の木構造が導入され、その流れでログハウスや2×4工法、集成材を使った大型構造物といったものが登場するのです。木構造には戦後新しく取り込まれたものもあれば、戦後なくなったものもあるのです。

最近、東京大学で木造建築の研究をしている腰原幹雄さんが、日本建築の木構造について、「日本建築」の木構造は何種類かあると書いています。

一番普及しているのは住宅金融公庫で扱っている金物を使う在来工法である。多くの人は、それが日本の在来工法だと思っている。それとは別に、金物を使わない在来工法もある。それを伝統工法という。ただ、それは現在の建築基準法には含まれていない。

そしてまた、その2種類とは別に、外来のログハウスがあり、さらにそれとは別に、外来のトラスやアーチや集成材といったヨーロッパで発達した近代的木構造がある。さらにそれらとは違う戦中、戦後につくられた日本流の木造建築がある。日本が戦争中に開発し

た大型の木構造であり、ヨーロッパの木構造とも違うし、日本の伝統的な木構造とも違う。金物を使う住宅に近い。

と述べています。

日本の在来の木構造と外来の木構造との大きな違いは、圧縮力の伝え方と材料の品質管理です。日本流の木構造には含水率のような基準はなく、山から切ってきた生木を自然乾燥で使っていました。ベテランの大工は、生木が将来乾燥するとどう変形するかを予想して、その力を逆に利用したりしていたのです。そこが根本的に違っています。

しかし、アメリカから2×4工法が入ってきて厳重な品質管理が要求された結果、内地材はまったく使えなくなってしまいました。

木造の流れを整理しますと、戦後すぐの木構造と外国から入ってきた2×4工法が両立するという時期はなく、1959年あたりが一つの境目であったと言えます。その空白期間を境に、それより前は前の社会の中で、それより後には後の社会の中で、どちらも矛盾せずに木造建築がつくられてきたわけです。金物を使う金融公庫流の住宅だけが戦後日本の木構造を連続継承するかたちで続いてきたのです。そういう変化の中でも、日本の大工は優秀ですから、2×4工法など外国の流儀にもうまく適応していきました。

それとは別に、伝統構法がありました。これについては戦前も、戦後も長く技術的な解明がなされていませんでした。

通信省に入って間もない頃は、電信電話の局舎はすべて木造でした。いつかは鉄筋コンクリート造の建物をつくりたいと思っていましたが、日本が鉄筋コンクリート造が自由にできるような国になるかどうかも信じがたいことでした。

鉄筋コンクリート造設計の手習

ところがいざ鉄筋コンクリート造を設計しようと思っても、最初はどうやって図面を描いていいかわからなかったのです。図面の描き方を先輩に教わろうと思っても先輩たちは誰も知らない。しかたがないから、吉田鉄郎さんや山田守さんら先輩が描いた設計図を出してきて、それを見ながら描き始めました。

1955年に完成した「中央電気通信学園」（以下、中央学園）工事の宿舎棟で初めて、一部に鉄筋コンクリートを使いました。これを戦後最初の鉄筋コンクリート打放しと言う人がいるようです。それは雑誌に発表されたものとして最初であるかもしれませんが、各官庁が一斉に始めましたから、最初だとは言えないと思います。ただし、中央学園の宿舎の場合は木造の予算で基礎や、防火壁の延長として鉄筋コンクリートを使いましたから、鉄筋コンクリートを使った時期は早かったのかもしれません。

二・六のパネル型枠

「中央学園宿舎」で、鉄筋コンクリートを使っている部分は両端の壁面とトイレ部分です。そこに使った型枠は、二・六判の既製パネルです。

当時、二・六は2尺×6尺（60cm×1.8m）のパネルのことで、パネル周辺の枠には面皮材（小径木から製材を取った残りの周辺材で、矩形の角に面皮が残っている材）を使っていました。数寄屋のように皮を剝いた面皮材ではなく、皮のついたままの面皮材です。それに幅がさまざまな、寄せ集めの板

「中央電気通信学園」講堂外壁の長尺杉板型枠

「名古屋第二西電話局」の二・六判の型枠パネル

「中央電気通信学園」宿舎。二・六のパネルが模様で残る打放し（撮影：平山忠治、版権管理者の特別許可によりトリミング）

を相欠きで継ぎはぎに合わせて、二・六判のパネルとしていたのです。　宿舎のコンクリート壁を見ていただくとわかりますが、表面には二・六判のパネルの痕が壁の模様となっています。また、表面には目地だけでなく木目も転写されています。

二・六判パネルを型枠とした建物はほかにたくさんあると思います。海外ではル・コルビュジエが設計したラ・トゥーレット修道院もたぶんそうです。

状況が急激に変化し始めたのは、先ほどお話しした1949年の材料の統制解除と同時です。自由に材料が手に入り使えるようになったことで、鉄筋コンクリート造や鉄骨造の建物が次から次へと現れ始めました。

日本独特の鉄筋コンクリート造

日本の鉄筋コンクリート造は、現場で木の型枠を大工さんがつくっています。ヨーロッパでは型枠に鉄を使っています。パーツを大量生産して、部材のほとんどは工場でつくり、現場で組み立てます。

日本は優れた大工さんがたくさんいますから、木の型枠を安くつくることができます。都会を埋め尽くしている鉄筋コンクリート造の建築を見渡して、型枠に木材を使っていないビルはめったにないでしょう。そこで使った木材は大変な量です。

型枠材には、内地材を使っていました。それがのちの木材枯渇につながったのです。

木材といえば建築資材という先入観から、多くの人は、日本の森林資源がなくなったのは木造住宅建設のためと誤解しています。確かにそれも資源消費の原因の一つなのですが、実際に枯渇が心配されたのは、防火上の理由で木造建築禁止が学会で決議されてからです。鉄筋コンクリート造が優先され、その型枠をつくるため大量の木材が必要になり、さすがの日本の木材資源もなくなり、鉄筋コンクリート造ができなくなってしまう心配がでてきたわけです。

　もちろん社寺建築には貴重な大径木を使い、大径木が不足していたことは事実です。

輸入材の登場

　1964年には、型枠に外材の合板が使えるかどうかを調べる研究が始まりました。コンクリートに対する吸水率が違って、でき上がったコンクリートの質が違うのではないかという懸念があったためです。そして、型枠に合板を使っても大丈夫だという結論が公の研究によって明らかにされると、合板製造会社が乱立するようになります。全国の鉄筋コンクリート造のための型枠材が、内地材から外材の合板に急速に替わっていったのです。

　都市不燃化のための鉄筋コンクリート造に必要な型枠用木材に内地材が足りない。そこで、外国から木材を輸入しました。輸入されたのはラワンの丸太で、業者は丸太を合板にして型枠材をつくり、ラワン合板は売れに売れて、業者は大喜びでした。雑誌は合板型枠工法の特集を組んで、キャンペーンをしていました（1966年）。

　これを見た海外の材木業は黙ってはいませんでした。それなら、自分たちで合板をつくって日本に輸出しようということになったのです。結局、日本でつくるよりはるかに安い合板が海外から入ってきました。そうすると、日本の合板会社がバタバタと潰れたのです。さらに、海外の企業は合板を輸出するよりも合板でつくった家を輸出したほうが、もっと利益があがると考え、2×4の売込みが始まります。

内地材の型枠から輸入合板の型枠へ

　日本では、合板を使わない型枠でつくる現場用メタルフォームや、工場で大型のメタルフォームを使う大型パネル工法（1962年、当時はTilt up工法と言っていた）の開発も進みました。

　この頃、内地材の型枠を使った打放し仕上げは海外でも高く評価され、また、優秀な大工がいない海外の建築家たちに、うらやましがられました。

　たとえば、吉阪隆正さんの設計した「大学セミナーハウス」（1965年）は、二・六判のパネルを使った荒っぽい表現ですが、前川國男さんの設計した「京都会館」（1960年）と「東京文化会館」（1961年）は内地材を使って高級感を表現しています。

　一方、比較的早く合板型枠を使ったと思われるのは、鈴木恂さんの「KAH」（石亀邸、1966年）です。みんながまだ内地材を使っているときに、すでに合板の型枠を使っています。合板は表面を塗装しますから、コンクリートに型枠材の木目は出ません。合板を使うとツルッとした仕上がりになる。それが新しい表現になったわけです。

　内地材と外材の型枠の転換期がよくわかるのは、「東京工業大学緑が丘1号館」（1967

大学セミナーハウス（設計／吉阪隆正、撮影：大橋富夫、一部トリミング）

京都会館（設計／前川國男、撮影：恒成一訓、一部トリミング）

KAH（設計／鈴木恂＋AMS、撮影：村井修、一部トリミング）

東京工業大学緑が丘校舎1号館。国産長尺材の型枠を使用している

東京工業大学3号館。合板型枠を使用したコンクリート（撮影：彰国社写真部）

年）と「同緑が丘3号館」（1972年）です。この二つの建物は、両方とも同じ発注者、同じ図面で、前者は国産材型枠、後者は合板型枠です。ですから、型枠材の内地材から外材への転換に線を引くとすれば、このあたりの年代と確定できそうです。

打放しの面の補修

最近、昔つくられた木目模様のあるコンクリート打放しの建物が老朽化して、修理される例が見られます。その手法はさまざまです。

たとえば奈良の県庁舎では、昔の型枠の表現を再現しようとゴムで型をとり、打ち直しています。昔よりは仕上がりはきれいになっていますが、同じ模様が繰り返されるところがおもしろくありません。奈良県は当時、すでに間伐材はいくらでもあったのですが、現場がそれを知らなかったのでしょう。

槇さんの設計した「名古屋大学豊田講堂」（1960年）の修理には、本物の内地材の型枠を使っています。それは無節の木材でした。修理前は節のある板を使っていたので表情が

竣工間もない名古屋大学豊田講堂（1960年、設計／槇文彦、撮影：川澄明男）

修理後の豊田講堂（2007年、撮影：彰国社写真部）

違ったという人もいました。一般に、貴重なものは修理するたび上等になります。

戦後の日本は、山が禿げても都市は復興しなければいけないという状況でしたから、売れるものはどんどん出せという雰囲気でした。伐採したあとには必ず植林をしていましたが、植林した樹種が杉・檜一色になって、花粉症などの問題を引き起こしています。山の生態系も植林によって変わったのです。

ところが、木材がなくなると同時に木造建築を担当する人が日本中からいなくなってしまいました。

そういう状況に対して、木構造は残しておかなければならないという意見を絶えず言っておられたのが梅村魁先生でした。木造建築研究フォーラムをつくる7〜8年前のことです。木造建築研究フォーラムは、木造を復活させるに当たっての下準備をするのが目的でした。

6|7 建築基準法からはみ出していた社寺建築

社寺建築と建築基準法

戦後の社寺建築の建設にとって致命的だったのは、木造社寺建築が新築できなくなっていたことです。

実は、戦前は市街地建築物法という今の建築基準法（以下、基準法）に相当するものがあって、その中では、社寺建築と、地盤が堅固で規模の小さい建築については許可制で、例外が認められていました。それに対し、戦後の基準法にはその内容が残されなかったために、伝統構法は認められていません。

基準法は1950年の5月24日に公布され、たまたま、文化財保護法も同年の5月30日に公布されました。これらはほとんど同時期です。つまり、社寺建築は文化財保護法に任せておけばいいとされたようにも見えるのです。以後、市街地の社寺建築は38条に申請するか、鉄筋コンクリートで建てざるを得なくなりました。

ところで、戦後社寺建築を木造で建てた例は、いくつかあったのです。たとえば1950年に火災で焼失した金閣寺の復元が1954年に行われ、1958年には明治神宮の戦後の再建があります。おそらくすべて、例外規定があると信じて、できたのではないかと思われます。

金閣寺再建にまつわる話

社寺建築を木造で新築することができないと気がついたのは、かなり後のことと思われます。その間、いくつかの社寺建築が、戦前の市街地建築物法に則ったような手続きで建てられています。京都の金閣寺も、そのうちの一つです。そして幸いなことに、建築史家の関野克先生が詳しい記録を書いておられるので、当時の事情を詳しく推察することができます。

焼失した金閣寺は1955年9月に復元されました。復元に当たっての資金集めには、お坊さんたちが托鉢を始めたのですが、坊主が燃やしたのだから寄付する必要はないという批判もあり、募金は進まなかったようです。燃えない鉄筋コンクリートで復元すればいいという話も出たようです。

焼失前の金閣寺は国宝でした。火事によって国宝指定は除却されましたから、復元に国が費用を出すわけにはいかなかったのです。

しかし、関野先生の記録によると、実は国宝の庭園が焼けずに残っていたことに注目し、国宝の庭園に金閣寺がないのはいかがなものか。国宝の景観を維持するために、予算を庭園に付けて復元することになったわけです。

さらに記録によりますと、京都の文化財保護課の後藤柴三郎技師と松本謙吉棟梁が現場を指揮したとあり、京都大学の村田次郎教授もかかわり、京都府教育委員会が担当して復元、官庁が自らかかわっていたので、誰もが問題がないと確信したのでしょう。戦前の市街地建築物法では、多分、それで問題はなかったのでしょう。

西暦（和暦）	月	木造社寺建築物
1953（昭和28）	10	伊勢神宮式年遷宮（第59回）
1954-5（昭和29-30）		金閣寺（復元）
1955（昭和30）		熱田神宮社殿
		（伊勢神宮の資材再利用）
1956（昭和31）	10	祐徳神社（再建）
1957（昭和32）		真清田神社（再建）
1958（昭和33）	10	明治神宮（再建）

1950年代に建設された木造社寺建築

再建された明治神宮（1958年、提供：明治神宮）

神社の再建計画

　伊東忠太先生が設計した東京の明治神宮の社殿も、1945年5月15日の空襲でほとんどが焼けてしまいました。今でも床の石が焼けて、はじけた痕が残っていますが、かろうじて本殿の後ろの回廊と南の神門が残りました。

　再建に当たって指揮をとったのは、角南隆さんです。角南さんはかつての内務官僚で神社建築を取り仕切っていた人ですから、角南さんを信頼して再建されたのです。

　焼失前の伊東忠太先生のプランでは、本殿、拝殿がそれぞれ別棟になっていたようですが、角南さんは社殿と拝殿をつなげるプランに変更し、行事の際の不便を解消し、しかも拝殿から本殿を見透かすことができるように設計されたと言われています（1958年10月）。外観は似て見えますが、平面はまったく異なり、角南さんの発想と言ってよいと思います。

工作物という知恵

　その後も、木造で社寺建築を建てようとする人が現れます。しかし次第に、基準法の新築届けに合わせる必要に迫られるようになります。

　唐招提寺南大門（1960年）の再建（新築）では、新築に当たり、建築確認申請が県庁に出されました。唐招提寺側としては届けを出さないわけにはいかない。もはやこの頃は、行政も届けを受けざるを得なかったのでしょう。

　唐招提寺の南大門は、東大寺の南大門に比べたらずっと小さなものでしたから、県は知恵を絞って「工作物」として許可したのです。「工作物」とは人が住まない建物と解釈して、許可されたと聞いています。

　これは、行政の知恵です。これにより、工作物としてなら社寺建築が建てられるという理解がその方面に広まります。そして宮大工・西岡常一棟梁の活躍が始まり、法輪寺三

復元後の金閣寺（1955年）

焼失前の金閣寺（左とも『日本の美術 第153号 金閣と銀閣』至文堂、昭和54年刊行より）

重塔などができることになるわけです。

つまり、ここで初めて基準法と木造の伝統的社寺建築との間に接点ができたわけです。

校倉造の正倉院は、ログハウスと類似の構造なので、「西の正倉院」に対しても、ログハウスの基準を応用することで構造認定が得られたのでしょう。おそらく「西の正倉院」が、工作物でない伝統的建築物として、戦後初めて基準法をクリアした先例です（柱脚に柱を通したアンカーボルトが入っている）。

大石寺と掛川城

1976年の薬師寺金堂の再建は、国宝の仏像を納めるに当たって、鉄筋コンクリート造（RC造）でお堂をつくり、外被として木造の装飾をつけたかたちです。太田博太郎先生は「木造がガタピシするぞ！」とおっしゃっていましたが……。

それは、木造は年とともに圧縮されて丈が縮むのに対し、RC造は丈が縮まないことを言われたのです。工学的な構造解析が日本の社寺建築に及ぶのは、1980年代末からだと思っています。

大石寺六壺（静岡県、1988年）は、鉄筋コンクリート造の建物を壊して総欅造りの木造につくり替えるという話が清水建設に持ち込まれたのです。依頼を受けた清水建設は、まだ構造解析の経験のない木造で、強度を予

再建された唐招提寺南大門（1960年 右とも撮影：彰国社写真部）

西の正倉院（1992年、新築）。戦後初めて建築基準法をクリアしたと思われる大径木を使った伝統的木造建造物

法輪寺三重塔（1975年、再建）

薬師寺西塔（1981年、再建　上とも撮影：彰国社写真部）

想する自信がなかったので、独自の判断で実物大の実験をしました（1988年）。戦前も含めて、これが伝統木造構造の実大実験の始まりだろうと思っています。

フレームは二つつくったと聞いています。材質も同じ、現寸の欅でつくって、壊す実験をして強度を確かめたのです。しかし、建築申請上は小規模建築物としての高さ制限の範囲内に納めています。

同じ静岡県で1995年に建てられた掛川城は、お城ですから高さも高く、高さ制限に納まりません。そこで、なんと、最上階の突出した部分（天守）をペントハウスとして、高さ制限内の認可を得ています。

町おこしなどにともない伝統的建築物をつくりたいという声は最近ますます盛んで、全国各地に広がりつつあります。

日本の大工に未来を見る

1980年代後半から1990年代は、それら許認可のあり方が紆余曲折した時代でした。平城宮跡に朱雀門を再興する（1999年）頃には、伝統社寺建築の修理が進み、構造上の弱点などもかなりわかってきたので、きちんとした

左：大石寺六壺（設計／清水建設一級建築士事務所、1988年）　上：同実大実験。伝統木造建築物の初めての強度実験（2点とも提供：清水建設）

構造解析を添えた申請が出れば受けられるような、行政の体制もできようとしていました。しかし、手続きの面倒さが嫌われたようで、木造の在来工法に当てはめて筋違いや金物を使った構造になってしまいました。しかしその時の経験が生かされて、その後につくられる大極殿等からは、次第に本来の姿に近い構造のものが議論されるようになりました。

こうした紆余曲折の流れから最初に脱出したのが、永明院五重塔（2002年）でしょう。大工の白井宏さんが熱意をもって取り組んだ建物で、設計をサポートしたアルセッド建築研究所と構造家の稲山正弘さんがバックアップし、構造解析は地元の構造家の花里利一さんが担当しました。38条の構造評定を、いわば正面突破した最初の建物で、戦後の社寺建築の歴史の中でエポックメイキングと言える建築です。

その後2007年に新建築基準法ができ、伝統的社寺建築も限界耐力検証で説明ができれば許可が下りる時代になりました。

社寺建築が基準法からはみ出していた時代の間、江戸時代から伝えられた宮大工の技術を持つ棟梁たちは、表向きの仕事からは閉め出されていました。しかし日本には、重要文化財に指定された木造建築が大量に残されていたためにその修理に携わっており、先に述べた金閣寺の復元なども、優れた棟梁なしでは実現しません。しかし、棟梁たちの生活はそれだけで支えられていたわけではなかったと考えています。

日本の戦後の復興期はまず木造建築での復興であったし、その後鉄筋コンクリート造が世間に普及した段階でも、大量の型枠が現場でつくれたのも、結局、大工の手が豊富だったからに他なりません。その大部分は「仮枠大工」「叩き大工」を呼ばれ、鋸1本持っていれば大工の仲間、などと差別的視線の中に置かれていました。その中で、日本独特の精度の高い仮枠をつくり、戦後の打放し仕上げや複雑なシェルをつくって世界の建築家をうらやましがらせたのは、こうした宮大工が近代建築の現場にいなくては、できなかったことです。

戦後の日本の建築界はこれらのことに想いをいたし、江戸時代に鍛えられ、広く普及した大工技術と、それを支えてきた大工・棟梁の仕事に敬意を払うべきと考えます。

掛川城（1995年、再建　右とも撮影：彰国社写真部）　平城宮跡朱雀門（1999年、再興）

永明院五重塔（2002年、新築。設計／白井宏（宮大工）、アルセッド建築研究所、構造設計／稲山正弘、花里利一、写真提供：白井宏）

西暦（和暦）	月	大規模木造建築物（再建・新築・実験等）	基準法上での扱い
1960（昭和35）		唐招提寺南大門（再建）	工作物
1973（昭和48）		伊勢神宮式年遷宮（第60回）	
1975（昭和50）	1	法輪寺三重塔（再建）	工作物
1976（昭和51）	4	薬師寺金堂（再建）	防災評定
1981（昭和56）		薬師寺西塔（再建）	工作物
1988（昭和63）	9	大石寺六壺（実大実験）	限界耐力による検証
1992（平成4）		西の正倉院（新築）	38条評定
1993（平成5）		伊勢神宮式年遷宮（第61回）	
1994（平成6）	9	佐敷城（新築）	38条評定
1995（平成7）	5	白石城三階櫓（新築）	38条評定
1995（平成7）		掛川城最上階ペントハウス（新築）	38条評定
1996（平成8）	3	森林技術総合研究所・林業機械化センター　事務所棟（新築）	
1997（平成9）	3	森林技術総合研究所・林業機械化センター　宿舎棟（新築）	
1997（平成9）	12	池上本門寺五重塔（振動測定）	解体直前実物
1997（平成9）		池上本門寺五重塔（振動測定）	工作物
1998（平成10）	3	白河小峰城（新築）	
1998（平成10）	8	森林技術総合研究所・林業機械化センター　研修棟（新築）	限界耐力検証
1998（平成10）	11	穴八幡宮随神門（新築）	限界耐力検証
1999（平成11）	3	根室山開法寺本堂（新築）	
1999（平成11）	4	森林技術総合研究所・林業機械化センター　展示棟（新築）	38条評定
1999（平成11）	5	平城宮跡朱雀門（再建）	38条評定
1999（平成11）	12	国営吉野ヶ里歴史公園（再建）	
1999（平成11）		根室山開法寺庫裏（新築）	
2000（平成12）	3	寒川神社社殿（新築）	38条評定
2000（平成12）	4	東京大学弥生講堂（新築）	38条評定
2000（平成12）		西芳寺本堂（新築）	
2000（平成12）		弥生神社　祈祷殿、参集殿、社務所（新築）	実物実験
2001（平成13）	7	岩国錦帯橋（強度実験）	
2001（平成13）	10	宮崎県木材利用技術センター（新築）	竣工直前実物
2002（平成14）	3	永明院五重塔（新築）	38条木質構造評定
2002（平成14）	10	薬師寺大講堂（再建）	38条評定
2003（平成15）	10	円福寺本堂（新築）	建築確認
2003（平成15）		岩国錦帯橋新築	実物実験
2004（平成16）	12	五重塔を揺らすシンポジウム	模型実験
2007（平成19）	2	榑乗寺五重塔（新築）	工作物
2008（平成20）		見延山久遠寺五重塔（新築）	工作物

戦後の大規模木造建築と建築基準法の関係

連載時初出一覧

序　昭和20年をまたいだ建築学徒　　　　　　　D-191：大きな団子・ジャコ・ライスカレー

1章　プレハブに真っ向勝負 ──────────── 扉の地模様：UフレームとVフレームの型材

1|1　実施設計体験のシミュレーター「GUP」　　　D-168：七夕飾り・長屋の引越し・エジソンの夢
1|2　組立・分解が繰り返されるフレームシステム　　D-176：自在鉤・好きなところに・日本的な気心
1|3　システムズ建築が社会になじむために　　　　D-169：背広・ユニフォーム・きもの
1|4　中高層住宅のプレハブ化　　　　　　　　　　D-202：キャラバン住宅・かんかん・ブロック造船
1|5　ブロック造船による中高層プレハブ住宅　　　D-204：原っぱのまま・糊とカッター・ホースで放水
1|6　芦屋浜高層住宅の技術提案競技　　　　　　　D-203：160社・鉄の塊・デミング賞

2章　寸法体系に魅せられて ───────────── 扉の地模様：対数目盛上に描いたDφ数表

2|1　数値探し　　　　　　　　　　　　　　　　　D-174：物差し・にらめっこ・数のデザイン
2|2　グリッドとモデュール　　　　　　　　　　　D-175：堂堂巡り・立ち居振る舞い・鈍感
2|3　寸法の押え方　　　　　　　　　　　　　　　D-170：高飛びのバー・虫の居どころ・タータンチェック
2|4　取付け手順は取替え手順　　　　　　　　　　D-181：切り嵌め工事・親亀の上に子亀・道連れ工事
2|5　並べ方の作法　　　　　　　　　　　　　　　D-185：背比べ・表に小口・制服組の整列

3章　理屈で納める ─────────── 扉の地模様：佐賀県立九州陶磁文化館の外壁PC版間の刷毛バリア

3|1　カドの装い　　　　　　　　　　　　　　　　D-199：ひろみ・たこ・くらげ
3|2　ポツ窓から柱間装置への60年　　　　　　　　D-195：ポツポツ・弁当箱の穴・宅配便
3|3　隙間を使って水と空気を追い出す　　　　　　D-177：ウィンドブレーカー・刷毛・亀の甲
3|4　雨仕舞い先進国の屋根構法　　　　　　　　　D-197：しとしと雨・ストロー・金銀プラチナ
3|5　詰まらないのが樋　　　　　　　　　　　　　D-184：サラダボウル・煙突・バネ
3|6　目地と隙間　　　　　　　　　　　　　　　　D-198：相貫体・飛行機・電車
3|7　直線階段づくりの焦点　　　　　　　　　　　D-179：中桁・防火水槽・セメント袋
3|8　さまざまな曲線階段　　　　　　　　　　　　D-180：文明開化・スカート・腕の見せ所

　＊　　旧通信省から設置されていた専門技者養成学校は、母体組織の改変や時期
　　　によって名称が異なるため、本書では「中央電気通信学園」で統一した。
　＊＊　図版および写真で特記のないものはすべて、内田祥哉提供。

本書は『季刊 ディテール』誌で40回にわたり連載された「内田祥哉 三題噺」に加筆・増補して再編したものです。

4章　つくる愉しみ ―― 扉の地模様：自宅の柱のみ平面図

- 4|1　見て、真似て、発想の糧にする　　　D-187：サングラス・やじろべえ・鉋削り
- 4|2　日差しと視界　　　D-171：日時計・日傘・アドバルーン
- 4|3　日本にないものがつくりたい　　　D-167：鉄の橋・線路の枕木・放送局のスタジオ
- 4|4　世にないディテールを考えたい　　　D-178：屏風・織物・金の鯱
- 4|5　模様の魅力、配列の決まり　　　D-172：プラハ・織物・ペンローズ模様
- 4|6　私の住宅設計　　　D-193：お金の引出し・蝶番・融通無碍（D-192も吸収合併）

5章　これからのこと ―― 扉の地模様：霞ヶ関電話局の屋外階段PC段板の配筋図

- 5|1　軽量鉄骨住宅のプレハブ化　　　D-190：無人の局舎・お神楽の舞台・キオスク（一部）
- 5|2　コンクリート系のプレハブ住宅　　　D-201：貧困の発明家・アンカーボルト用大根・頭がクラクラ
- 5|3　永久建築といわれた鉄筋コンクリート造　　　D-173：カーン・バー・本建築・ぼろぼろ
- 5|4　真面目につくったものは長持ちする　　　D-166：雨研ぎ仕上げ・壁紙型枠・百年の普請
- 5|5　使いやすいものが思い出に残る　　　D-186：和服・満員電車・ゲート
- 5|6　使い続けるためのカベ　　　D-196：昔と同じ・とんでもない話・お金をやりくり
- 5|7　配管・配線類の配置をデザインする　　　D-182：8畳敷き・水族館・脊髄
- 5|8　設備の寿命は建物と一緒には延びない　　　D-205：外科手術・内臓や神経・筋肉と骨

6章　思い出すままに ―― 扉の地模様：プレハブと量産のダイアグラム

- 6|1　堀口先生の「桂」講座　　　D-194：紅葉の馬場・月見台・秋草の庭
- 6|2　構法とは　　　新規収録
- 6|3　プレハブから見た日本の在来構法　　　D-206：富士山頂のレーダー基地・阿吽の呼吸・試行錯誤
- 6|4　「仮設」か「可動」か　　　D-190：無人の局舎・お神楽の舞台・キオスク（一部）
- 6|5　建築の言葉、土木の手順　　　D-183：点と線・万里の長城・センターライン
- 6|6　木材事情とコンクリート造　　　D-188：誰も知らない・花粉症・1959
- 6|7　建築基準法からはみ出していた社寺建築　　　D-189：行政の苦悩・ペントハウス・正面突破

（カバーおよび年表の扉：Dφ数表をもとにしたストライプ）

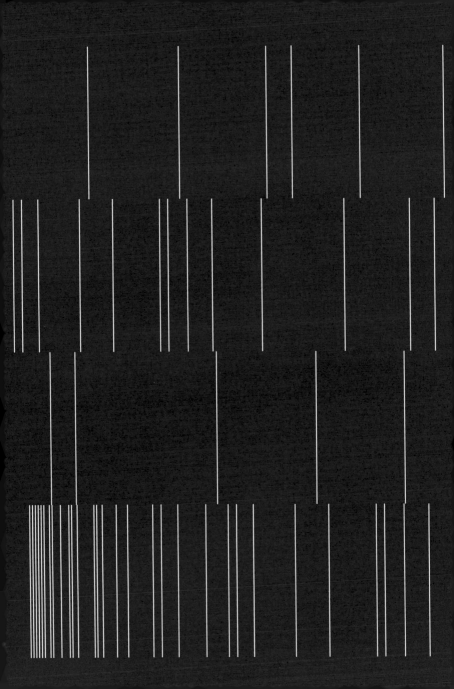

内田祥哉年表

西暦(和歴)	歳	経歴	建築作品・著作	社会の出来事	竣工した建築作品
1925(大正14)	0	5月2日、内田祥三・美祢の次男として、東京に生まれる		普通選挙法・治安維持法公布／山手線で環状運転開始	東京帝国大学安田講堂／東京中央電信局
1926(大正15)	1			12月25日に昭和と改元	初の公営鉄筋アパート同潤会(中ノ郷・青山)
1927(昭和2)	2			不良住宅地改良法公布	聖橋／聴竹居／小笠原伯爵邸
1928(昭和3)	3			第1回普通選挙／スイスで第1回CIAM開催	
1929(昭和4)	4			世界大恐慌	バルセロナ・パビリオン／三井本館／日比谷公会堂
1930(昭和5)	5			ミース・ファン・デル・ローエ、バウハウスの校長に就任	住友ビルディング
1931(昭和6)	6	麻布小学校入学		満州事変	森五ビル(現 近三ビル)／東京中央郵便局
1932(昭和7)	7	父が設計した「笄町の家」に引っ越す。笄尋常小学校に転校		5・15事件／満州国建国	服部時計店
1933(昭和8)	8			三陸大地震・大津波	大阪ガスビル
1934(昭和9)	9			ヒトラーがドイツ総統に就任	明治生命館
1935(昭和10)	10			前川國男、事務所開設	軽井沢聖ポール教会／築地市場
1936(昭和11)	11			2・26事件	帝国議会議事堂(現 国会議事堂)
1937(昭和12)	12			盧溝橋事件を発端に日中戦争始まる	東京通信病院／宇部市民館／東京帝室博物館
1938(昭和13)	13	武蔵高等学校尋常科(中学)入学		国家総動員法・電力国家管理法公布	第一生命館
1939(昭和14)	14			第二次世界大戦始まる／防空建築規則・木造建築物統制規則	旧住友家俣野別邸／大阪中央郵便局
1940(昭和15)	15			紀元2600年式典／セメント配給統制	大同市都市計画
1941(昭和16)	16			真珠湾攻撃(12月8日)により太平洋戦争始まる	岸記念体育館／前川國男邸

西暦(和暦)	歳	経歴	建築作品・著作	社会の出来事	竣工した建築作品
1942(昭和17)	17	武蔵高等学校高等科入学(4月)		日本本土に初めての空襲	大東亜建設記念造営計画コンペ
1943(昭和18)	18	2年生の3学期試験前に盲腸炎から腸閉塞になり入院		学徒出陣始まる／都市疎開実施要綱	
1944(昭和19)	19	武蔵高等学校高等科卒業、東京帝国大学入学(9月)		東南海地震	
1945(昭和20)	20	空襲を「笄町の家」の屋根から見る(5月)		3月10日東京大空襲／玉音放送(8月15日)／戦災復興院設置	プレモス開発開始
1946(昭和21)	21	煉瓦造住宅コンペ佳作／兄・祥文、くも膜下出血で急逝(3月)／古建築を見る関西旅行／兄・祥文の復興コンペを手伝い、新宿計画で第一等		日本国憲法公布／戦犯・軍人・戦争協力者の公職追放／南海地震／『建築文化』創刊	
1947(昭和22)	22	東京帝国大学第一工学部建築学科卒業(9月)、通信省技術員となる		学校教育新制度実施／新日本建築家集団(NAU)結成／関東大水害	紀伊國屋書店(木造)／SH-1
1948(昭和23)	23	広島平和記念聖堂競技設計佳作(大沢弘と共同)		極東軍事裁判決／建設省発足／都市不燃化同盟設立／福井大地震	旧慶應義塾大学病院／プレコン発売
1949(昭和24)	24	電気通信省勤務となる	盛岡電報電話局	中華人民共和国建国／建設資材の配給制度撤廃／法隆寺金堂火災	
1950(昭和25)	25		松本電話中継所／有楽町サービス・ステーション	朝鮮戦争／住宅金融公庫設立／建築基準法、建築士法、国土総合開発法、文化財保護法公布／金閣寺焼失	八勝館御幸の間
1951(昭和26)	26		津島電話局(木造)／中央電気通信学園(第1期：木造宿舎)／江戸川電話局	電力再編成／公営住宅標準設計51C型	東京通信病院高等看護学校
1952(昭和27)	27	日本電信電話公社社員となる	『住宅と都市の話』(青木正夫・稲垣栄三と共著、彰国社)	サンフランシスコ講和条約発効／耐火建築促進法制定	齋藤助教授の家／日本相互銀行本社ビル／日活国際会館ビル／東京厚生年金病院
1953(昭和28)	28	UHONグループとして名古屋放送会館コンペに応募、三等二席	中央電気通信学園(第2期：食堂・厨房・松苑亭)	朝鮮戦争休戦協定／テレビ放送開始／チームX発足／建築における伝統論争	原邸(コアのあるH氏の家)／八勝館仲見世／愛媛県民館
1954(昭和29)	29	東京大学非常勤講師／山田明子と結婚／UHONグループとして国立国会図書館コンペに応募、三等入賞	名古屋第二西電話局	毛沢東が国家主席に／家庭電化時代始まる(3種の神器)／グロピウス来日	広島世界平和記念聖堂／MOR／金閣寺復元

377

西暦(和歴)	歳	経歴	建築作品・著作	社会の出来事	竣工した建築作品
1955 (昭和30)	30		中央電気通信学園(第3期:RC宿舎・浴室)	神武景気/日本住宅公団設立/日本軽量鉄骨建築協会設立	広島平和記念資料館/国際文化会館/熱田神宮復元
1956 (昭和31)	31	日本電信電話公社を辞し、東京大学助教授	中央電気通信学園講堂(1970年docomomo選定)/霞ヶ関電話局	日本道路公団設立/日本建築家協会設立/初の既製金属建具発売(鉄板折曲げ加工)	MIT講堂/掛川市庁舎/岩田噴霧塗装機製作所ショールーム
1957 (昭和32)	32			日ソ通商条約発効/東海村で原子力発電開始	GM/サン・ジョゼフ教会/トヨライトハウスA型
1958 (昭和33)	33			欧州連合(EU)設立/首都圏市街地開発区域整備法公布/「世界のモデュール」(全冊特集)『国際建築』1958年1月号/既製ビル用アルミサッシュ発売	東京タワー/日土小学校/明治神宮再建
1959 (昭和34)	34			尺貫法廃止/伊勢湾台風	八戸火力発電所貯炭場上屋/東京国際貿易センター/ダイワミゼットハウス発売
1960 (昭和35)	35		Dφ数表(モデュール)を考案/大田区立大森第三中学校/山田邸離れ	日本最初の量産カラーテレビ発売/住宅地区改良法制定/世界デザイン会議で「メタボリズム宣言」	日本工芸館/名古屋大学豊田講堂/京都会館/世田谷区民会館/トヨライトハウスB型/セキスイハウスA型
1961 (昭和36)	36	「建築構法の分析と綜合の研究」で、工学博士	『アルミニウム建築』(パウル・ワイドリンガー編著、原広司と共訳、彰国社)	ベルリンの壁構築/キューバ危機/区分所有法制定/防火建築街区造成法制定/特定街区制度創設/第2室戸台風/既製住宅用アルミサッシュ発売	東京文化会館/東京計画1960/セキスイハウスB型
1962 (昭和37)	37		自宅/佐賀県立図書館/目黒区立第一中学校	全国都市再開発促進連盟設立/容積地区制度発足	から傘の家/量産公営住宅開発/Tilt-up工法開発
1963 (昭和38)	38	ソ連、東欧プレハブ調査団として初めて海外へ	『モデュール』(日本建築家協会編、彰国社)/『工業化への道〈3〉』(不二サッシ工業、私家版)	プレハブ建築協会発足	三愛ドリームセンター
1964 (昭和39)	39		GUP-1/中村邸	東京オリンピック/住宅金融公庫で工場生産住宅を承認/人工軽量骨材の生産開始/新潟地震/『ディテール』創刊	富士山レーダー基地/国立屋内総合競技場/紀伊國屋ビル
1965 (昭和40)	40	オランダからプレハブ視察団来日、オープンシステムを議論	GUP-2/Uフレーム	日本建築センター設立/明治村開村	礎居/大学セミナーハウス

西暦(和歴)	歳	経歴	建築作品・著作	社会の出来事	竣工した建築作品
1966(昭和41)	41			いざなぎ景気／古都保存法公布	海のギャラリー／新宿駅西口広場／ソニービル／パレスサイドビル／住友商事ビル／文藝春秋ビル
1967(昭和42)	42		GUP-3／GUP-4／佐賀県立青年の家	全国115大学で学生紛争／公害対策基本法案決定／ライト設計の帝国ホテル取壊し	KAH
1968(昭和43)	43		GUP-5／『プレファブ──近代建築の主役』(講談社)／『大学講座 建築学 計画編2 現代建築写真集』(共立出版)	東大安田講堂に学生籠城／都市計画法制定／十勝沖地震	霞が関ビル／皇居新宮殿／坂出人工土地
1969(昭和44)	44	東京大学改革準備調査会第一次報告	『吉田鉄郎の手紙』(鹿島出版会)／『大型パネル住宅』(ジュラ・セベスチェン著、大野勝彦と共訳、鹿島出版会)	都市再開発法制定／新建築技術者集団結成／住宅生産工業化の長期構想(建設省)	東京国立近代美術館本館／YNSU
1970(昭和45)	45	東京大学教授	GUP-6／佐賀県立博物館／東京大学工学部一号館建築学科図書室増築	大阪万博／パイロットハウス技術提案競技結果発表／第1回グッドリビング賞	脇山山荘／セキスイハイムM1発売
1971(昭和46)	46	「佐賀県立博物館」で、日本建築学会賞[作品]受賞(高橋靗一と連名)		多摩ニュータウン入居開始	大阪芸術大学11号館
1972(昭和47)	47		GUP-7／自宅にログハウス増築	札幌オリンピック／日中国交正常化	横須賀電気通信研究所第1期／中銀カプセルタワー
1973(昭和48)	48	KEP(集合住宅用システムビルディング)委員会	GUP-8／A氏邸／「住宅産業に於ける材料及び設備の標準化の研究」	第一次オイルショック／芦屋浜高層住宅プロジェクト提案競技結果発表	ワールド・トレード・センター／中野サンプラザ
1974(昭和49)	49	GOD(中小規模庁舎用システムビルディング)委員会	GUP-9／原澤邸	2×4技術基準告示(建設省)／BL部品制度発足／伊豆南部地震	新宿三井ビルディング
1975(昭和50)	50	ハウス55委員会	「現代建築とその技術の紹介」連載開始『ARGUS』(21号；1975年7月号〜49号；1992年1月号)	重要伝統的建造物群保存地区制度発足	法輪寺三重塔復元
1976(昭和51)	51		(GUP-3．NTT)	システムキッチンの国産化／日本ツーバイフォー建築協会設立／ハウス55コンペ	三井物産大手町本社ビル／身延山久遠寺／薬師寺金堂再建
1977(昭和52)	52		『建築生産のオープンシステム』(彰国社)	成田空港闘争	

西暦(和歴)	歳	経歴	建築作品・著作	社会の出来事	竣工した建築作品
1978(昭和53)	53	「建築生産のオープンシステムに関する研究」で、日本建築学会賞[論文]受賞	GUP-10／有田町歴史民俗資料館	中京郵便局、外壁保存	サンシャイン60
1979(昭和54)	54		武蔵大学マスタープラン		芦屋浜シーサイドタウン
1980(昭和55)	55	グスタフ・トラセンター・メダル受賞(リエージュ大学)	武蔵大学中講堂棟／佐賀県立九州陶磁文化館	入札をしない建築家の会発足	
1981(昭和56)	56		武蔵大学図書館棟・教授研究棟／『建築構法』(市ヶ谷出版)	建築基準法新耐震基準導入	大阪芸術大学塚本英世記念館／神戸松蔭女子学院大学／薬師寺西塔再建
1982(昭和57)	57	「佐賀県立九州陶磁文化館」で、日本建築学会賞[作品]受賞(三井所清典と連名)	先人陶工之碑／日本建築セミナー発足	桂離宮昭和大修理完了	新宿NSビル
1983(昭和58)	58		武蔵学園中・高等学校増築／有田焼参考館		
1984(昭和59)	59			センチュリーハウジングシステム／日本電信電話公社民営化	東京電力エネルギー館
1985(昭和60)	60				
1986(昭和61)	61	東京大学退官／明治大学教授	木造建築研究フォラム設立／『造ったり考えたり』(私家本)	12月バブル景気始まる／チェルノブイリ原発事故	
1987(昭和62)	62		重ねられ、つなげて並べられる机／大木邸		
1988(昭和63)	63		武蔵学園濯川蘇生計画／武蔵大学第2学生ホール・科学情報センター／第1回内田賞顕彰		大石寺六壷
1989(平成元)	64		ふるさとの館	1月8日に平成と改元／消費税法施行・税率3%	
1990(平成2)	65			東西ドイツ統一	東京都新庁舎
1991(平成3)	66		Vフレーム	日本経済バブルの崩壊(2月)／第1回BELCA賞発表／木材のめり込み理論とその応用(稲山正弘)	
1992(平成4)	67		武蔵大学五号館		ミュンヘン空港旅客ターミナル1／ホテルP／西の正倉院

西暦(和歴)	歳	経歴	建築作品・著作	社会の出来事	竣工した建築作品
1993(平成5)	68	日本建築学会会長(〜1994)	大阪ガス実験集合住宅NEXT21／明治神宮神楽殿／『建築の生産とシステム』(住まいの図書館出版局)／『在来構法の研究――木造の継手と仕口について』(住宅総合研究財団)		横浜ランドマークタワー
1994(平成6)	69	日本学術会議会員(〜1997)			関西国際空港旅客ターミナルビル
1995(平成7)	70		武蔵大学守衛所	地下鉄サリン事件／阪神・淡路大震災	掛川城再建
1996(平成8)	71	明治大学教授退職／日本建築学会賞大賞受賞／「大阪ガス実験集合住宅NEXT21」で、日本建築学会作品選奨受賞／内田祥哉建築研究室設立	自宅改築		東京国際フォーラム
1997(平成9)	72	金沢美術工芸大学特認教授	武蔵高等学校新棟／武蔵大学六・七号棟		京都駅ビル
1998(平成10)	73				国立西洋美術館免震レトロフィット
1999(平成11)	74				平城宮跡朱雀門復興
2000(平成12)	75		原澤邸改修		東洋英和女学院改修
2001(平成13)	76		NPO木の建築フォーラム発足／第8回(最終回)内田賞顕彰	ワールド・トレード・センター崩壊(9月11日)	せんだいメディアテーク／倫理研究所富士高原研修所
2002(平成14)	77	金沢美術工芸大学退職／同大学客員教授	武蔵大学8号館／NEXT21 603号室改修／『日本の建築を変えた八つの構法：内田賞顕彰事積集』(私家本)／『対訳 現代建築の造られ方』(市ヶ谷出版)		永明院五重塔(建築基準法に適合する初めての伝統木造建築物)
2003(平成15)	78		顕本寺本堂／「内田祥哉展」(日本建築学会にて)	十勝沖地震	
2004(平成16)	79			中越地震	勝山館跡ガイダンス施設
2005(平成17)	80				京都迎賓館
2006(平成18)	81				国際文化会館本館保存改修
2007(平成19)	82				新丸の内ビルディング

西暦(和歴)	歳	経歴	建築作品・著作	社会の出来事	竣工した建築作品
2008(平成20)	83				名古屋大学豊田講堂改修
2009(平成21)	84		『日本の伝統建築の構法――柔軟性と寿命』(市ヶ谷出版)		
2010(平成22)	85	日本学士院会員／工学院大学特任教授	妙寿寺東祥苑		清泉女子大学本館改修
2011(平成23)	86			東日本大震災	熊本駅西口駅前広場／百十四ビル改修／大阪大学会館
2012(平成24)	87	日本学士院第57回公開講演会に登壇「日本建築の保存と活用」			鹿島技術研究所本館研究棟／東京スカイツリー
2013(平成25)	88	「内田祥哉先生の米寿をお祝いする会」(旧中央電気通信学園講堂にて)			日土小学校西校舎
2014(平成26)	89	第9回日本構造デザイン賞松井源吾特別賞受賞	「陸墨」連載開始『ACe建設業界』(〜2015年)／『建築家の多様』(建築ジャーナル)		無量光
2015(平成27)	90				通天閣免震化
2016(平成28)	91			国立西洋美術館世界遺産登録／熊本地震	直島町民会館
2017(平成29)	92		『内田祥哉 窓と建築ゼミナール』(鹿島出版会)		
2021(令和3)	96	5月3日逝去			

内田祥哉作品索引

あ
有田町歴史民俗資料館…165, 166, 233, 301, 302
有田焼参考館…280, 281, 301, 302
内田賞…334, 335
A氏邸…247
大木邸…253, 254, 255
大田区立大森第三中学校…285, 286
お盆立て…124, 125

か
科学情報センター（武蔵大学）…106, 107, 108, 109, 118, 119, 235, 237, 289, 290
重ねられ、つなげて並べられる机…123, 124, 348
霞ヶ関電話局…181, 276, 277, 278, 279
GUP（全体）…018
GUP-1…018, 019, 020
GUP-2…018, 019, 020
GUP-3…018, 019, 020, 021
GUP-4…018, 019, 022, 023
GUP-5…018, 019, 024
GUP-6…018, 019, 024, 033, 034, 035, 260
GUP-7…018, 019, 025
GUP-8…018, 019, 025
GUP-9…018, 019, 025, 026, 027
GUP-10…018, 019, 028, 040, 041, 042, 043
教授研究棟（武蔵大学）…163, 164
キオスク…348
掲示板（武蔵大学）…036, 260
顕本寺本堂…228, 229, 281, 282
講堂（中央電気通信学園）…084, 133, 216, 217, 218, 219, 230, 278, 279

さ
佐賀県立九州陶磁文化館…088, 147, 148, 164, 212, 213, 233, 234
佐賀県立青年の家…031, 087, 222, 223, 224, 225, 233
佐賀県立図書館…088
佐賀県立博物館…088, 149, 165
自宅…103, 104, 105, 121, 239, 240, 241, 242, 243, 244, 245
実験集合住宅（大阪ガス実験集合住宅NEXT21）…038, 045, 046, 047, 048, 110, 111, 187, 225, 226, 297
守衛所（武蔵学園）…226, 282, 283
宿舎（中央電気通信学園）…080, 081, 084, 206, 207, 208, 209, 360, 361
宿舎：階段（中央電気通信学園）…180, 181, 190, 191
松苑亭（中央電気通信学園学生クラブ）…080, 100, 101, 103
食堂（中央電気通信学園）…215, 216
濯川…234, 235, 279, 280, 352, 353, 354, 355
センチュリー・ハウジング・システム：CHS…116, 117, 118
戦災復興都市計画コンペ・新宿地区1等案…013

た
第2学生ホール（武蔵大学）…260, 261
中央電気通信学園…080, 081, 084, 100, 101, 103, 133, 180, 181, 190, 191, 206, 207, 208, 209, 215, 216, 217, 218, 219, 230, 278, 279, 360, 361
中講堂棟（武蔵大学）…166
超軽量立体トラス…348
津島電話局（階段）…178, 179, 191
Dφ数表…086, 087
東京大学工学部1号館建築学科図書館改修…295, 296
図書館（武蔵学園）…210, 211, 212

な
名古屋第二西電話局…132, 163, 181, 223, 271, 272, 350, 361
中村邸…245, 246
NEXT21（階段）…187
NEXT21（グリッド）…045, 046, 110, 111
NEXT21 603号室改修…038, 297

は
8号館（武蔵大学）…227, 237, 303, 304, 305
原澤邸…232, 248, 249, 250, 251
Vフレーム…036, 037, 038, 348

ま
松本電話中継所…284
武蔵学園キャンパス整備…036, 106, 107, 108, 109, 118, 119, 163, 164, 166, 178, 179, 210, 211, 212, 226, 227, 234, 235, 236, 237, 260, 261, 268, 269, 279, 280, 282, 283, 287, 288, 289, 290, 303, 304, 305, 352, 353, 354, 355
武蔵高等学校（階段）…178, 179
明治神宮神楽殿…167, 302, 303
目黒区立第一中学校…285, 286
木造格子梁…344
盛岡電報電話局…284

や
山田邸離れ…085, 238, 239
Uフレーム…030, 031, 032, 092, 120
有楽町サービス・ステーション…284

旧通信省から設置されていた専門技術者養成学校は、母体組織の改変や時期によって「東京電気通信第一学園」「東京第一学園」「中央学園」等々と名称が異なるため、本書では「中央電気通信学園」で統一した。

あとがき

　書名についてはさまざまな提案があったが、ようやく念校の頃になって、この書名が決まった。実はこの名称は整理上の仮名で、『ディテール』という雑誌で語ったという意味で使っていたのだが、編集側からそれを書名にしてはという提案があり、そう考えてみると、「ディテール」を通して建築を語るという意味になるので、いいだろうということになった。

　「まえがき」にも述べたように、雑誌記事の集録であるために、全体としてのまとまりを整えるのに苦労した。集録に当たっては重複を排除することは当然として、断片的な叙述の集積であるため、それぞれの記述に説明不十分なことが起きるので、できるだけ丁寧に「参照」を書き込むことを心がけたつもりである。最後の6章は5章までに入りきらないものを束ねた結果なので、一つの主題にまとめることはできなかった。

　全体を通してみると、語り初めから終わりまでには10年の歳月があるから、この間には社会情勢の変化もあるし、技術の進歩もあり、筆者の考えにも変化があるのは当然である。それをそのまま記録すると「註」が増えて読みにくくなるので、書き直さざるを得なかった。

　本書の内容は、見方によっては、失敗談と迷い道の記録でもある。いずれの場合も、筆者の無駄な経験を繰り返さないことを願ってやまない。しかし、モデュラー・コーディネーションで経験するトートロジーなどは、経験しなければ納得できないものでもあるので、それらについては本書が、脱出の指針となれば幸いである。

　建築技術は文化的人間社会に必要な基本的道具であるから、その耐久性と維持管理は、永遠の目標であろうと考えている。そうしてみると、プレハブ、量産という技術は、一時的なある時期に必要に迫られた技術と言えそうである。そこで、建築本来の姿とは距離を置いて見るべきもののように思われる。

　本文の中で繰り返し述べているように、長い寿命を必要とする建築

は、すべての部分に長寿命、長期展望を期待することは無理だから、寿命の短い部分を取り替えて将来につなげるのは当然のことと考える。しかし、その具体的方法や手段は、CHS（センチュリー・ハウジング・システム）が公表される40年前頃までは一般的でなく、明確には言われていなかった。また、その後新築された建物でも、その趣旨が具体化し実現しているものは1割にも満たないと思う。したがって、現存する現役の建物でそれが実現されているのは、1％にもならないだろう。そう考えると、社会を支える建築の体質改善には永い永い歳月を要することがわかる。

　筆者が戦後教育を受けた頃は、鉄筋コンクリート造は、耐火耐震はもちろん、腐食にも耐える永久建築と考えられていた。しかし、それは入念な品質管理の保証がなければ必ずしも安心できないことになったし、逆に木造は、都市防火を理由に、建築学会の大会で禁止が決議されるようなこともあったが、今や、燃え代設計による耐火構造も可能になった。腐食に対しても、豊富なリサイクル可能な資源の裏付けと、歴史的建造物の実績を背景に積極的に推進されるようになった。長いようで短いこの期間での社会常識の変化を、めまぐるしいと言えば言い過ぎであろうか。

　戦後始まった建築と都市の不燃化は、一部の木造住宅密集地域を除いて、達成に近づいているとみてよいだろう。そして近年の建物の長寿化は、あらためて、耐震性と耐久性に関心が向けられているように見える。そうなると、地震に対しても倒壊を防ぐ丈夫さだけでなく、再利用、再生可能な方向が経済性を踏まえて検討されねばなるまい。現在は、人命が安全であれば建物は瓦礫にしても、という考えもあるようだが、これからの建物は、部品を交換する増改築で、地震はもちろん、社会の変化にも追従できる方向に体質を変えていくことになるに違いない。

内田祥哉

ディテールで語る建築

2018年11月10日　第1版　発　行
2021年11月10日　第1版　第3刷

著　者	内　田　祥　哉
発行者	下　出　雅　徳
発行所	株式会社　彰　国　社

著作権者との協定により検印省略

自然科学書協会会員
工学書協会会員

Printed in Japan

Ⓒ内田祥哉　2018年

ISBN 978-4-395-32084-4 C3052

162-0067　東京都新宿区富久町8-21
電　話　03-3359-3231　（大代表）
振替口座　0 0 1 6 0 - 2 - 1 7 3 4 0 1

印刷：真興社　製本：中尾製本

https://www.shokokusha.co.jp

本書の内容の一部あるいは全部を、無断で複写（コピー）、複製、および磁気または光記録媒体等への入力を禁止します。許諾については小社あてご照会ください。